■新编高等院校公共管理类“十三五”规划系列教材

行政管理学

主　编　李　雷　张泽金　杨　高
副主编　徐旭慧　邢媛媛

中国商业出版社

图书在版编目(CIP)数据

行政管理学/李雷,张泽金,杨高主编. —北京:中国商业出版社, 2016. 11
ISBN 978 - 7 - 5044 - 8212 - 9

Ⅰ. ①行… Ⅱ. ①李…②张…③杨… Ⅲ. ①行政管理 - 管理学 Ⅳ. ①D035

中国版本图书馆 CIP 数据核字(2013)第 189561 号

责任编辑:蔡凯

中国商业出版社出版发行
010 - 63180647 www. c - cbook. com
(100053 北京广安门内报国寺 1 号)
新华书店总店北京发行所经销
涿州市华建印刷有限公司印刷

* * * * *

开本:787 × 1092 毫米 1/16 印张:12 字数:300 千字
2016 年 11 月第 1 版 2016 年 11 月第 1 次印刷
定价:30.00 元

* *

(如有印装质量问题可更换)

编写说明

行政管理学也称公共行政学或公共管理学，是主要研究国家行政管理现象及规律的学科，具有鲜明的政治性和社会性。“科技与管理是车之两轮，鸟之两翼”。随着我国社会主义现代化建设的飞跃发展，行政管理学是否科学、有效，直接影响着我们国家、社会的发展进程。

行政管理学是一门综合性的、交叉性的学科，广泛运用政治学、经济学、管理学、社会学、统计学、法学、财政学、心理学、信息学等学科的基本原理，研究的主体对象是行政机关，客体对象是国家事务、社会事务和行政机关的内部事务，其主要目的在于探究行政管理的客观规律，从而实现行政管理的科学化。本书以马克思主义和社会主义理论体系为指导，探究社会主义市场经济条件下的我国行政管理的规律和方法，根据中国政治、经济和社会发展变化的情况，特别是中国行政改革所面临的一些问题进行分析和探究。

本书共十五章，主要介绍了行政管理概论、政府职能、人事行政、行政决策、财务行政、行政监督、行政立法、行政执法、行政司法、行政诉讼及行政改革与发展等内容。

本书由武警北京指挥学院教研室李雷（第一、二、三、四、五章），广西商业技师学院张泽金（第六、七、八、九章），乐山职业技术学院杨高（第十、十一章）担任主编，武警北京指挥学院徐旭慧（第十二、十三章）、秦皇岛职业技术学院邢媛媛（第十四、十五章）担任副主编。在编写过程中力求学习和借鉴国外行政管理理论，但又不套用西方的理论模式和价值观念，广泛吸收最新研究成果，努力反映我国当前的行政学发展状况，以推动我国行政管理学理论体系的发展，从而起到抛砖引玉的作用。同时，还吸收了许多网络上专家、学者的观点。在此，谨向支持和帮助我们的老师、前辈及有关文献的作者和网站表示最诚挚的谢意！

由于我们的学术水平有限，本书难免有不妥之处，恳请读者批评指正，以便再版时修改完善。

编著

2016 年 11 月

◆目 录

第一章 行政管理与行政管理学

第一节　作为管理活动的行政管理:内涵与特点

一、行政管理的内涵、来源与发展

在现代社会，我们每个人的一生几乎都与行政管理分不开。正如米切尔·B·蒂茨所描述的:“现代的人是在政府资助的医院里出生的，是在公立的中小学、大学中接受教育的，他的很多旅行时间是在公共交通设施中度过的，他与外面的联系则是通过邮局或半公共性质的电话系统进行的;他喝的是公共生产的饮用水，读的是公共图书馆里的书;他用公共排污系统处置垃圾，他在公园中野餐，他受公共治安、消防、卫生部门的保护，最终，他又在医院里离开人世，甚至被埋葬在公共墓地。总之，不管人们在意识形态上多么守旧，现代人的日常生活总是同政府相关和许多其他方面服务的决策联系在一起，这种联系是挣不脱、割不断的。”

那么，什么是行政管理呢？行政管理是一种以国家权力为基础，以国家组织(主要是政府机关)为管理主体，以国家事务、社会公共事务以及政府机关内部事务为管理对象的管理活动。

行政管理作为人类社会的管理现象，与其他管理活动一样，是人类社会的必然产物。人类为获得维持生存所需的衣食住等物质生活条件，就必须共同生活，以一定的生产方式相互结合起来，建立一定的社会秩序，保证整个社会生产和生活的正常进行。只要存在人类群体的共同生活，就有管理问题，正如马克思所言:“一切……直接社会劳动或共同劳动，都或多或少地需要指挥……”行政管理最早萌芽于原始氏族和部落公共事务的管理。关于这一点，恩格斯在《家庭、私有制和国家的起源》中有比较详细的考察和论述。他在考察易洛魁人氏族、希腊人氏族、罗马氏族、克尔特人氏族、德意志人民族的生活和历史之后，发现原始氏族有一个共同点，就是设有氏族机构，如“议事会”、“联盟议事会”、“人民大会”和“巴塞勒斯”（军事首长）等，以及相应的人员来管理原始氏族和部落的公共事务，如保护共同财产、指挥协作劳动、管理共同的墓地、宣布对外战争、解决内部争端、监督用水、主持祭祀活动等。这些氏族机构及其人员可以说是行政管理机构及其管理人员的萌芽。

但文明时代的行政管理是从有了国家组织才开始的。国家是随着社会分工的发展以及阶级的出现而产生的。由于阶级的出现和财富的迅速集中，“氏族团体的成员再也不能集会来处理自己的公共事务了。只有不重要的事情，例如宗教节日，还勉强能够安排。除了氏族团体有责任并且能够予以保证的需要和利益以外，由于谋生条件的变革及其所引起的社会结构的变化，又产生了新的需要和利益，这些新的需要和利益不仅同旧的氏族制度格格不入，而且还千方百计在破坏它”于是，氏族制度被国家代替了。

国家的产生标志着以国家权力为基础的行政管理的正式产生。在国家产生以前，氏族管理机构对公共事务的管理还只是一种社会职能。国家产生以后，国家作为阶级矛盾不可调和的产物，是阶级统治的工具。占统治地位的阶级，运用国家机器这种凌驾于社会之上的强制力量，按照本阶级的意志支配社会生产和生活，对社会公共事务实行管理。自此以后，行政管理既是国家实施管理的一种社会职能，也是一种政治职能；作为行政管理对象的社会公共事务，既有公共性的一面，也有阶级性的一面。而且，随着社会组织要素、经济结构、政治权力结构以及社会沟通网络的变化，各个社会阶段的行政管理有着不同的内容和特点。美国行政管理学家弗雷德·W·里格斯在其《行政生态学》一书中分三种形态来对此进行考察。这三种形态是：融合型——农业社会的行政管理模式；衍射型——工业社会的行政管理模式；棱柱型——过渡社会的行政管理模式。

融合型行政管理模式的主要特征是：以农业生产力为经济基础，经济结构与行政结构重叠。行政制度同时也是一种分配制度，土地的分配是政府的重大事务，君王是分配制度的中心；在社会结构方面，以家庭主义为基础，裙带风盛行，个人才能和社团利益微不足道；在权力结构方面，一切权力来自君王，君权至上，政治与行政不分；社会的沟通渠道不畅通，行政权威主要来自武力的强制，而不是人民的认同，实行专制集权统治。

衍射型行政管理模式的主要特征是：以工业生产力为经济基础，整个行政管理制度市场化，行政官员通过出售“服务”来换取“职位”；在社会结构方面，不再以家庭为主，而以次级组织如各种职业社团、经济社团为基础，社团对社会生活的各个方面都产生重要影响；在权力结构方面，贯彻分权与制衡原则，行政官僚的权力受到限制；社会的沟通渠道畅通，公民参政意识浓厚，公民的利益要求可以转化为政府政策；行政管理专业化、职业化、法制化，行政管理的价值观是追求较高的行政效率。

棱柱型行政管理模式既具有农业社会行政管理的一些特征，也具有工业社会行政管理的一些特征:社会经济虽然有了市场的取向，但尚未完全商品化，非经济因素仍然对行政管理产生较大影响;传统社会的行政管理特征形式上早已被抛弃，但仍具有很大的影响力。不同的体制、习俗和观点同时并存。家族、裙带关系和社会背景还在影响行政官员的升迁。政府的制度、法规发挥不了应有的约束和规范作用:政治权力与行政权力尚未完全分离，行政管理的专业化、职业化和法制化的程度不是很高。

上述三种行政管理模式大体上反映了人类社会行政管理活动的三个发展阶段。当然，即使在同一阶段，不同的国家由于具有不同的历史化传统和不同的行政管理价值观，其行政管理活动也有不同的特点。

二、行政管理活动区别于一般管理活动的特点

如上所述，在原始氏族社会。行政管理活动只是一种会职能，它与我们今天所说的一般管理活动没有什么区别。但自从国家产生以来，行政管理活动就开始具有了不同于一般意义上的管理活动的特点。尤其是到了近代社会，一方面，国家职能开始分化，立法、司法和行政逐步分离，行政管理获得了相对独立发展的空间;另一方面，随着工商企业组织的出现及其规模的迅速扩大，一般意义上的管理也在工商企业组织领域获得了相对独立发展的空间，所以，人们一般把与政府或行政机关的活动相关的管理，称为行政管理;而把与工商企业组织的活动相关的管理，称为企业管理。从英文词义上理解，administration(行政)本身便包含有管理的意思，但主要是指与政府或行政机关的活动相关的管理，而 management(管理)主要是指与工商企业组织的活动相关的管理。

第一个从一般的管理过程中区分出行政管理职能的是法国的管理学家亨利·法约尔。“在他的著作中，法约尔对管理和行政管理做出了区分，认为前者是指导企业朝着自己目标前进的所有工作，而后者是管理者的工作中‘仅对人事有影响’的那一部分。”也就是说，行政管理是整个管理过程中的一个重要的管理职能，它所包括的范围虽小，但适用于处理较重要的事务，并且在高级管理人员的活动中有较大的比重。按照亨利·法约尔的理解，行政管理并不局限于公共事务或政府事务的管理，私人部门或企业管理活动中同样包含着行政管理。在我国，对行政管理的理解也比较广泛，除政府机构的行政管理外，还包括企事业单位中的科室部处等职能部门的行政管理，它泛指办公室、机关事务或后勤服务等方面的管理工作。这种行政管理的提法不太规范，它只是强调管理意思而已，但必须指出的是，私人部门或企业管理中的行政管理与以政府为主体的行政管理仍然有着明显的区别。私人部门或企业管理中的行政管理仅仅是面向企业内部的一个高级职能而已。它更多地涉及私人部门中的高层人事管理问题。而以政府为主体的行政管理面向的不仅是政府内部的管理问题，它更多地涉及整个社会公共事务的管理问题。这里关键性的区别是，私人部门的行政管理的权力基础来源于私人权力，以政府为主体的行政管理的权力基础来源于公共权力。恩格

斯在说明国家和旧的氏族组织不同的地方时，认为主要是两点，“第一点就是它按地区来划分它的国民”，“第二个不同点，是公共权力的设立”，“这种公共权力在每一个国家里都存在”。并说：“官吏既然掌握着公共权力和征税权，他们就作为社会机关而凌驾于社会之上。”所以，英文中的行政管理一词，是“public administration”，而不仅仅是“administration”。public 的英文本身含有公（有）的、公众（事务）的、政府的、公家的、公立的、社会的、公用的、公开的等多种意思，它的反义词是 private（私人的）。可见，把 public 作为 administration 的定语，不是可有可无的。它说明行政管理活动与一般管理活动的本质区别就在于它的“公共性”。我国有的学者把 public administration 翻译为“公共行政管理”，这样翻译也许可以避免误解。

概括地说，行政管理活动的“公共性”特点主要表现在如下五个方面：

第一，行政管理的权力基础是公共权力。公共权力是由宪法、法律所规定，由社会和公民所认同的公共权威。在国家产生之后，公共权力集中表现为国家权力，包括执法权、司法权、行政权等。行政管理所行使的是其中的行政权。公共权力代表着国家的意志，为多数公众所认同，具有很高的权威性和很强的约束力。它的行使有国家的暴力工具，如警察、军队、监狱等作其后盾和保证。公共权力的这一性质，决定了行政管理活动具有很强的政治性、权威性和强制性特点。

第二，行政管理的基本职能主要是管理社会公共事务。行政管理之所以需要行使公共权力，是由其肩负的管理公共事务的职能决定的。这个特点说明，凡是公民个人可以自理的事情，凡是工商企业组织内部的事情，政府、行政管理机构都不必干预，都不必插手管理。行政管理所管的是公民个人管不了的、企业不愿管或管不了的社会公共事务，以及政府机关的内部事务。行政管理以管理社会公共事务作为基本职能的性质，使其具有了明显的社会性、广泛性特点。

第三，行政管理的宗旨是为公共利益服务。行政管理由于行使公共权力、管理公共事务，决定了它必须以谋取公共利益为宗旨。公共是相对于私人而言的。从本质上说，行使公共权力和管理公共事务就是要代表和谋取公共利益，或称“公众的利益”，而不是某集团或者私人的利益。行政管理以谋取公共利益为宗旨的性质，决定了它具有鲜明的服务性、非营利性和全局性等特点，也决定了行政管理的公众参与性特点。

第四，行政管理必须承担社会公共责任。依法行使公共权力，管理公共事务。代表和实现公共利益，相应地就必须承担公共责任，包括：对社会公众和公民所负的责任，对国家宪法、法律所负的责任，对上级行政机关或行政领导所负的责任，对执政党所负的责任，等等。行政管理必须承担公共责任的性质，决定了其具有规范性、合法性、合理性等特点。

第五，行政管理必须坚持公开、公正、公平的原则。这是由前面的四个特点决定的。公正和公平是管理社会公共事务和谋求公共利益的必然要求，而公开是保证公正、公平的前提。只有公开，才能接受社会公众和公民的检查、监督和评判。所以，有人形容说：“公共行政官员近似于在金鱼缸里生活”。“他不仅要干得很好，而且要使公众知道他干得很好”。公开、公正和公平的管理原则体现了行政管理的社会性、民主性特点。

三、行政管理学的创立及其发展状况

虽然行政管理实践古已有之，但是作为一门专业性质的学科来学习研究，还是比较晚的事。中国很早就大讲治国之道，积聚了丰富的参考资料。尽管国际管理学界公认我国的《孙子兵法》是世界上现存最早的论述关于管理的著作，也有外国学者认为：“《论语》、《孟子》是行政学教科书。”但毕竟还不能等同于近现代意义上的行政管理学。

在欧洲大陆，关于行政法的研究开始得比较早，也比较受到重视，且具有相当的规模以及一定的声势。他们当时曾把这种研究称为行政学研究，而其实研究的是行政法。后来，真正作为一门新兴独立学科——行政学（即行政管理学）的创建，却发生在美国。为什么美国会有这样适宜的“土壤”呢？分析起来，大概有如下几点情况和原因：

1. 与欧洲各国相比，美国立国较晚，历史还不太长。因而较少受旧传统的约束和影响，不那么保守，容易发挥在发展资本主义的条件下优越于封建社会的创新、进取精神。在新学科的建设方面，也就较少“框框”或“包袱”，敢想、敢闯。

2. 美国作为后起的资本主义国家，与老牌资本主义国家相比，科学技术和工商业都很发达，关于工商（企业）管理的研究可以说是一马当先，那是资本主义竞争所造成的。科学管理也首先用于工商管理，促进和加速了行政管理学这门新学科的建立，更重要的是经济发展强烈呼唤行政管理改革。

3. 美国依孟德斯鸠“三权分立”的学说建国，实行立法、司法、行政三权分立。可是，在实际运作中，总统制较为突出，行政权力和行政作用不可低估，人们通常比较容易集中注意力于行政方面，并在行政方面多下功夫，包括对行政管理改革的研究。

4. 美国政治学和法学等领域，有一批重量级学者，在酝酿和创立行政管理学的早期，起了决定性的积极作用。例如，1887 年威尔逊（T · W · Wilson）著《行政研究》（The Study of Administration）、1900 年古德诺（F · G · Good now）著《政治与行政》（Politics and Administration）、1926 年怀特（L · D · White）著《行政学导论》（Introduction to the Public Administration）、1927 年威劳贝（W · F · Willoughby）著《行政学原理》（Principles of Public Administration）、1930 年费夫纳（G · M · Pfeiffer）著《行政学》（Public Administration）、1936 年高斯（G · M · Gauss）著《公共行政的边界》（Frontiers of Public Administration）等的出版，都做出了历史贡献。

在上述学者中，威尔逊被公认为是开行政学研究先河的先驱者；古德诺创立“政治”与“行政”的两分法，有人称他为“行政学之父”；怀特出版了美国第一本大学行政学教科书，通常视之为行政学正式问世的标志；紧随其后的威劳贝和费夫纳所著二书，亦属与之合成三鼎足的著名教材，流行很广、很久。

这里有一点本拟在谈到学科引进时再议，即学科名称的汉译问题。现在既已接触到学科创建时所用的原文，就不妨提前讨论。请读者注意，几本教材都用的是“Public Administration”。“Administration”是个多义词，可能有十几种解释。译为“行政”或“管理”均可，如“Business Administration”便译为“企业（或工商）管理”。本学科译作“行政”是因为当时主要研究政府工作，内容拓宽是后来的事。“公共”亦因不言而喻而略去，中文、日文都是如此。时下所称的“行政管理”、“公共行政”、“公共行政管理”、“公共管理”应是同源异译。

为兼顾历史和现状，我国国务院学位委员会将公共管理列为一级学科，行政管理作为其中的二级学科之一，我们即照此办理。其中区别，可按内容和用语习惯掌握较合实际。例如，“MPA”（Master of Public Administration）译为“公共管理硕士”，因其所培养的不仅是国家公务员，还有非政府的公共管理人员。

另一问题是认定 Public Management 为公共管理而将 P、A 限定为公共行政的认识和做法应该慎重，是并存而并非代替的局面，例如企业管理领域 A 与 M 都在使用。若一开始就译为公共管理也“相安无事”，至于学派之争，New Public Administration 和 New Public Management 在英语中一目了然，汉译却不得不用“行政”和“管理”来区分，其实并不准确。可试办法之一如国外学者所建议的是注明 M 或 A。人们对 M 和 A 区分早有议论，较多的是同一功能，含义接近，区别不甚明显，有时互相诠释，用法略有不同，M 层次较低而 A 较高等，看来又不尽然。

让我们回到学科创立后的发展状况这个话题上去。尽管对学科本身至今仍有争议，但自问世以来，已有长足发展。西方管理学界素有“理论丛林”之说，可见学派之多。在本学科领域，也是如此。从 20 世纪 30 年代起，美国流行用“行为科学”研究行政管理，后来出现许多学派。40 年代以后，重视科学技术的新发展，到 60 年代，便有学者用控制论、信息论和系统论来进行研究，使研究范围随之扩大，侧重点有所转移，学派林立，新说众多。既有传统学派，又有科学管理、行政组织、行为科学、决策理论、系统管理、计量管理、目标管理、管理程序、政府再造（重塑）、公共选择理论、新公共管理（NPA 与 NPM 主要是后者）、治理理论和新公共服务等学派。这些从总体和长远来说，都有助和有利于学科的发展。

学科在美国首创和得到引人注目的发展是完全可以理解的。但我们还必须把视野放得更宽一些，要注意以下几方面的有关情况：

1. 学科的综合性要求吸收邻近、边缘、相关、交叉、渗透的学科，如政治学、经济学、法学、社会学、心理学、教育学、领导学、财政学和新科技等知识。这是学科发展的需要。

2. 在同类即管理类学科中，尤其是管理科学和企业管理许多新的理论观点和实践经验颇有可以相通之处，应对他们的发展动态密切留意，从而受到启发。如知识管理的兴起便是一例。

3. 学科的国际化使我们眼界大开，看到各国学者的意见和经验，大可参考借鉴。我们实行“洋为中用”，人家也在实行“中为洋用”，国外出现“孙子兵法管理学派”也不奇怪。

4. 学科的应用性决定了我们必须贯彻“学以致用”的原则，从实际出发，在弄清国情的基础上建设和发展这门学科。随后将以专门章节介绍情况和讨论问题，这里暂不详及。

第二节 行政管理学

一、行政管理学研究内容

行政管理学产生于西方，现代行政管理理论的研究也开始于西方，西方行政管理理论研究的奠基之作，也标志着行政管理学的诞生。主要著作有 1887 年美国学者也是后来美国总统的伍德罗 · 威尔逊著《行政学研究》、1900 年美国学者古德诺著《政治与行政》、1926 年美国学者罗纳德 · 怀特著《行政学导论》和 1927 年美国学者威罗毕著《行政管理原理》。

作为一门系统化的理论知识的体系，行政管理学有其自身的范畴和独特的研究领域。在这方面，不少研究者提出了自己的观点，其中较具代表性的有：

美国学者怀特(Leonard White)将行政管理学的构成归纳为四大部分，即组织原理、人事行政、财务行政、行政法规。他的这种观点见诸于美国的大学教科书《行政学导论》，对后来的研究产生了一定的影响。美国学者 LH · 古立克(Luther H · GU lick)提出了著名的“七要素”理论，即计划(Planning)、组织(Organizing)、人事(Staffing)、指挥(Directing)、协调(Cooperating)、报告(Reporting)、预算(Budgeting)，以此概括行政管理的七大构成要素，这在当时颇有影响,其中计划理论后来逐步发展成为设计理论，为新的决策科学的创立提供了有益的准备。国内理论界对行政管理学研究的范围和内容的理解也有多种。

我国台湾学者张金鉴试图用更细致的分类来表述行政管理学的构成，提出了“15M”理论，即目标(Aim)、规划(Program)、人员(Men)、经费(Money)、物材(Materials)、组织(Machinery)、方法(Method)、领导(Command)、激励(Motivation)、沟通(Communication)、士气(Morale)、协调(Harmony)、及时(Time)、空间(Room)、改进(Improvement)。

行政管理学研究既有“硬件”部分(如行政组织、行政机构)，也有“软件”部分(如行政决策、行政沟通)；既要研究“静态”方面(如行政制度、行政法规)，又要研究“动态”方而(如行政执行、行政行为)。基于这些考虑，行政管理学的研究内容可以概括为以下几个方面：

1. 行政职能。主要揭示行政的基本职能。只有正确认识政府的角色和功能，明确政府的活动范围和行为力度，才能正确进行行政管理活动，达到预期目的。

2. 行政组织。主要揭示行政主体组建的指导原则，探求行政组织高效化的最佳结构。行政管理是由主体发动而作用于客体的有序管理。行政主体的健全、合理、优质，是提高行政管理效率的决定性因素。行政主体的重要组成部分就是行政组织以及行政组织的结构、类型、目标等事项，其条件制约着行政活动和行政关系。

3. 行政领导。揭示行政领导的基本职能及其在行政管理中的指导作用，行政领导的素质和群体结构，行政领导活动科学化的原则和方法。

4. 人事行政。揭示国家公务员在行政管理中的地位和作用，实现优化的原则、制度和方法。

5. 财务行政。主要论述国家预算、决算、公共支出、税收、审计等活动，说明政府的经费来源、安排及监督原则、制度和方法。

6. 机关行政。揭示行政机关是行政管理的实体和枢纽，行政机关建设的原则，事务管理的原则和方法，管理手段科学化、现代化的目标和实施。主要说明行政机关的环境管理、空间管理、会议管理、物材管理等事项，说明政府对具体的机关内部组织制度的完善原则及方法。

7. 行政决策与执行。揭示行政决策科学化的原则、程序、方法和体制，科学的行政决策与高效的行政执行的内在关系，在行政执行中行政指挥、行政控制、行政沟通、行政协调的地位和作用，行政执行应遵循的原则和方法等。

8. 行政方法。阐明行政管理技术方法在现代行政管理中的意义，凭借现代行政管理可采用的传统的或现代的技术方法。

9. 电子行政。主要阐明电子政府的发展模式、目标与经验，说明我国电子政府的建设与问题，分析电子政府的兴起对政府管理创新的影响。

10. 行政法治。阐明依法行政是现代行政管理科学化的重要标志，揭示行政管理法制化的原则、途径和方法，说明行政立法、行政执行和行政诉讼等的有关知识。

11. 行政文化。揭示行政道德、行政伦理和行政文化的不同，说明三者对行政行为、行政制度的影响。

12. 行政绩效。揭示行政效率和行政绩效的不同，说明政府绩效管理的原则、方法、制度，提高行政效率的途径和方法等。

13. 行政发展。揭示行政发展的一般规律，说明行政改革的趋势和规律。

以上内容以绪论为引子，大致从行政体制、行政内容、行政行为、行政文化、行政发展五个方面来展示行政管理学的丰富内容，涵盖了行政管理的体制、结构、过程和价值基础，形成了行政管理学的基本体系。

二、学习和研究行政管理学的主要方法

中国古语说：给人以鱼，得一餐食；教人以渔，得一生食。这句古语充分说明了掌握方法的重要性。学习和研究行政管理学，要取得好的效果，除了学好这门课程外，掌握科学的方法是十分必要的。这里介绍几种主要的方法：

1. 历史的方法

历史的方法，就是从行政管理实践和行政管理理论的历史演变中学习和研究行政管理的方法。这是一种至今仍被广泛使用的传统的方法。古今中外的许多政治家正是通过学习历史的知识，借鉴历史的经验，为巩固自己的统治地位服务的。多数行政管理思想家以及学者，也是通过这种学习和研究方法而形成自己的看法或建立自己的

理论框架的。同样，在现代社会，学习和研究行政管理学，“……最重要的，那就是不要忘记基本的历史联系，考察每个问题都要看某种现象在历史中怎样产生，在发展中经过了哪些主要阶段，并根据它的这种发展去考察这一事物现在是怎样的”。

2. 理论的方法

理论的方法，是一种运用逻辑思维对行政管理的现象进行归纳或演绎推理从而抽象出基本的观点、思想以至理论体系的方法。行政管理学的基本原理和原则，就是运用这种方法而形成的。社会是发展变化的，行政管理学的理论不是一经形成就永恒不变，相反，它随着社会实践的发展而不断修正和丰富。所以，在运用这种方法时，要注意理论联系实际，让抽象出来的观点、思想以至理论体系回到实践中去指导实践，并在实践中接受检验，从中加以修正、补充、发展。

3. 调查的方法

中国古代诗人陆游有诗云:“纸上得来终觉浅，绝知此事需躬行”。毛泽东曾说:“没有调查，就没有发言权”，“一切结论产生于调查情况的末尾，而不是在它的先头”。行政管理学是一门应用性很强的科学，实践是行政管理学生长和发展的土壤。到行政管理实践中去进行调查研究，有助于发现行政管理的新现象、新问题，也有助于更加全面地掌握行政管理学的基本规律。并推动行政管理学的发展。调查的方法包括实地考察、抽样调查、现场采访、民意测验、舆论检测、电话访谈等。

4. 比较的方法

比较的方法，就是在两个或更多的对象之间进行对比分析，以找出它们的差异性和相似性的方法。这也是一种使用范围相当广泛的方法。二战结束后，这种方法在政治学和行政管理学中发展非常快，已经发展出比较政治学、比较行政学等分支学科。行政管理的比较地域范围是世界各国，但运用这种方法要注意对象的可比性，因为比较的基本规则是，拿来比较的现象必须是同类的。如可以对不同国家的行政管理制度进行比较，也可以比较不同国家或地区行政管理模式的异同，还可以对同一国家或地区的同一类对象如政府职能进行不同历史阶段的比较，等等。

5. 系统的方法

系统的方法，是从系统理论移植过来的。系统方法包括许多内容，简要地说就是运用系统工程的理论和方法来分析和研究行政管理过程，把构成行政管理的各项因素，如人、财、物和信息等作为一个有机的整体，看成一个系统，进行全面分析，把事物的各个环节联系起来，对它们之间的关系进行定量分析，以确定目标和最优的实施方法，求得最高效率。行政管理的系统分析，不仅从静态看系统的构成，还从动态看系统的活动，把行政管理看成是信息的“输入——转换——输出”的过程，研究从客观环境取得的某些信息的输入(主要指来自社会的需要和条件)、信息的转换(主要指决策、拟订行政实施议案)和信息的输出(主要指作用于社会行政管理客体的效果)，同时，还研究信息的反馈。

6. 案例的方法

案例分析法在医学、法学等领域的成功运用，引起社会科学家的兴趣。20 世纪 30 年代美国哈佛大学商学院就开始把案例分析引入管理科学的教学和研究，40 年代以后发展为一种广为流行的研究方法。这种研究方法首先把已发生的典型而真实的行政事件，原原本本地、客观地用文字叙述出来，形成可供分析和研究的行政管理案例，然后进行经验性、实证性的研究，以求在直接或间接证据的基础上，探寻有关行政管理活动的规律和治事规范。这种方法通过思考、分析和争辩，在加深对行政管理知识、理论以及技术的理解与记忆的同时，提高分析和处理实际问题的能力。

第三节　学习行政管理学的意义与方法

一、学习行政管理学的目的与意义

为什么要学习行政管理学？学习行政管理学有什么意义？可以从如下四个方面来探讨。

(一)行政管理学是掌握行政管理规律的入门课

行政管理作为国家的组织活动，有它的规律。它既有一般管理的普遍规律，也有自己的特殊规律。规律是事物的相对稳定的内部联系，即事物的本质。人们只有认识和把握事物的规律，才能驾驭事物本身。同样，要从事行政管理工作，首先必须掌握行政管理的规律，但行政管理的规律不是靠一般的感官感知就能把握的，而是必须通过思维才能予以把握。行政管理的本质与行政管理活动中所表现出来的现象不是直接合一的，如果事物的表现形式和事物的本质会直接合而为一，一切科学就都成为多余的了。行政管理学作为一门科学，其任务就是通过思维活动，透过行政管理活动中的现象，揭示行政管理的本质，即规律性的东西。所以，要掌握行政管理的规律，学习行政管理学是必不可少的。

(二)行政管理学是国家行政管理人员的必修课

国家组织(主要是政府机关)管理国家事务、社会公共事务以及政府机关内部事务的活动，是通过行政人员来实现的。所以，行政人员素质的高低，直接影响到政府目标的实现程度以及政府的整体形象。要真正做到立党为公、执政为民，加强党的执政能力建设，就必须不断提高驾驭社会主义市场经济的能力、发展社会主义民主政治的能力、建设社会主义先进文化的能力、构建社会主义和谐社会的能力和应对国际局势与处理国际事务的能力。在原人事部制定的《国家公务员通用能力标准框架(试行)》中，更是以制度形式细化了公务员应当具备的各项综合性能力，即政治鉴别能力、依法行政能力、公共服务能力、调查研究能力、学习能力、沟通能力、创新能力、应对突发事件能力、心理调适能力等。不过，由于历史的原因，我国为数众多的行政人员中，系统学习和掌握行政管理专业知识的并不多。即使学历较高的行政人员，多数也是属于具有专门知识的“硬专家”，而属于具有行政管理专业知识的“软专家”还比较少。不少从事管理工作多年、有较丰富的管理经验的人，系统的管理理论和知识也比较缺乏。这种状况，远远不能满足我国当前正在进行的经济体制改革、政治体制改革、机构改革以及加强党的执政能力建没对行政人员素质的要求。换言之，我国迫切需要造就一支经过系统的行政管理专业知识训练的行政人员队伍，而行政管理学正是行政管理人员的一门必修课。

(三)行政管理学是参与国际公共事务管理的人员的基础课

随着我国全面对外开放和国际地位的不断提高，我国政府在国际交往中参与国际公共事务的范围不断扩大，国际社会对我国政府及其工作人员的要求也将越来越高。尤其是我国已经成为世界贸易组织的正式成员，遵循国际社会公共事务的管理规则和惯例，是对我国政府的起码要求，也是我国政府必须履行的义务之一。这样，一方面，我们必须改革我国的行政体制以适应国际形势发展的需要，促进与国际的接轨:另一方面，要在建立和平、稳定、公正、合理的国际政治新秩序和国际经济新秩序中发挥我国政府的作用，要在共同管理国际公共事务中，既做到严格遵守《联合国宪章》和公认的国际关系准则，又坚决维护我国的国家利益。所以，加强对涉外公共事务管理人员的培训，显得十分必要和迫切，而行政管理学可以说是开展培训的一门基础课。

(四)行政管理学是提高各行各业管理水平的辅助课

就像本章开宗明义所引证的，现代社会人们生活中的方方面面，几乎都离不开行政管理。所以，行政管理学虽然是一门以政府组织及其人员为管理主体的管理科学、但它的基本原理、基本知识和基本方法、技术仍然具有普遍性。党的领导干部、立法工作者、国家公务员、司法检察人员、法院审判员、社团工作人员、企事业管理人员，以及所有的公民、法人，在生活与工作中，都会或多或少地涉及有关行政管理学的知识。我国社会要实现现代化，要获得全面的发展，普及管理学知识包括行政管理学知识是十分重要的。许多有识之士认识到管理在当代全部生活中的意义，认为科学、技术、管理、教育是现代文明的“四根支柱”;科学技术和组织管理是现代文明进步的“两个轮子”。可以说，不论从事什么职业，不论是在哪一个行业工作，掌握行政管理学知识都是十分有益的。

◆第二章 政府

第一节 政府的基本内涵

一、政府的一般内涵

关于政府的定义，向来众说纷纭，难有一个统一的说法。但大致上可以分为广义说和狭义说。

广义说的政府(government)，泛指一切国家政权机关，如立法机关、司法机关、行政机关以及一切公共机关，比如议会、内阁、总统、法院等机构部属于广义概念上的政府。有代表性的如英国《大众百科全书》的定义:“由政治单元在其管辖的范同内制定规则和进行资源分配的机构。政府的功能:1. 立法;2. 司法;3. 执行、行政管理。”对广义概念的政府又存在两种不同的见解:一种认为，国家的总统、总理、国务卿、部长、司局长、外交官、海陆空军的军官以及各级地方行政官员，都是政府官员的部分，把各类官员所在的办事机构加在一起，就构成了一个国家的政府:另一种认为，司法部门的官员及其所在的机构也应包括在政府之内，因为这些官员的职责在于解释宪法和执行法律，这是执行国家意志即统治阶级意志的一种重要职能。

狭义说的政府(administration)，专指一个国家的中央和地方的行政机关，如外国的内阁、总统、国务院等，以及我国的国务院、地方各级人民政府。《美国百科全书》是这样界定的:“政府一词适应于管理团体和国家的机构及其活动。通常它指的是诸如英国或日本这类民族国家或其分支如省、市地方政府的组织机构及法定程序。就这一方面而言，政府对已经确认为某一民族国家中成员的事务进行管理。由此可见，政府就是一个国家或社会的代理机构。”有的政治学词典给狭义政府下的定义比较简练，如:“政府就是处理整个国家事务的主要组织”，又比如:“政府是行使国家权力的机关。”我国宪法中的“人民政府”就是指各级行政机关，即狭义的政府。

二、我国政府的内涵

我国宪法总纲第二条规定：中华人民共和国的一切权力属于人民。人民行使国家权力的机关是全国人民代表大会和地方各级人民代表大会。人民依照法律规定，通过各种途径和形式，管理国家事务，管理经济和文化事业、管理社会事务。宪法还规定：中华人民共和国国务院，即中央人民政府，是最高国家行政机关。地方各级人民政府是地方各级国家权力机关的执行机关，是地方各级国家行政机关。《中华人民共和国地方各级人民代表大会和地方各级人民政府组织法》规定：地方各级人民政府对本级人民代表大会和上一级国家行政机关负责并报告工作，县级以上地方各级人民政府在本级人民代表大会闭会期间，对本级人民代表大会常务委员会负责并报告工作。全国地方各级人民政府都是国务院领导下的国家行政机关，都服从国务院。宪法和有关法律还明确规定了政府行政管理的对象和范围是：依照法律规定的权限，管理本行政区域内的经济、教育、科学、文化、卫生、体育事业、城市建设事业和财政、民政、公安、民族事务、司法行政、监察、计划生育等行政工作，发布决定和命令、任免、培训、考核和奖惩行政工作人员。

根据上述法律规定，我国政府的基本含义包括以下几方面的内容：

1. 国家和地方各级人民政府都由相应的人民代表大会产生，是国家权力机关的执行机关。它体现着我国议行合一、一切权利属于人民的原则，它的一切行政权力都来自人民代表大会的授予，都要接受本级人民代表大会的监督，并对其负责和报告工作。它必须真正代表和反映以工人阶级为领导的广大人民群众的意志和利益，在实施行政管理时、既要切实保证不违背人民的意志；坚决执行权力机关的决议，又要切实保障人民的民主生活，自觉接受人民群众的有效监督。

2. 政府不仅要向本级权力机关负责，而且要向上一级政府负责并报告工作和接受其监督。各级政府的行政管理，是整个国家行政管理的一个重要组成部分，地方各级政府都应接受国务院的统一领导，任何政府的行政管理，都不应当也不允许有悖于国家行政管理的基本原则和总体规划与要求，更不得各自为政、我行我素。

3. 各级政府的行政管理，从范围来说是全方位的。其特定的任务就是领导、组织和管理国家公共行政事务。同中央政府相比，除外交、国防以及制定全国性行政法规外，各级政府要依法管理经济、政治、教育、文化、科学、建设、财政、民政、公安、司法行政和监察等各项事务。其中不仅有物质产品生产，而且有精神产品生产；不仅有管理，而且有监督；不仅有对物、财的管理，而且有对人的管理；等等。因此，我国政府行政管理的任务是相当繁重的，是保证经济生活正常运转、社会生活丰富安定以及部门、地区、各行业公民关系协调所不可缺少的。

4. 政府拥有法定的执行和管理的行政权，运用行政手段进行指挥活动。根据宪法和法律的规定，政府有权规定行政措施，制定行政法规，发布决定和命令等，指导所属各部门、下级政府、企事业单位、社会团体和公民的社会活动。它可以运用规定行政措施、制定行政法规、发布决定和命令等行政手段，以及利用行政系统、上下级隶属关系，对整个国家的组织和行政事务管理进行指挥，并且对整个社会都有着普遍的约束力和强制力。

5.为人民服务是国家和各级政府的宗旨，是一切行政措施的出发点和归宿。人民既是管理的对象（客体），又是管理的主人（主体）。因此，人民对于政府及其工作人员有提出批评、建议和监督的权利。对他们的违法、失职和渎职行为有向国家机关提出申诉、控告或检举的权利；公民犯了法也要受到行政处分，直到依法判刑。

第二节　政府的本质和特点

一、政府的本质

在关于国家、政府的本质问题上，存在两种片面观点。一种观点认为，国家、政府本质上是社会公共利益的代表，是一种中性的社会产物，是一个管理社会公共事务的机关；另一种观点认为，国家本质上只是阶级专政的工具，是统治阶级镇压被统治阶级的机关，国家只有一种属性就是阶级性。

上述两种观点的片面性，就在于它们都割断了国家本质的阶级性与公共性的统一。前者是用国家、政府的公共性来否定其阶级性，后者则用国家、政府的阶级性来排斥其公共性。实际上国家、政府的阶级性与公共性是统一的、相互依存的。一方面，国家、政府作为阶级社会的特有现象，它总是代表统治阶级的利益的。任何国家、政府都包含着阶级的规定性，不包含阶级规定性的国家、政府是不存在的，因为国家、政府之所以成为必要，就在于社会存在阶级冲突而又无力摆脱这种冲突，只有国家、政府的力量才能缓和冲突。恩格斯在《家庭、私有制和国家的起源》中写道："国家是表示：这个社会陷入了不可解决的自我矛盾，分裂为不可调和的对立面无力摆脱这对立，而为了使这些对立面，这些经济利益互相冲突的阶级，不致在无谓的斗争中把自己和社会消灭，就需要有一种表面上站在社会之上的力量来抑制冲突，把冲突保持在'秩序'的范围以内；这种从社会中产生但又居于社会之上并且日益同社会相异化的力量，就是国家。"现代资本主义国家，政府的职能虽然大量体现在介入经济活动和从事社会公共管理上，但其根本性目的仍然是缓和冲突、维持"秩序"，以便实现资产阶级的最大利益。所以，从最根本的意义上说，现代资本主义国家仍然是资本主义社会关系的维护者，是资产阶级私有财产保护者。正如马克思、恩格斯所言："现代的国家政权不过是管理整个资产阶级的共同事务的委员会罢了。"但另一方面，任何国家、政府只有介入社会经济活功和社会公共事务管理，才能最终实现统治阶级的利益。首先，任何阶级统治都是以实现一定的社会公共职能为前提的。恩格斯在《反杜林论》中系统地阐述过这个观点。他说，一切政治权力起先总是以某些经济的、社会的职能为基础的，"政治统治到处都是以执行某种社会职能为基础，而且政治统治只有在它执行了它的这种社会职能时才能持续下去”。任何一种社会制度的国家、政府都是建筑在一定规模的社会公共事务的基础上的，只是由于生产力水平的制约，不同时代、不同社会、不同时期的国家及其社会公共事务的规模不同而已。但不论哪一个时代、哪一个社会、哪一个时期，也不论公共事务规模的大小，履行社会公共事务管理的职能都是国家及其政府不可或缺的。马克思在分析古代印度社会时，就反复强调了“公共工程部门”的重要性。履行社会公共事务管理职能，对缓和社会矛盾、维持阶级统治、实现统治阶级利益具有重要意义。任何国家、政府如果缺少这方面的职能，则连政治统治也无法维持。其次，统治阶级的特殊利益在一定程度上受到社会普遍利益的制约。剥削阶级的国家、政府本质上是为维护和扩大统治阶级的特殊利益服务的，但却不能无视社会的普遍利益，甚至不能不考虑社会的普遍利益。因为若不兼顾甚至扩大社会的普遍利益，如建设公共文化场所、发展社会保障系统、治理环境等，就无法维护和扩大统治阶级的特殊利益。正因为如此，当代资本主义国家及其政府更多的是用公共性职能代替早期的镇压性职能，来赢得生产的外部条件和社会条件，赢得社会的稳定和现存制度的长久存在，以保证资产阶级的长远利益。在社会主义国家，政府虽然同样存在着镇压敌对阶级和敌对势力的反抗的职能，但领导阶级并没有自己的特殊利益，国家及其政府的利益和社会利益是一致的。因此，管理社会公共事务的职能，更是社会主义国家及其政府职能的题中应有之义。

可见，国家、政府的本质是阶级性与公共性的有机统一，是经济上占统治地位的阶级进行阶级统治和社会公共管理的工具。

二、政府的基本特点

政府除了具有上述的本质特点（即阶级性和公共性）外，还具有主权性和独立性、强制性和约束性、执行性和实践性、综合性和动态性等基本特点。

1. 主权性和独立性。主权性是指各级政府依照法律的规定独立行使执行和管理的行政权，具有独立自主地处理内外事务的最高权力。这是一个国家的统治阶级的统治权在政治上和法律上的表现。如果政府不具备这种主权性和独立性，就不能在国内活动和国际交往中贯彻统治阶级的意志，就不能强制人们遵守它所制定的秩序和颁布的法规、命令等。也就不可能对整个国家实行统一的领导、组织与管理。

2. 强制性和约束性。作为国家权力机关的执行机关的政府具有强制性，表现为统治阶级借助于军队、警察、监狱等暴力工具强迫全社会服从它的统治。它所拥有的是国家最高行政权力，权力的影响对象涉及所管辖的全体公民，无一例外；它所制定的各种行政法规、行政措施和发布的一切行政命令等，全社会成员都要遵守，即使是统治阶级的成员也不例外。这是实行阶级统治必不可少的条件。

3. 执行性和实践性。政府是国家权力机关的执行机关。但在执行中，不只是消极被动地照章办事，而是积极能动地参与、影响国家的立法和制定政策。而在现代国家中，制定政策已成为政府活动的重要方式。政府管理的各项工作都是最常见的日常问题，都同每个单位与个人有着直接和间接的关系；它提出的解决办法，都是从纷繁复杂的现象与事实中抽象提炼出来的带有规律性的理论原则和艺术技巧，是经过科学分析和实践检验行之有效的方法。政府管理的全部过程，就是充分发挥行政工作人员的创造力，准确地把握和执行法律与政策的规定，审时度势，根据不同情况、不同任务，估量各种因素，处理好各种人际关系，运筹计划，做出抉择，并精心组织，周密安排而付诸实践，以求提高政府管理的效能和效率。

4. 综合性和动态性。政府按照法律的规定，综合领导和管理国家的各项公共事务，处理国内外各项重大关系问题，而这些工作又是处于不断丰富发展的动态之中的。随着科学技术的发展，政府管辖范围逐渐扩大，管辖专业逐渐增多，管理机构相应增加，管理体制日趋完善，因此对政府工作人员的要求也越来越高。政府工作人员只有不断更新自己的知识，探求和掌握新的理论与方法，才能搞好政府管理工作。

第三节　政府的基本结构

一、政府的一般结构

政府的结构反映政府内部各要素之间围绕着权力分配而展开的排列组合、相互联系和相互作用的方式，或者说是政府系统中机构配置和人员构成的方式。它包括内部结构和外部结构，集中体现政府内外部的分工与协作关系。

政府的外部结构，是指不同层级政府之间领导与服从的纵向关系，以及同一层级不同地域的政府之间的横向关系。例如，将政府划分为中央政府与地方政府，地方政府又分为省、市、县和乡镇政府，这是不同层级的政府，它们之间的关系是领导与服从的关系；又如，不同省辖区的政府，同属于省级政府，它们之间是一种平行的横向关系。

政府的内部结构，是指同一层级政府内部的分工协作关系。如各国中央政府内部的内阁、部委、司局、科处等。不同国家的政府的内部结构有所不同，一般来说，可以分为如下几个方面：

1. 领导机构。它是一级政府内部的最高领导，是统辖全局的决策中枢。其主要任务是制定施政方针、政策和长远规划，并统一领导、监督其他机构工作。各国政府的领导机构名称不一，职权和组成也各异。多数国家都称中央政府的领导机构为内阁，如英国由首相主持的内阁会议；美国联邦政府的领导机构是由总统主持、副总统及各部部长参加的内阁会议；我国国务院的领导机构是在国务院总理领导下，副总理、国务委员及相关部委负责人参加的国务会议。

2. 职能机构。职能机构是在领导机构的直接领导下，负责组织和管理某一专门行政事务的机构。职能机构是政府内部的主体组成部分，其主要任务是执行领导机构的决策，并领导或指导业务相同的下级政府的职能机构，一般都称为部；日本中央政府的职能机构为省；我国国务院的部委机构除了以部委冠名的机构外，还包括中国人民银行和审计署等。

3. 办公机构。它是协助政府领导机构进行综合协调并办理日常事务的机构。其主要任务是协助政府首脑就有关重大问题进行决策，处理政府首脑的日常事务、帮助沟通政府与其他组织的关系，督导协调内部各部门工作等。如法国的总统府，英国的首相办公厅和内阁办公厅，我国的国务院办公厅等。

4. 直属机构。直属机构是在领导机构的统一领导下，主管某一方面专业性业务的机构。直属机构在法律地位上略低于职能机构，它的首长一般都不属于领导机构的组成人员。法国政府设有计划总署、原子能机构等 10 个直属机构；日本在首相府下设有被称为“三委九厅”的 12 个直属机构；我国国务院目前设有国家税务总局、海关总署等 16 个直属机构和一个直属特设机构：国有资产监督管理委员会。

5. 派出机构。它是指一级政府根据业务管理需要，按法定程序在所辖区域内设立的代表机构。这种机构不能算是一级独立的政府机关，而只是派出它的那一级机关的分支机构，只能代表该级机关指导所属区域的工作。澳大利亚联邦政府几乎每一个部都在 6 个州和 2 个地区设有派出机构；美国联邦政府的国际商业委员会在全国设有 6 个大区办事处、563 个地方办事处；我国目前在一些地方也还存在作为省级政府派出机构的专员公署和作为县级政府派出机构的区公所。

二、我国政府的结构

我国政府在纵向层次上分为国务院、省（自治区、直辖市）、县（自治县、县级市）、乡（民族乡、镇）四个层级。但在有自治州的省和自治区以及有市管县的情况下，则实行五级管理体制。这里讲的“级”，表示选举产生的一级政权机关。除此之外，还有省人民政府与自治区人民政府派出的行政公署和县、自治县人民政府派出的区公所以及市辖区、不设区的市人民政府派出的街道办事处。另外，在必要时设立特别行政区。

至于我国政府的横向结构，以中央人民政府为例，其内部结构为：

1. 国务院。根据现行宪法和国务院组织法的规定，国务院由总理、副总理若干人、国务委员若干人、各部部长、各委员会主任、审计长和秘书长组成。国务院总理，根据国家主席的提名，经全国人民代表大会以全体代表过半数通过决定，由国家主席任命；其他成员由总理提名，经全国人民代表大会以全体代表过半数通过决定，由国家主席任命。国务院实行总理负责制，总理负责领导国务院的工作，副总理和国务委员协助总理工作。国务院工作中的重大问题必须经国务院常务会议或全体会议讨论决定，国务院常务会议和国务院全体会议由总理召集和主持。

2. 国务院各部、委员会。国务院各部、委员会是负责国家行政管理某一方面事务或某些职能的工作机构，是国务院的组成部分，依法对某一方面的行政事务具有全国范围内的管理权限。如公安部、教育部、住房和城乡建设部、民政部、财政部、国家发展和改革委员会、国家卫生和计划生育委员会等。国务院的行政职能，主要由各部、委员会承担，各部管理比较专门的行政事务，各委员会则负责管辖有一定综合性的行政事务。

3. 国务院的直属机构。根据宪法和有关法律规定，国务院可以根据工作需要和精简的原则设立国务院直属特设机构和直属机构主管某项专门业务，前者如国有资产监督管理委员会，后者如国家食品药品监督管理总局、国家质量监督检验检疫总局、国家税务总局、国家工商行政管理总局、海关总署等。直属机构的法律地位低于各部、委员会。其行政首长不是国务院的组成人员。直属机构具有独立的职权和专门的职责，可以在主管事项的范围内，对外发布命令和指示。

4. 国务院各部、委员会管理的国家局。依照有关组织规定，国务院可以根据国家行政事务的需要，设立若干个行政主管职能部门。由于其行政事务与某一部委的职能有关，因此由相应的部委实施管理。比如，国家海洋局和国家测绘局由国土资源部管理，国家外国专家局由人力资源和社会保障部管理，国家邮政局由交通运输部管理，国家外汇局由中国人民银行管理等。

5. 国务院的办公和办事机构。国务院设有办公厅和若干办事机构，主要职能是协助总理办理专门事项。如国务院办公厅、国务院侨务办公室、国务院港澳事务办公室、国务院台湾事务办公室、国务院法制办公室、国务院新闻办公室和国务院研究室等。

第四节　政府职能定位

所谓政府职能，是指政府的职责和作用，它主要回答"政府的作用应该是什么"、"政府能做什么和不能做什么"这类问题。政府职能是一个广泛的概念，在宪政体制、历史文化传统不同的国家里，其性质、内容、规范和作用方式等均存在着明显的差别，即使在同一个国家，不同的历史时期也会有不同的规范与特点。但从各国行政管理的实践来看，政府职能的发展变化又具有一定的规律性。那就是政府职能总是会通过处理政府与市场、政府与社会、政府与企业等的关系来实现。因此，考察西方国家政府与市场、政府与社会、政府与企业等关系的理论和实践，对政府职能的定位尤为重要。

一、政府与市场的关系

"政府与市场的关系既是政治学，又是经济学核心问题"。在现代市场经济中，政府与市场是两种基本的制度安排，而对于这两种制度安排在资源配置中应起多大作用，则一直争论不休。概括起来，主要有三种思想流派：

（一）市场万能论

这种观点认为市场中的每个人都是理性经纪人，市场是完全自由的，市场交易是完全充分的，市场的信息是对称的。市场的竞争机制和充分交易行为能够完全、充分地进行资源配置国家只是市场的“守夜人”，“最好的政府就是最小的政府”。这种观点以古典经济自由主义集大成者和奠基人——亚当·斯密（Adam Smith）为代表。市场万能论强调处理政府与市场关系上，前者只是一个次要的配角、应该由市场在社会资源配置中起绝对作用。这种观点的最大不足是，诚如凯恩斯主义已经揭示的，市场是不充分的，市场个体的理性导致整个市场的失败，市场不能解决宏观经济问题。又如新制度经济学揭示的，市场信息是不对称的，交易是有成本的，产权是需要国家保护的。再如公共选择理论揭示的，市场中存在“搭便车”的问题，需要国家来解决。因此绝对的市场万能论已经不再有多大市场了。

（二）政府万能论

这种观点认为，国家、政府及其公务员是大公无私的，无所不能的，是公共利益的代表者，追求的也是公共利益和公共福利的最大化。政府是一个无所不能的君主，能完全弥补市场缺陷，消除市场失灵，政府能够解决好所有的经济和社会问题，因而国家对经济与社会发展的全面干预是必要的也是合理的。这种理论的代表者是凯恩斯，它承认市场机制是一种有效的资源配置机制，但认识到了市场的局限性，并且认为这种局限性只有政府才能够弥补。政府弥补的方式就是政府对经济的干预，且把这种干预看作是市场能够自如地运作的前提条件，这事实上否定了市场的作用和意义，而将政府的职能提升到更加绝对的地位。这种理论的最大不足，诚如公共选择理论已经揭示的，国家、政府及公务员不是公共利益的代表者，有自己的利益追求并很大程度上将其置于公共利益之上，并且国家在干预经济的过程中存在“失灵”的问题。

（三）市场与政府相互补充论

这种观点认为，在促进经济发展的过程中，作为两种基本的制度安排，政府与市场有着互补作用，政府应支持而不是抵制市场的作用。新政治经济学指出，市场的缺陷并不是把问题交给政府处理的充分理由，政府与市场是两种可以相互替代的资源配置方式和具体制度安排。也就是说，在现代经济中，并不存在完全的市场，也不存在完全的政府，“市场与政府间的选择并非是一个在完善与不完善之间的选择，而是在不完善的程度与类型之间，在缺陷的程度与类型之间的选择”，“一个政府同另一个政府的最大不同在于市场取代政府或政府取代市场的程度”。目前，这种观点已成为西方主流的观点，并成为各国政府确定政府与市场关系的指导思想。

二、政府与社会的关系

政府与社会的关系问题，一直是一个重大的理论命题，关于政府与社会的关系，主要有三种不同的理论：

(一)无政府主义理论

这种理论认为政府是一切社会祸害的根源，如果要实现社会和谐与均衡，必须立即废除政府，用一种有生命力的、自愿合作的自治组织来替代政府，以实现个人的绝对自由和社会的完全自治。尽管该理论产生于近代，但其渊源可追溯到久远的古代社会。无政府主义在不同的时期、不同的国家有不同的表现，但就其实质而言，个人主义是无政府主义理论的出发点与归宿，个人至上是无政府主义者衡量一切社会问题的惟一标准。

(二)国家主义理论

这种理论不同于无政府主义的是，它通过神化国家来解释政府与社会的关系。该理论认为，国家是神圣的，政府是万能的，国家高于、优于社会，社会的存在必须以国家的存在为前提；社会问题必须由政府来解决，社会不能自行其是、脱离政府，否则后果不堪设想；政府必须对社会实施全面的控制和管理，以追求"普遍利益"或"公共福利"，维持国家稳定。国家主义理论也有悠久的历史，最早可追溯到柏拉图的贵族主义的"理想国"，但真正开创政府神圣万能论之先河的是德国的费希特，之后，黑格尔再将之发扬光大。

(三)自由主义理论

自由主义理论是在反对专制、争取民主的斗争中形成的，其思想基础是理性主义和个人主义。传统的自由主义产生于十七、十八世纪的英国，主张政府权力必须受到限制，反对政府对社会的奴役，奉行"政府是必要的邪恶"的观点；20世纪以后产生的新自由主义的思潮，则背离了传统自由主义，主张政府的积极干预。然而，20世纪六七十年代，政府的积极干预带来了巨大的社会问题，人们开始怀疑政府干预的合法性和合理性，因而产生了向传统自由主义回归的当代自由主义理论。在看待政府与社会的关系方面，当代自由主义理论认为，政府对社会而言是必要的，政府应承担社会管理的职能，政府的主要作用是保护公众的个人自由和社会秩序；政府不能过于干预社会，更不能取代社会，而需建立相对独立的公民社会，以便公民阶层享受自由的空气；政府的权力应有一定的界限，只能限定在保护个人自由的限度内，为使政府不致成为权力过分巨大的怪物，避免政府权力有被滥用的可能，社会应对政府的权力进行制约。

三、政府与企业的关系

企业作为一个国家国民经济的基本构成单位，是一种以营利为目的、从事商品与服务的生产和经营的经济组织。政府的经济作用归根结底即为政府与企业的关系，而政府与企业关系理论实际上是建筑在对政府与市场关系的理解之上。由于企业一般分为私营企业和公共企业两种，因而西方国家对政府与不同性质的企业之间的关系，其处理是不同的。

在自由资本主义时期，古典经济学者主张对私营企业实行自由放任的政策，认为市场力量就像一只“看不见的手”，引导着企业和消费者的行为，企业和消费者则决定了生产和消费，政府对企业的干预应降到最低限度。但自由市场经济的实践和现代经济学的发展却显示市场并非尽善尽美，市场失灵为政府干预企业提供了理由。因此在现代西方各国，政府远非亚当·斯密所主张的那样无为而治，企业也不是完全自由，政府仍可对企业发挥一定的作用。概括上述可知，西方国家政府主要是通过法律与经济的手段，对私营企业实施规范与管制、促进与援助以及间接引导。只不过，在不同的国家中，政府对私营企业的影响程度不尽相同。

公共企业也是西方国家普遍存在的经济现象。西方国家建立公共企业的理由包括私营企业提供之商品和服务的不足；挽救行将倒闭的、关系到公共利益的私营企业；改善竞争环境；降低社会成本（如环境的外部性）；甚至在某种程度上保护国家主权。在大多数的西方国家中，有很长的一段时间内，公共企业都是公共部门的重要组成部分，因此，如何处理政府与公共企业间的关系则成为公共企业存在的永恒问题。如果政府的控制过于严厉，公共企业作为独立实体存在的优越性就无从发挥；如果政府的控制过于宽松，公共企业可能就不对其所有者（公众）承担责任。有鉴于此，当前西方各国政府一方面对公共企业实行分级所有、分类管理，采取多样化的管理形式和严格的监督；另一方面则通过出售、放松管制、签约外包等形式实施民营化，以改善政府与公共企业的关系。

四、我国政府行政职能的转变

（一）行政职能转变的含义及其类型

所谓行政职能转变，即是指政府根据社会环境的变化和发展的需要，对其履行职责的范围和发挥功能的领域做出适当的调整。行政职能转变的根本性原因是社会生产力的发展。生产力是社会中最活跃的因素，生产力的不断发展必然要求政府对行政职能做出相应的调整。而具体来说，行政职能转变则是社会各种因素综合作用的结果，如统治阶级政治路线的变化，社会公共事务的数量多少和繁简程度，社会经济发展的状况，行政主体的认识水平，以及各种随机、突发事件的出现等。这些因素都会或多或少地影响到行政职能的变化。行政职能转变大致上可以分为两种类型：一是行政职能性质和内容的转变；二是行政职能内部结构的转变。

1. 行政职能性质和内容的转变。这种类型的转变有以下三种情况：

(1) 由于国家政权性质发生了重大变化，从而导致行政职能的性质和内容的彻底改变。如中华人民共和国的建立，不仅使政府的性质发生根本性的变化——政府是人民的政府，一切权力属于人民，而且使政府行政职能的内容与历史上任何政府都有了本质的区别。

(2) 在同一政权性质下，随着生产力的发展，社会公共事务的增减，从而导致行政职能的内容和范围的变化。例如，随着科学技术的迅猛发展和信息社会的到来，相继出现了一系列新的社会公共事务，要求各国政府承担更多的职能。

(3) 由于国家的政治路线和方针发生变化，或由于社会工作中心转移，从而使行政职能的内容发生转变，或是使不同职能要素的履行强度出现变化。我国在党的十一届三中全会后随着政府工作中心的转移而对行政职能提出相应调整的要求就属于这种情况。

2. 行政职能内部结构的转变。这种类型的转变是指在行政职能总体不变的情况下，职能内部的结构重新分解、转移或合并而表现出来的变化。具体表现为两种情况：

(1) 纵向结构的变化，即行政权力的上下转移和变化。无论是中央政府权力的强化，还是地方政府权力的增强，都意味着不同层次的行政管理主体所承担的行政职能的变化。

(2) 横向结构的变化，即行政组织各个部门之间行政权力的重新划分。如一个部门失去了原有的行政职能，另一个部门获得了新的行政职能，或两个部门合并后共同履行新的行政职能等等，都属于这种类型。

(二) 我国政府行政职能的确立及其弊端

我国政府行政职能的确立，可以追溯到中国共产党在革命战争年代所建立的中央苏区。早在1934年，党领导的井冈山革命根据地就颁布了《中华苏维埃共和国中央苏维埃组织法》，并建立了中央机关。组织法规定，人民委员会是中央执行委员会的行政机关，负责指挥苏维埃共和国全国的政务。在人民委员会下设各人民委员部和工农检查委员会、革命军事委员会及国家政治保卫局，分别负责各方面的工作。这种组织建制和政府职能是按照苏联的模式设计的。

中华人民共和国成立后，按照新民主主义的总体思路建立了中央人民政府。中央人民政府委员会组织政务院，为国家政务的最高执行机关，下设35个部门，管理国家各方面的工作。在国民经济恢复阶段初期，由于大规模的经济建设还没有开始，国际国内的阶级斗争还比较尖锐，对农业、手工业和资本主义工商业的社会主义改造也没有提上日程，所以，政府的行政职能还是以政治职能为主，政府的机构也比较精简。

但随着政权的巩固和大规模经济建设的开展，尤其是随着社会主义改造运动的深入，我国政府的行政职能急剧膨胀，以致最终形成了高度集中统一的计划经济管理体制。

这种高度集中的计划经济管理体制及其政府的行政职能体系曾经发挥了重要的积极作用，它使我国政府能够在短暂的时间内，在经济短缺的情况下，集中了必要的人力、物力、财力，实现了国民经济的恢复和发展，初步建成了以重工业为中心的国民经济体系。

但在建立起工业基础后，随着经济规模的日益扩大和经济结构的日益复杂，这种建立在高度集中的计划经济管理模式基础上的行政职能体系，也日益表露出它的弊端来：

1. 职能庞杂，运行紊乱。政府把一切政治事务、经济事务（包括微观经济事务）和社会事务统统纳入自己的管理范围，管了许多不该管、不好管也管不好的事，政府成了无所不包、无所不管、无所不能的“全能”政府。无论是宏观的还是微观的，精神的还是物质的，经济的还是政治的，都由政府亲自管，甚至人们的衣食住行、生老病死，都由政府包下来。这造成政府行政管理力不从心，穷于应付各种事务，行政运行处于无序状态。

2. 职能错位，政企不分。政府代替企业去履行微观管理的职能，而企业代替政府去管理职工所有的社会福利。一方面，政府对企业统得过死、管得过多，束缚了企业的手脚，企业丧失了自主性，成为政府的附属物；另一方面，政府部门把主要精力都放在直接管理企业和分钱分物上，削弱了政府对整个社会需求的宏观了解和把握，使计划管理脱离实际，社会宏观调控无力，同时造成社会保障系统长期缺位。

3. 职能交叉，效率低下。在政府内部，机构繁多、部门林立，职能分解过细，运行中上下级政府之间、左右部门之间职能重复、交叉，互相推诿、互相牵扯现象严重，造成行政效率低下。

4. 职能膨胀，机构庞大。由于政府扮演着“全能”的角色，随着社会的日益复杂，政府的行政职能也日益膨胀，必然引起行政机构日益庞大，冗员日益增多，相应的行政费用巨大，财政负担沉重，财政赤字不断增加。

上述弊端表明，我国的行政管理模式和职能体系对社会发展存在极大的不适应性，已经到了非改不可的地步。特别是在我国正式加入 WTO 后，我国政府职能的内容和运作方式对比 WTO 规则的要求，其间的差距就更加凸显。具体表现在三方面：一是政府仍然在直接参与竞争性产品的经营，参与私人物品和私人服务产品的供给，如进行彩电、汽车、房屋、商业服务等的经营活动和产品及其服务的提供。二是政府仍然在干预企业的微观管理，如直接经手企业的贷款、直接决定工程承包等。三是行政审批过多、过细，部门垄断和行业垄断普遍存在，企业处于不公平竞争的状况中，权钱交易的现象仍然十分严重。这些现象既违背了 WTO 有关公平竞争的规则要求，也不符合我国政府在加入 WTO 议定书中所做的承诺。所以，我国还必须根据 WTO 的规则，在政企分开、改革行政审批制度、理顺中央与地方关系、发挥社会中介组织的作用以及改革政府采购制度等方面，进一步深化政府的行政职能转变。

（三）我国政府行政职能的调整与改革

我国政府行政职能的调整与改革，始于20世纪80年代初。1978年召开的党的十一届三中全会，明确提出要抛弃“以阶级斗争为纲”的“左”的错误方针，把党和国家的工作中心转移到经济建设上来。这标志着我国政府职能重心的根本性转变。尔后，随着农村改革与城市改革的开始和逐步深入，政府行政职能的内容和结构也伴随着经济改革措施的落实而得到部分的调整。

在中共中央文献中较早出现“转变职能”一词的，是1985年9月通过的《中共中央关于制定国民经济和社会发展第七个五年计划的建议》。该建议认为，“随着国家管理经济的职能范围和管理方式的变化，各级政府经济管理部门的组织机构也要进行相应的调整和改革……在转变职能的基础上，积极创造条件，逐步进行机构的调整和精简。”1987年召开的党的十三大，又进一步明确提出要把转变政府行政职能作为行政体制改革的核心问题。十三大报告指出：为了避免重走过去“精简——膨胀——再精简——再膨胀”的老路，这次机构改革必须抓住职能转变这个关键。这次以转变政府职能为核心的改革，使政府的经济行政管理在内容和方式上，从五个方面实现了初步的转变：由微观管理转向宏观管理，由直接管理转向间接管理，由部门管理转向全行业管理，由全面管制转向服务监督，由机关办社会转向机关后勤服务工作社会化。同时，从职能上、机构上和编制上加强了宏观调控部门、经济监督部门、社会管理部门以及资产、资源和环境管理部门。在纵向上，中央向地方放权，并开始注意理顺中央与地方的关系。在横向上，通过定职能、定机构、定人员编制的“三定”制度，对一些重要的中央部门实行职能分解和转移，力图理顺各综合部门之间、综合部门与专业部门之间、非经济部门之间的关系。

1992年邓小平在南方谈话中提出建立社会主义市场经济的发展目标，并为党的十四大报告所确定。十四大报告再次提出和强调政府职能转变问题，把政府职能转变与发展社会主义市场经济联系起来，使政府的行政职能转变有了明确的目标和理论基础。此后，政府职能转变的宽度、深度都进一步加强。

这在内容和性质方面表现为：

1. 调整了政府和市场的关系。政府通过向市场放权，培育市场体系，把资源配置的职能逐步地转移给了市场，发挥了市场机制配置资源的基础性作用。

2. 调整了政府和社会的关系。政府通过向社会中介组织放权，把部分服务和监督的职能转移给社会中介组织，给社会中介组织以相对立的地位。

3. 调整了政府与企业的关系。政府通过放权给企业，即落实企业十四项自主权，使企业成为市场主体，并推动企业转换经营机制和建立现代企业制度，推进政企分开。

在职能的内部结构方面表现为：

1. 调整了中央与地方的关系。中央向地方放权，中央政府的某些职能分离出来给地方政府，扩大地方政府的管理权限，初步理顺中央与地方的财权和事权。

2. 调整了部门之间的关系。通过机构改革，对机构职能进行了较为全面的调整和重新配置，精简了机构和编制，调整、合并了部分机构职能，减少了交叉和重复的现象，使政府行政职能的内部分配得到了改善。

2002 年召开的党的十六大，对深化政府行政管理体制改革做出了新的指导。十六大报告明确提出要进一步转变政府职能，改进管理方式，推行电子政务，提高行政效率，形成行为规范、运转协调、公正透明、廉洁高效的行政管理体制；要依法规范中央和地方的职能与权限，正确处理中央垂直管理部门和地方政府的关系；要按照精简、统一、效能的原则和决策、执行、监督相协调的要求，继续推进政府机构改革，切实解决层次过多、职能交叉、机构臃肿、权责脱节和多重多头执法等问题；要按照政事分开的原则，改革事业单位管理体制。十六大报告总结了改革开放以来，特别是十三届四中全会以来我国行政管理体制改革的基本经验，为推进行政管理体制改革指明了方向。

2007 年 10 月，党的十七大报告中对我国今后“加快行政管理体制改革，建设服务型政府”做出了总体部署，提出了一系列新观点和新举措。其一，针对政府职能转变再次强调要抓紧制定行政管理体制改革总体方案，着力转变职能、理顺关系、优化结构、提高效能，形成权责一致、分工合理、决策科学、执行顺畅、监督有力的行政管理体制。健全政府职责体系，完善公共服务体系，推行电子政务，强化社会管理和公共服务。其二，提出必须加快推进以改善民生为重点的社会建设职能，在经济发展的基础上，更加注重社会建设，着力保障和改善民生，推进社会体制改革，扩大公共服务，完善社会管理，促进社会公平正义，努力使全体人民学有所教、劳有所得、病有所医、老有所养、住有所居，推动建设和谐社会。其三，指出必须深入贯彻落实科学发展观。在把经济建设这一基本职能作为执政兴国的第一要务的同时，也必须努力做到发展成果由人民共享，更加注重收入再次分配的行政职能。必须坚持全面协调可持续发展。统筹城乡发展、区域发展、经济社会发展、人与自然和谐发展、国内发展和对外开放等。

根据新的时代要求，2012 年 11 月，党的十八大报告明确提出行政体制改革是推动上层建筑适应经济基础的必然要求。要按照建立中国特色行政体制目标，深入推进政企分开、政资分开、政事分开、政社分开，建设职能科学、结构优化、廉洁高效、人民满意的服务型政府。深化行政审批制度改革，继续简政放权，推动政府职能向创造良好发展环境、提供优质公共服务、维护社会公平正义转变。

◆第三章 行政组织

第一节 行政组织的基本概念

一、行政组织的含义

行政组织是静态组织结构和动态组织活动过程的统一。就动态讲，行政组织指为完成行政管理任务而进行的组织活动和运行过程。就静态讲，有广义、狭义之分。广义行政组织，除政府行政组织外，还包括立法、司法、企业、事业等部门及社会团体中有行政性职能的机构；狭义行政组织，则专指为推行政务，依据宪法和法律组建的国家行政机关体系，是国家机构的重要组成部分。本节着重研究静态的、狭义的行政组织，即政府行政组织。我国行政组织包括中央人民政府和地方各级人民政府，前者为最高国家行政机关，任务是组织和管理全国政治、经济、文化和社会服务等方面的行政事务；后者即地方各级国家行政机关，任务是在中央人民政府的领导下，组织和管理所辖行政区划内的各种行政事务。

二、行政组织的基本要素

行政组织是一个由若干要素组成的有机整体。其摹本要素包括六个方面：

1. 组织目标。这是组织赖以建立和存在的前提及基础，也是组织活动的出发点和归宿。因此，行政组织首先必须有明确的目标，并由上到下，由宏观到微观地进行目标分解，依次确定各个子目标、分目标，形成一个多层次、多序列的组织目标体系。

2. 机构设置。机构是行政组织的实体，也是履行行政职能、达成组织目标的载体。设置科学合理、精干高效的行政机构，是行政组织建设的核心内容。

3. 人员构成。组织由人组成，组织目标的实现和任务的完成需要组织成员的共同努力。因此，行政人员素质及其组成结构，是行政组织的重要因素。

4. 权责体系。权责体系是行政组织内部权力分配、权责关系、指挥系统、运行程序、沟通渠道及各种机构、各个岗位在组织中的地位、作用及其内在联系的具体表现，它直接关系到行政机构的设置及其运转。

5. 法规制度。这是行政组织依法行政的根本保障。法律制度的完善程度，也是衡量行政组织是否健全的主要标志。因此，建立健全行政组织法、编制法以及组织内部的各项具体法规、制度，是行政组织建设十分重要的内容。

6. 物质因素。这是指行政经费、办公场所、设备、物资、用品等所必需的物质条件，物质因素是行政组织必不可少的一大要素。

三、行政组织的特性

（一）政治性与社会性

行政组织是为推行国家政务而组建起来的国家行政机关体系，是统治阶级维护阶级利益、巩固其统治地位的重要工具，这决定了政治性是行政组织的本质特性。与其他各种政治组织、军事组织不同，行政组织承担了管理社会事务的职能，它必须服务于社会，施益于社会公众，这又使行政组织具有社会性的一面，是政治性与社会性的统一。

（二）法制性与权威性

行政组织的设立、变更或撤销均依据宪法和法律规定以及程序进行；行政组织及其工作人员的一切管理活动必须在宪法和法律规定的范围内进行，这是行政组织的法制性特点。另一方面，行政组织是依法代表国家行使行政权力的机构，它以国家法律、权力为后盾，对各社会组织和公民以及社会事务进行管理和施加影响，因而具有普遍的约束力和权威性，每个社会组织和公民对于行政组织的命令和措施都必须服从，否则，它可依法对其实行行政制裁。

（三）系统性与动态性

行政组织是按一定的序列和等级组建起来的规模庞大、结构严密的社会系统。在这个系统中，它按不同区域、层次、管理功能划分并设置相应的组织机构，形成纵横交错且有制约和隶属关系的权责体系，这个严密的组织系统不是一成不变的，它受不同时期政治制度、经济条件、科技水平等因素的影响制约，随社会发展和环境变化而变化，以适应形势发展的需要。

行政组织与其他社会组织有联系又有区别、为更好地把握行政组织的内涵和特性，理顺行政组织与其他社会组织的关系，这里着重研究其区别：

1. 行政组织与共产党组织的区别。中国共产党是我国执政党，在国家政治生活中，中国共产党居于领导地位，是领导社会主义革命和建设的核心力量。各级行政组织必须坚持共产党的领导，任何排斥、否认其领导的做法都是极其错误的。党组织和行政组织的性质不同，职能亦异，党是政治组织，党的领导主要是政治领导、思想领导和组织领导。因此，坚持党的领导，并非由党组织直接行使行政组织的职权，凡属政府职权范围内的工作应由各级行政组织讨论决定。

2. 行政机关与权力机关的区别。我国《宪法》第 2 条规定："中华人民共和国的一切权力属于人民，人民行使国家权力的机关是全国人民代表大会和地方各级人民代表大会。"第 3 条规定："国家行政机关、审判机关、检察机关都由人民代表大会产生，对它负责，受它监督。"可见，最高权力机关是在国家机构中居最高地位的全国人民代表大会和地方各级人民代表大会，而国务院是最高国家权力机关的执行机关，地方各级行政机关是地方各级权力机关的执行机关。因此，行政机关和权力机关间是从属的而不是平行的关系。

3. 行政机关与司法机关的区别。我国司法机关包括人民法院和人民检察院。《宪法》规定：人民法院是审判机关，依法独立行使审判权，行政机关无权干涉审判活动；人民检察院是法律监督机关，依法独立行使检察权，行政机关也无权干涉其检察活动。执法机关既无权管理国家政务，也不负管理国家政务的责任。

4. 行政组织与民间组织的区别。行政组织按宪法和法律程序组建，以国家强制力为后盾，行使国家行政权，对社会个体有普遍约束力。而民间组织没有国家权力的属性，是自愿组成，为实现共同意愿，按照章程开展活动的非营利性社会组织。民间组织必须到政府部门申请登记，经核准后方可进行活动。民间组织的章程、规定等，不得与宪法和法律相抵触，且仅对其成员有约束力。

民间组织是联接政府与社会、政府与民众之间的桥梁和纽带，在社会管理和社会建设中发挥"调节器"、"缓冲器"的作用，它通过提供咨询、信息沟通、发表意见、协商对话等途径和方式反映民意，影响政府政策的制定，协调社会各利益主体的关系，以促进社会和谐发展。尤其在社会管理民主化、公共服务社会化的发展趋势下，社会公共物品的提供已由过去单一的政府主体逐渐向多样化主体转变，民间组织承接了许多政府分离出来的社会性、公益性事务，在消除贫困、农村发展、教育、卫生保健、妇女儿童保护、赈济救灾、生态环境保护、人口控制以及人道主义援助等方面扮演了不可或缺的重要角色，在一定程度上弥补了政府失灵和市场失灵现象，发挥着"第三只手"的作用。

因此，行政组织必须充分发挥民间组织的功能作用，调动社会各阶层的积极性，形成公共管理与公共服务的整体合力。要重视对民间组织的培育和引导，通过相应的政策扶持其发展，促进其壮大，赋予其自我约束、自我管理的运作机制。

5. 行政组织与非正式组织的区别。行政组织是法定的正式组织。而非正式组织是正式组织内的若干成员由于生活接触、感情交流、情趣相近等产生的交互行为和共同意识，并由此形成自然的人际关系。这种关系既无法定地位，也缺乏固定形式和特定目的，对正式组织的目标达成会发生促进、限制或阻碍作用。

在当代西方行政组织理论中，对非正式组织的研究起源于霍桑实验。它表明，正式组织中总存在着一些非正式组织，并对人的感情、情绪、地位、行为、爱好产生很大的影响。霍桑实验奠定了非正式组织理论的基础。首次明确提出非正式组织理论的是美国学者巴纳德。他在《经理的职能》一书中指出，非正式组织是在正式组织中，由于个人之间的相互接触、相互影响而形成的自由结合体，它不具有特定的目的，而是具有偶发性或自然形成的。在巴纳德之后，学者们纷纷提出自己的观点，使非正式组织的理论日趋完善。

非正式组织的积极功能表现在可以调节、弥补正式组织的不足，加强组织内部意见沟通，增强成员内部凝聚力，使组织成员遵从团体文化价值规范，进而增进团结，影响和规范人的行为，改善组织气氛，促进人的全面发展。

非正式组织也有消极作用。当两种组织利益不一致时，其成员为在非正式组织中寻求满足，往往忽视行政组织目标，造成目标冲突，不利于组织目标的实现。同时，非正式组织成员沟通频繁，容易传播谣言，对正式组织和成员危害极大。

因此，在研究行政组织时，对非正式组织的存在既不能一概否定，也不能视而不见，听之任之，而应该给予足够审视，因势利导，扬长避短，最大限度地发挥非正式组织的积极功能，尽量降低其负面影响。

第二节　行政组织结构与编制

一、行政组织结构的类型

结构是组织的基本属性，是组织构成要素以及要素之间所确定的关系的形式。组织性质不但取决于它的构成要素，而且取决于它的结构方式。行政组织结构是指构成行政组织各要素的排列组合方式，具体是指一个行政机关内部的机构设置及其相互关系的法定形式，主要包括行政组织内的部门划分、层级确定、职权分解、人员配备等内容。根据权力或职能分配方式，行政组织结构分为直线式、直线参谋式、直线职能式和矩阵式四种类型。

1. 直线式结构。直线式结构以最高行政首长为中心，统一指挥，逐级控制。各项管理职能完全集中于行政首脑手中，形成以命令服从为基本特征的统一的上下级关系。因此，在这种结构形式下，行政组织的行为方式主要反映行政首长的个性、经验、知识、才能、魄力和专业技能，机关的一切活动都以行政首长的意志为转移。它的优点是权限责任明确，政令统一，行动迅速，较有秩序。但在复杂的社会环境和组织环境中，这种结构却常常由于行政首长个人的不足而表现出相当大的局限性。因此，在现代社会中，这种组织结构多在政务比较单一或程序化和管理层次比较低的单位使用。

2. 直线参谋式结构。这种结构是对直线式结构的补充，其目的在于一方面维持政令统一、行动迅速的优点，另一方面改变行政首长判断不易、疲于应付的状况。所谓直线参谋式结构，就是在直线集权的基础上，建立与各级行政首长相对应的、直接为行政首长出谋划策的参谋系统。

在这种结构下，原有的直线系统仍然行使组织的基本职权和履行组织的基本职能，新设的参谋系统则对直线权力的拥有者——上级行政首长——提出意见、建议、看法、论证和可供选择的方案。在组织中，参谋系统既没有决策权，也没有对下级机关的命令权和指挥权。其惟一的职权就是对行政首长的建议权。直线参谋式结构的优点是，由于参谋系统的介入，行政首长不再是孤立的，而可以在参谋人员提供充分信息的基础上进行比较选择，行使决策权，增加了决策的可靠性。尽管如此，行政首长所面临的工作任务仍然过重。

3. 直线职能式结构。直线职能式结构是在行政主管的领导下，按专业分工设置若干职能部门，各部门在其业务范围内有权向下级发布命令和下达指标，下级行政组织既要听命于上级行政首长的指挥，又要服从上级职能部门的领导。这种结构方式是直线参谋式的扩展和深化，它吸收了直线式和直线参谋式的优点，在直线系统之外，另设一套按专业化原则建立的职能系统。直线职能式结构的优点是实行了专业化分工，减轻了行政主管的负担，适应了管理活动复杂化的需要；缺点是易于形成多头领导，政出多门，妨碍统一指挥，造成管理上的混乱。

4. 矩阵式结构。矩阵式结构是由纵横两套管理系统组成的方阵，一套是职能系统，一套是项目系统，即为完成某项任务而组成的项目系列。纵横两个系统交叉重叠，组成一个矩阵。矩阵式行政组织结构是为了完成某项特定任务或突击性任务，由各有关职能部门组成一个小组，以便协调各方面关系，集中使用资源。矩阵式结构是应付快速变化和激烈竞争组织环境的一种有效的组织方式。由于其结构复杂，变化性较强，对协调配合和领导者的要求高，因而多在特定的条件下使用。矩阵式行政组织结构的优点是加强了职能部门间的沟通和联系，有利于各种专业人员取长补短，协同攻关。这种结构形式比较灵活，往往作为某种正式结构形式的补充。它的缺点是同时接受两个方向的指令，如果出现两个上级意见不一致时，会使工作人员左右为难，无所适从。由于这种结构多系临时性，成员中也会产生临时观念。

以上四种行政组织结构类型的分析，只是理论的抽象概括，它们的区分是相对的，现实生活中很少有纯粹的一种形式，常常多种形式相互结合，只不过以某种形式为主罢了。

从历史的角度来分析，恐怕不能说哪种形式好，哪种形式不好，这要看其存在的客观环境和条件。适应并能促进行政活动发展的就是好形式，否则就不是好的形式。行政组织结构的演变是随着社会的进步，由简单到复杂，由合到分，再由分到合，逐步形成规模庞大、结构复杂的行政组织体系的过程。

二、行政组织的编制管理

（一）行政组织编制管理的含义和体制

任何行政组织，都有一定的组织结构和人员，这就需要进行编制管理，这样才能有效地开展活动。行政组织编制管理是指各级机关及有关部门依据法定的权限，对其所属工作部门、下级机关和事业单位的职能设定、机构设置、人员配备的一系列管理活动。编制管理的实际运作，包括职能管理、机构设置、人员编制三方面内容，即所谓的“定职能、定机构、定编制”的“三定”，这三方面内容彼此联系，共同构成编制管理的一个完整体系。

为了既有利于加强中央的统一领导，又能适应地方实际工作的需要，我国行政组织的编制管理实行统一领导与分级管理的体制。统一领导与分级管理的体制，概括地说，就是党中央、国务院统一制定机构编制工作的方针、政策，规定各级机关、各部门的任务和职责，确定各省、自治区、直辖市和中央各部门的编制总额，审批省、自治区、直辖市政府工作部门和中央各部委司局一级机构的设置。地方各级党委和政府，根据国家的方针、政策，统一领导和集中管理本地区编制总额，具体安排本地区的编制，审批下一级国家机关工作部门和本级各部门的内部机构。

根据统一领导、分级管理的要求，我国现行机构编制管理体制采取以下几种具体管理形式：

1. 条块结合、以块为主的形式。这种形式适用于地方大部分行政部门，即机构编制在该上级党委、政府核定下达后，主要由同级党委、政府按照规定的使用范围统筹安排。上级业务主管部门可以根据本部门、本系统的实际情况对机构设置和人员编制配备提出参考意见，但没有决定权。

2. 编制单列、条块结合的形式。这种形式适用于公安、安全等行政部门。党中央、国务院统一核定各级公安、安全等行政部门的编制；具体分配方案则由这些部门和同级机构编制主管部门共同核定，逐级下达，专项使用。

3. 条块结合、以条为主的形式。这种形式适用于上级业务部门垂直领导的工作部门，如铁路、地质、气象、人民银行等部门。这些专门的机构编制主要由上级业务主管部门管理，其机构设置和人员编制均由上级业务主管部门审定。同时，实行这种形式的部门，也要接受地方党委和政府的监督。

（二）行政组织编制管理的方法

1. 经济手段。编制管理的经济手段，是提高编制管理效能，优化编制管理的手段之一，在具体方式上主要表现为编制预算制度。编制预算制度就是指编制与经费预算相结合，以编制为基础，以预算为控制手段的一种编制管理制度。这一手段既可改变目前通行的编制决定预算的状况，也可防止预算决定编制的倾向，还有利于提高效能。运用经费预算手段来管理编制，实现经费预算手段与编制管理相结合，是控制机构人员编制增加的一种方式。

2. 法制手段。建立健全编制管理法规，是加强编制管理的强制手段。为适应编制管理的需要，实行法制管理，逐步实现编制管理法制化，有必要建立健全编制管理法规体系。这也是实现行政管理法制化的要求。编制管理法规体系，由若干法规构成：

(1)编制管理法规。其内容包括编制管理的对象、范围、权限、方法、主管部门，以及对违法行为惩处等方面。

(2)组织机构法规。其内容包括机构的性质、职能范围、机构的组成及其内部结构的设置，以及非常设机构的设置等方面。

(3)人员编制管理法规。其内容包括确定或调整编制的依据和原则，各类编制的划分，各类人员结构比例标准，领导成员数等。

(4)审批程序法规。审批程序法规的内容，应包括机构设置及其人员编制配置的申报部门、申报程序及其申报内容要求、审批程序、审批文件的内容等。

3. 行政手段。编制管理的行政手段主要有以下几种形式：

(1)制定机构设置或调整的总体方案。所谓机构设置或调整的总体方案系指对某一个地区或系统机构设置或改组进行总体规划。制定方案一般适用于由于国家政治、经济和社会事业的发展或体制的变化需要对机构设置集中进行调整的情形，如全国范围内的改革。也可能由于行政区划的变动，需要对某一地区的机构设置进行重新规划。

(2)规定行政机构设置的限额。党中央、国务院对地方各级政府及其派出机关的工作部门设置数作了规范，这也是机构管理的一种行政方法，有利于控制全国政府机构数量的盲目增长。

(3)具体审批机构的设置或调整。具体审批是机构管理最直接的方法，即对机构的设置、撤销、合并以至更名等方面的要求，进行审查批复。根据环境的变化对具体审批机构进行调整，是编制管理的一个重要方面，有利于编制管理制度的适应性增强和效率提高。

第三节　行政组织变革

一、行政组织变革的内涵与目标

行政组织变革是当代各国普遍关注的问题。关于行政组织变革的概念，国内外学者虽然提出了种种不同的解释，但有一点是共同的，即都把行政组织变革作为提高行政效率，使公共行政更好地成为实现经济和社会发展目标的有力杠杆。

所谓行政组织变革，是指国家为使行政活动更有效地适应其内外环境的变化，对行政组织的结构、功能、行为方式进行调整和变革，以达到预期行政效率的行为或过程。行政改革，是当代行政管理活动世界范围内的一个趋势，而我国的行政改革，更是体现了时代发展和行政管理活动自身内在的要求。1992 年春，邓小平发表南巡谈话以来，我国的改革开放和经济发展进入了一个加快步伐的新阶段。党的十四大根据邓小平关于建设有中国特色社会主义的理论，明确提出我国经济体制改革的目标是建立社会主义市场经济体制，要围绕社会主义市场经济体制的建立，加快政府职能的转变，下决心进行行政管理体制和机构改革。这就要求对国务院行政管理体制进行根本性的改革。

在党的十七大报告中，胡锦涛同志针对行政管理体制改革再次强调规范垂直管理部门和地方政府的关系。他指出，要加大机构整合力度，探索实行职能有机统一的大部门体制，健全部门间协调配合机制；精简和规范各类议事协调机构及其办事机构，减少行政层次，降低行政成本，着力解决机构重叠、职责交叉、政出多门等问题；统筹党委、政府和人大、政协机构设置，减少领导职数，严格控制编制；加快推进事业单位分类改革。

习近平同志在党的十八大报告中，进一步提出要稳步推进大部门制改革，健全部门职责体系。优化行政层级和行政区划设置，有条件的地方可探索省直接管理县(市)改革，深化乡镇行政体制改革。创新行政管理方式，提高政府公信力和执行力。严格控制机构编制，减少领导职数，降低行政成本。推进事业单位分类改革。完善体制改革协调机制，统筹规划和协调重大改革。

参考各国行政改革的经验教训，根据我国的历史条件和现实情况，我国行政组织变革应当确立以下目标：

1. 转变政府职能。行政组织改革要抓住转变政府职能这个关键，合并裁减政府的企业、教育文化等管理部门和综合部门内部的专业机构，加强政府对国家经济生活和社会生活的宏观调节控制能力。同时，应当充分发挥社会团体和群众组织管理社会事务的能力和积极性，将某些社会管理职能进一步委托给社会团体和群众组织，从而进一步提高政府的宏观调节控制能力。并有利于政府紧缩编制、节省开支。

2. 优化行政组织结构。从我国的具体情况出发，优化行政组织结构主要包括两方面内容：第一，机构设置必须合理，既应当有利于提高工作效率，又应当有利于克服官僚主义，同时应当维护指挥链的统一，坚决实行行政首长负责制。在目前，应当适当加强决策咨询和调节、监督、审计以及信息部门。第二，必须明确规定各个行政机关及各级行政、公务人员的职权、职责和相互间的工作关系。

3. 提高行政组织的法制化水平。必须加强行政立法，包括行政机关组织法、行政机关编制法、行政活动程序法、行政案件诉讼法，以此加强对行政机关、行政人员及其行政工作和行政行为的监督、监察，追究一切行政人员的失职、渎职行为及其他违法违纪行为。这就要求进行干部人事制度改革，建立和推行以法律和规章为基础的国家公务员制度，以及广泛、严格、具体的行政责任制度。

4. 提高行政组织的管理水平。在这一点上，我国行政组织变革需要在几个方面继续做出努力：第一，树立新的观念，包括市场经济的观念，创新的观念，注重实效的观念，接受公众公开、民主监督的观念，等等。第二，在国家财力许可的条件下，尽量提高管理没备、管理技术和管理方法的现代化程度，克服管理手段和管理方式对提高工作效率的束缚。第三，对现有和未来的国家公务人员实行普遍的、按职类进行的职业培训，以提高国家公务人员的素质。

二、我国行政组织改革的历程

改革开放以来，我国先后进行了六次大的行政管理体制和政府机构改革，分别是1982 年、1988 年、1993 年、1998 年、2003 年的改革、2008 年开始的大部制改革以及2013 年的改革。

1. 1982 年的改革。1982 年的改革提出了干部队伍“四化”（即革命化、年轻化、知识化、专业化）方针。这是中国改革开放以来进行的第一次规模较大的行政管理体制改革。当时面临的突出问题是：一方面，随着党和国家的工作重点转移到经济建设轨道上来，由于行政管理的权力过于集中，影响地方和企业的积极性；另一方面，“文化大革命”结束后，干部队伍严重老化、机构臃肿以及领导职务终身制等不适应现代化建设事业的需要。通过改革，在下放经济管理权限、财政收支权限、人事管理权限的同时，对各级政府机构进行了较大幅度的精简，提出了干部队伍“四化”方针，开始建立正常的干部离退休制度。以国务院为例，其机构由改革前的 100 个，精简为 61 个，工作人员总编制缩减 1/3 左右。这次改革对保证改革开放的顺利进行，起到了重要作用。

2. 1988 年的改革。从 1988 年开始，国务院在继续下放权力的基础上，第一次提出了转变政府职能的要求，并且按照转变职能、精干机构、精简人员、提高效率以及克服官僚主义、逐步理顺政府同企事业单位和人民团体的关系的目标，再次进行了机构改革。这次机构改革方案经七届全国人大一次会议审议、修改通过后，国务院组织各部门定职能、定机构、定编制，完善运行程序，建立有关行政法规与预算约束机制，最后进行验收，到 1990 年初告一段落。国务院部委从原来的 45 个精简为 41 个，直属机构从原有的 22 个减少为 19 个，非常设机构从原有的 75 个减为 44 个，部门内司局机构减少约 20%，人员编制比原来的实际人数减少 19.2%，共 9700 多人。

3. 1993 年的改革。1993 年起，我国进行了第三次行政管理体制和政府机构改革。与前两次相比，这次改革的最大不同点在于把适应社会主义市场经济发展的要求作为改革的目标。改革的重点是转变政府职能，中心内容是“政企分开”。其具体要求是：按照建立社会主义市场经济体制的要求，加强宏观调控和部门监督，强化社会管理职能部门，减少具体审批事务和对企业的直接管理；理顺国务院各部门之间的关系，合理划分职责权限，避免交叉重复，调整机构设置，精简各部门的内设机构和人员。这次改革是在认真进行试点的基础上自上而下展开的，历时近三年。经过改革，把行政管理的职能转向统筹规划、掌握政策、信息引导、组织协调、提供服务和检查监督；各级政府普遍精简了机构和人员，并把建立适应社会主义市场经济发展的行政管理体制作为重要目标。通过这次改革，国务院组成部门由41个减少到40个，直属机构由19个调整为13个，办事机构由9个调整为5个，国务院不再设置部委管理的国家局。

4. 1998年的改革。为了推动经济体制改革，促进经济和社会发展，1998年开始进行了一场建国以来规模最大的行政管理体制和政府机构改革。这次改革的目标是：建立办事高效、运转协调、行为规范的行政管理体系，完善公务员制度，建立高素质的专业化国家行政管理干部队伍，逐步建立适应社会主义市场经济体制的有中国特色的行政管理体制。改革的主要内容是：第一，按照发展社会主义市场经济的要求，转变政府职能，实现政企分开，把政府职能切实转变到宏观调控、社会管理和公共服务方面来，把生产经营的权力真正交给企业。第二，按照精简、统一、效能的原则。调整政府组织结构，实行精兵简政，加强宏观调控部门，调整和减少专业经济管理部门，适当调整社会服务部门，加强执法监督部门，发展社会中介组织。第三，按照权责一致的原则，调整政府部门的职责权限明确划分部门之间的职能分工，将相同或相近的职能交由一个部门承担，克服多头管理、政出多门的弊端。第四，按照依法治国、依法行政的要求，加强行政体系的法制建设。这次改革的重点是国务院组成部门，为适应改革的要求，对国务院直属机构和办事机构也进行了调整。

按照九届全国人大一次会议的决定，从1998年3月起，各部门实行"三定"，开始实施改革。一是对国务院的组成部门进行了大幅度的精简，由原来的40个压缩为29个，撤销专业经济主管部门，组建为直属国家经济贸易委员会管理的国家局，人员也进行了大幅度裁减。2000年，为了加快政企分开的步伐，又将这些国家局再次进行改革，除极少数保留改造外，多数已撤销，加强相应的行业协会的建设。二是对国务院的直属机构、办事机构以及部委管理的国家局和议事机构进行了调整。三是大幅度裁减各部门的内设机构，重新界定各部门的职能，并将部分职能转移，下放或取消。据资料统计，在1998年国务院机构改革中，各部门的内设机构减少1/4，有100多项职能下放给地方政府、企业和社会，还有多项职能在国务院各部门内进行转移、合并。四是大幅度裁减行政人员。经过改革，国务院的机关人员编制由原来的3.2万减少为1.6万。裁减的人员实行"带职分流，定向培训，加强企业，优化结构"的政策，并取得了实质性进展。

5. 2003年的改革。2003年开始的行政管理体制和政府机构改革，是为了适应全面建设小康社会，开创中国特色社会主义事业新局向而进行的新一轮行政管理体制改革。党的十六大提出，要深化行政管理体制改革，进一步转变政府职能，改进管理方式，推行电子政务，提高行政效率，降低行政成本，形成行为规范、运转协调、公正透明、廉洁高效的行政管理体制。党的十六届二中全会认真总结了1998年以来的行政管理体制改革的基本经验，就推进国务院机构改革和进一步转变政府职能，以及完善地方政府机构改革提出部署。强调深化行政管理体制改革，必须始终抓住转变政府职能这个关键，减少和规范行政审批，完善政府的经济调节、市场监管、社会管理和公共服务职能。决定按照深化国有资产管理体制改革的要求，设立国务院国有资产监督管理委员会；为了提高宏观调控的有效性，将国家发展计划委员会改组为国家发展和改革委员会；健全金融监管体制，成立中国银行业监督管理委员会；适应内外贸业务相互融合的发展趋势和加入世贸组织的新形势，促进现代市场体系的形成，组建商务部；加强食品安全和安全生产监管体制建设，组建国家食品药品监督管理局，调整国家安全生产监督管理局的管理体制等。经过这次调整，除国务院办公厅外，国务院设置组成部门28个，直属特设机构1个，直属机构18个，办事机构4个，部委管理的国家局10个、直属事业单位14个。

6.2008年开始的大部制改革。2008年3月公布的《关于深化行政管理体制改革的意见》和《同务院机构改革方案》，对我国中央政府大部制改革做出了总体规划和具体部署。根据这两个文件，我国中央政府按照精简统效能的原则和决策权、执行权、监督权既相互制约又相互协调的要求，紧紧围绕职能转变和理顺职责关系，进一步优化政府组织结构，规范机构设置，探索实行职能行政机构统一的大部门体制，完善行政运行机制。与此相适应，这次国务院机构改革的主要任务是，围绕转变政府职能和管理部门职责关系，探索实行职能有机统一的大部制。合理配置宏观调控部门职能，加强能源环境管理机构，整合完善工业和信息化、交通运输行业管理体制，以改善民生为重点加强与整合社会管理和公共服务部门。

这次国务院机构改革涉及调整变动的机构15个，正部级机构减少4个。具体内容包括：合理配置宏观调控部门职能，国家发展和改革委员会要减少微观管理事务和具体审批事项，集中精力抓好宏观调控。国家发展和改革委员会、财政部、中国人民银行等部门要建立、健全协调机制，形成更加完善的宏观调控体系。加强能源管理机构，设立高层次议事协调机构国家能源委员会。组建国家能源局，由国家发展和改革委员会管理。组建工业和信息化部，组建国家国防科技工业局，由工业和信息化部管理，国家烟草专卖局改由工业和信息化部管理。不再保留国防科学技术工业委员会、信息产业部、国务院信息化工作办公室。组建交通运输部，组建国家民用航空局，由交通运输部管理，国家邮政局改由交通运输部管理。不再保留交通部、中国民用航空总局。组建人力资源和社会保障部，组建国家公务员局，由人力资源和社会保障部管理。不再保留人事部、劳动和社会保障部。组建环境保护部，不再保留国家环境保护总局。组建住房和城乡建设部，不再保留建设部。国家食品药品监督管理局改由卫生部管理，明确卫生部承担食品安全综合协调、组织查处食品安全重大事故的责任。

7.2013年的改革。稳步推进大部门制改革，健全部门职责体系。党的十八大报告更加明确要求，要“稳步推进大部门制改革，健全部门职责体系”，这体现了中央对深化行政体制改革、优化政府组织结构的决心。推进大部门制改革，对职能相近、管理分散的机构进行合并，对职责交叉重复、相互扯皮、长期难以协调解决的机构进行合并调整，以利于权责统一，提高整体效能。同时，对职能范围过宽、权力过分集中的机构进行适当分设，以改变部门结构失衡和运行中顾此失彼的现象。建立健全部门职能体系，是政府全面正确履行职能的基础。要科学划分、合理界定政府各部门职能，包括综合部门与专业部门、专业部门与专业部门的职责关系，明确各部门责任，确保权责一致。要进一步理顺部门关系，健全部门间协调配合机制。

三、行政组织变革的过程与办法

推动行政组织变革的根本原因，在于组织的外部环境和内部因素两方面。从外部环境讲，包括宏观社会、政治、经济环境，科学技术进步，社会态度与价值观转变等因素。从内部因素讲，诸如组织目标、人员素质、个人价值观念、权力结构系统，以及管理水平、人际关系的变化等，都会促使组织进行变革。对于一个组织来讲，出现了哪些征兆、发展到了什么程度才预示着必须实施改革呢？西方组织管理学家西斯克对组织变革的征兆做了总结，认为当组织内部出现下列情况之一时，就表示需要变革：

1. 决策的形成过于缓慢或时常做出错误的决策，以致常常坐失良机。

2. 组织沟通不良，造成不协调、人事纠纷等严重后果。

3. 组织的主要功能已无效率或得不到正常的发挥。

4. 组织缺少创新，没有新的或良好的办法出现，致使组织停滞不前。

美国利特尔咨询公司提出了一个组织变革的公式：$C=(a\ b\ d)>X$。式中 c 代表变革，a 示对现状的不满程度，b 表示变革后可能达到的情况的概率，d 指现实的起步措施，X 指变革所花的代价。这个公式说明，组织是否进行变革，取决于需要变革的各种因素的乘积，是否大于变革所付出的代价。

在推行组织变革时，为了达到预期的目标，必须遵循科学的组织变革程序。而从不同的角度，可以对组织变革的程序做出不同的划分。具体来说，组织变革的程序可以有以下几种划分方法：

从整个变革和每个环节之间的关系出发，美国组织管理学家唐纳利等针对组织变革的全过程提出了组织变革的模式图，认为组织变革可以分为八个环节：

1. 变革的力量。

2. 认识变革的需要。领导者应在组织的危机来临之前，从组织内部各种端倪中认识到变革的必要性。

3. 诊断问题。尤其是抓住那些根本性的问题。

4. 确定可供选择的组织发展的方法和战略。

5. 认识限制条件。摸清这些限制条件及其影响程度。

6. 方法和战略的选择。一般有三种情况：其一是单方面行使权力，即领导部门发布命令，告诉较低层次的人员在什么方面改革、怎样改革等。其二是共享方法，即按照参与管理方法，把改革的目标、方式以及解决办法拿到成员中去讨论，征求他们的意见与态度。其三是权力下授，即把改革方面的权力全部交由下属，由他们安排和解决。

7. 实施方案。抓住适当时机贯彻变革方案，同时选择适宜的变革规模。

8. 评价方案。在组织变革的实践中要不断评价变革方案的长处和不足，及时修改或补充，使之成为组织变革的指导性文件。

美国管理心理学家勒温认为推行组织变革要了解整个变革过程中组织成员心理机制变化的三个重要阶段，并针对不同阶段采用不同的方法。他因此提出了解冻——变革——再冻结三阶段理论。

1. 解冻阶段，即改革前的心理准备阶段。这一阶段的中心任务是激励职工改革的动机。组织领导者在这一阶段主要应遵循三个原则：

(1) 追寻目标原则。领导者首先要弄清变革的目标，要有明确的目的，否则，变革就是一种动荡和浪费。

(2) 推理实验原则。领导者在改革前必须准确把握改革的有利条件和不利条件，寻求变革的最优方案。

(3) 偏差估计原则。必须事先估计偏差，拟订对策，以防出现混乱。

2. 变革阶段，即改革过程中的行为转换阶段。在这一阶段中，要把激发起来的改革动机转化为改革行为，关键措施是让职工参与变革，使变革成为全体组织成员的共同事业。组织领导者在这一阶段主要应遵循三个原则：

(1) 不动摇原则。改革之前应做大量深入细致的调查研究，但方案一经选定，就应有坚定的决心。

(2) 小步子原则。在实施改革的措施中，注意走稳一步，再迈一步，以适应组织经济上的承受力和人们心理上的承受力。

(3) 应变原则。当改革出现偏差时，能施行事先准备的应变措施，以使偏差能得到及时、稳妥的纠正。

3. 再冻结阶段，即改革后的行为强化阶段。改革措施颁布实施后，还应采取种种手段不断强化新的状态、行为规范和行为方式。组织领导者在改革后的行为强化阶段主要应遵循两个原则：(1) 巩固消化原则。要运用各种手段（如奖惩等）强化职工的积极行为，否定其消极行为，巩固改革已取得的成果。

(2) 总结、转移原则。一项改革结束后，应及时加以总结。同时，把改革的成功经验转移到其他方面的改革中去，从而加速整个组织变革的进程。行政组织的变革一定要注意改革环节上的连续性，但具体到每一次组织变革，由于情况不同，其变革的重点也不一样，这样在变革的方法选择上也各不相同。一般来说有以下三种基本的取向：

1. 以组织结构为重点的变革，亦即通过改革组织结构来实现组织的变革。改革组织结构，一般包括划分或合并新的部门、改变职位及其权责范围、协调各部门之间的关系、调整管理幅度和管理层次、下放部分自主权等。

2. 以任务和技术为重点的变革。主要是指对组织各部门、各层次工作任务进行重新组合，改革原有的工作流程，进行技术革新，采用新的管理和工作技术。

3. 以人为重点的变革，这是实现所有变革的基础。无论是组织结构的变革，还是任务和技术的变革，都离不开人的重要作用，都是通过改变职工的观念和态度而实现的。以人为重点的变革主要包括知识的变革、态度的变革、个人行为的变革以至整个群体行为的变革。

组织发展(organizational development)的概念虽然有时也用于泛指所有类型的组织变革，但通常侧重于借以改变人员及人际工作关系的本质和性质的各种方法和方案。常见的组织发展方法包括：

(1)敏感性训练(sensitivity training)。也称“T小组训练法”，是勒温于1964年创建的通过非结构化的群体互动来改变人的行为的一种方法。把不同部门、不同层次、互不相识的管理人员、员工组成不超过15人的小组，进行1~2周的训练。在培训过程中，参加的人员自由讨论自己感兴趣的问题，自由发表意见，分析自己的行为和感情，并接受对自己行为的反馈意见(批评或其他意见)，从而提高对各种问题的敏感性。

(2)调查反馈。对组织成员的态度进行评价，确定其态度和认知中存在的差距，并使用反馈小组中得到的调查信息帮助消除其差距。

(3)过程咨询。依靠外部咨询者帮助管理者对其必须处理的过程事件形成认知、理解和行动的能力，这些过程事件包括工作流程、成员间的非正式关系、正式的沟通渠道等。

(4)团队建设。使工作团队的成员在:互动中了解其他人是怎么想和怎么做的。

(5)组际发展(intergroup development)。改变工作小组内各成员间的相互看法、认知和成见的方法。

四、政府再造理论

(一)政府再造的十条原则和五项战略

政府再造运动起源于英国，后逐步扩展到美国、法国、澳大利亚等其他西方国家并席卷全世界。其中最著名的大规模政府再造改革主要有加拿大的“公共服务改革”、美国的“政府再造运动”、法国的“革新公共行政计划”等。再造是对政府治理的理念、原则、结构、行为等进行的一场从头至尾的彻底变革。与传统行政管理有所不同，政府再造运动呈现出政府职能市场化、公共服务社会化、行政权力分散化、政府管理企业化、政府行政法制化的特点。其主要主张是政府服务以社会和公众的需求为导向，更加重视政府的产出、结果、效率和质量;将原来由政府垄断的公共产品和服务推向市场，分散政府行政权力，充分调动各方面的积极性和主动性;政府广泛引入企业中成本效益分析、全面质量管理、目标管理等管理理念，提高政府部门的行政绩效。

在对政府再造理论的相关阐述中，以奥斯本和盖布勒的观点最有代表性。在《改革政府:企业精神如何改革着公营部门》和《摒弃官僚制:政府再造的五项战略》两本著作中，奥斯本和盖布勒等人系统地说明了政府再造的原则以及战略。

具体来说，政府再造的十条原则包括：

1.掌舵而不是划桨。政府把“掌舵”职能(政策和规则制定)与“划桨”职能(服务提供和执行)区分开来，然后使用公共组织之外的许多不同方法(合同、代金券、补助、税收激励等)来完成目标——选择其中最能满足效率、效能、平等、责任和灵活性等需求的方式。

2. 授权而不是服务。政府把服务控制权从官僚手里夺过来，放到社区手里。通过对社区进行拨款和授权使其解决自身问题，从而使之产生更多的承诺、更多的关爱以及更富创造性的问题解决方案，并减少其依附性。

3. 将竞争机制注入到服务提供中去。政府要求服务提供者在绩效和价格的基础针对业务展开竞争。竞争被视为是促使公共组织改进质量而别无选择的基本力量。

4. 转变规则导向型组织。政府在内部放松管制，废除大量内部规章制度，并从根本上简化行政制度，如预算、人事和采购。要求各个机构明确各自使命，然后，让管理者在法律的范围内自由寻找完成使命的最好方式。

5. 结果导向型政府按照结果而不是投入进行拨款。结果导向型政府将责任从投入如你是遵守规则并按拨款的支出限额项目进行开支的吗？转移至产出或结果，并测量公共机构的绩效、制定组织目标，奖励那些达到或超过目标的机构，以及利用预算明确规定在愿意支付代价的基础上，立法机关期望能得到的绩效标准。

6. 顾客驱使的政府。顾客驱使的政府将服务对象（学生家长、排队更换驾照的人们或一般公众）视为顾客。利用调查和焦点小组调查等方式来聆听顾客的心声，制定顾客服务标准并提供保证，以及一旦可能就让顾客来选择服务提供者。有了这些投入和激励，通过重新设计组织，从而为顾客提供最大的价值。

7. 企业化政府。企业化政府不仅将精力集中在花钱上面，而且还要求得到投资的回报；通过使用企业基金、共同收益和创新基金等激励手段来鼓励管理者在花钱的同时也关注挣钱。

8. 预知型政府。预知型政府追求的是预防问题而不是提供克服问题的服务，通过使用战略规划、未来愿望及其他手段，为政府提供更好的预见能力。为了延长决策者的时间跨度，重新设计预算制度、会计制度和奖励制度来转变对其有影响的激励机制。

9. 分权的政府——从等级制到参与和协作。分权的政府通过组织或体制将权力下放，鼓励那些直接面对顾客者更好地利用自己的决策，进行组织重构，将控制权从“职能仓”（如采购办公室和维护部门）转移至一线雇员。通过组织等级扁平化、使用团队以及建立劳资伙伴关系等方式来授权雇员。

10. 市场导向型政府。市场导向型政府通常重构私人市场而不是使用行政机制（如服务提供或命令控制的规制）来解决问题。它还注重开发财政激励手段（如财富税、绿色税收和税收刺激），迫使私人组织和个人以解决社会问题的方式来运作。

为了实现这些再造的目标，奥斯本和盖布勒等人进一步提出了政府再造的五项战略。

1. 核心战略：明确组织目标；

2. 后果战略：创设绩效后果；

3. 顾客战略：将顾客置于驾驶员的位置上；

4. 控制战略：将控制从高层和中央移走；

5. 文化战略：创造企业家文化。

针对再造政府部门的设计方案，拉塞尔 · M · 林登在“无缝隙组织”的基础上提出了“无缝隙政府”理论，用业务流程再造理论和来自各级政府的实例展示了如何把再造原理应用到各级政府的管理之中。所谓的无缝隙政府，是将原先支离破碎的部门重新整合，以一种整体全盘的方式进行组织；它为顾客提供一步到位的采购和简单灵活的服务，并且与供应商、合同商以及所处的社区团结协作，组成一个有着共同目标的工作团队。为了实现这一目标，无缝隙政府理论提出了一系列的政府再造理念。

1.“先重组再自动化”的政府再造原则。该原则说明，引入先进的技术是必要的，然而，在重新设计过程之前，它并非时时处处都有用，因为技术在强化了优点的同时也会强化弱点。长期宣告的由计算机带来的办公室革命从未发生，主要原因是我们试图把效率低下的、分散的工作程序自动化。几乎所有的政府再造都运用了最先进的技术，包括运用当地的网络、计算机系统等。但是，只有重新对工作流程进行设计，技术才能发挥作用。

2.再造的步骤有四：首先，描述现存的过程；其次，从最后着手，逆方向进行改革；再次，设定一个延伸了的目标；最后，从一张白纸开始政府组织的再造。在政府再造的第一步，提出了用流程图等方法描述政府部门工作的基本步骤，这种做法能揭示出其瓶颈部位、冗余之处，也有助于理解某些特定的职能之间、部门之间是如何相互作用的以及应当如何相互作用。政府再造的第二步，就是要明确顾客的需求和期望。紧接着第三步，根据顾客的需求和期望给自己定一个经过努力可以达到的目标。最后，抛开现有的规则和制度开始政府再造。在这一系列步骤中，最值得一提的也是最难做到的就是最后一步——从一张白纸开始。它要求的是一种从头来过的精神，即在头脑中抛开原先的规则与制度的干扰进行政府再造，而不是立即废除那些制度。一方面，规则与制度会滋生官僚作风和惰性文化；另一方面，规则与制度具有防止犯错误、欺诈行为和滥用职权的作用。因此，在没有弄清楚它的作用之前就抛弃它是不理性的。政府再造只有抛开不适应时代要求的规则与制度的束缚，才能取得突破性的成功。

3.“确保主要序列的持续流动”。这一原则实际上是为了提供快速、高质的服务，对工作进行重新设计，将先前以职能为导向的机构转变为以过程为导向的机构。它主要说明，在对政府进行再造时，应摒弃职能分工，转而以工作过程为再造核心，将重点放在主要序列（即能直接给最终顾客带来效益的活动）上，排除或减少所有其他不能为顾客创造效益的活动。其具体的做法如下：

（1）确认增值和无益的步骤，区分整个工作流程中哪些活动能给顾客带来效益、哪些不能。

（2）从主要序列里排除、减少或分离无益的步骤。

（3）使用分类鉴别法，对顾客的不同需要采取不同的处理方法。通过这一系列步骤，政府组织实现了以过程为依据的分工，与顾客无关的、无益的组织活动被减少或被排除了，组织可以围绕能给顾客带来效益的活动保持工作的持续流动。另外，这一系列步骤的完成并不意味着再造的结束，政府再造要取得最后的成功，在机构实现了由职能导向向过程导向的转变后，就必须把内部的体制、结构和新的文化整合起来。整合是任何再造过程中的一个基本要求，它为保持再造成果提供了保障并推动更为先进的再造活动。实际上，如何再造的答案包括了对工作流程进行重新设计和之后进行体制整合这两方面的内容。

(二)我国应用政府再造理念所面临的挑战

在中国当前经济转轨和社会转型的特殊时期，吸收借鉴“政府再造”的理念必然会面对一系列的挑战。

1.政府职能市场化与政府公共职能缩减的矛盾。政府再造改革推行政府职能市场化，将原来由政府垄断的公共产品和服务推向市场，转让给私营企业或非营利组织，在减轻政府负担的同时形成竞争机制，提高行政效率，以解决公共服务质量差、成本高、浪费多等问题。近年来，我国也推行了政府职能市场化的改革，医疗改革、教育改革、住房改革等，但出现了本来该由政府承担的职能，却通过市场化的方式转嫁给了公众的情形。政府职能市场化改革不应该成为政府“甩包袱”的手段，不能因为政府职能市场化改革而缩减政府应当承担的公共职能。因此，在我国推行政府再造改革，首先要对政府的公共职能进行准确定位，明确市场经济中政府应该“管什么”。在政府与市场的关系问题，既要避免市场化不足，更要避免市场化过度。凡是市场能发挥优势的地方，应当由市场来做，寻求公共产品和服务的多元化供给机制；但是该由政府承担的职责，必须由政府来提供有效的保障，避免公共职能的缩减。

2.企业型政府效率观念与民主、公民参与的矛盾。政府再造的一个重要经验就是在政府管理中引入企业管理方式，建立企业型政府，提高政府的行政效率。企业型政府不是将政府变为企业，而是像管理企业一样来管理政府，将目标管理、成本核算、质量管理、绩效管理等企业管理方式，引入政府行政管理领域。其基本价值导向至少包括两个层面：一是成本层面，即企业型政府必须是一个低成本的政府，廉价政府是效率行政的必然选择；二是质量层面，即企业型政府不仅是一个讲究效率的政府，而且是一个追求高效能的政府。这就要求企业型政府必须注重行政质量，以提供高质量的公共产品或服务，实现高绩效的社会治理。但是建立企业型政府有时与公共行政的目标有冲突，企业型政府在追求效率时可能会忽视公平、公正、民主的公共行政目标。政府是公共利益的代表，不仅要重视行政资源的有效利用，更要重视公共服务的公平，维护社会正义。效率行政会将行政异化为政府执行的工具，而忽略政策制定与执行过程中的公民参与。

3.分权和向下授权与地方和部门争权的矛盾。合理分权和权力下放是政府再造运动中的一个重要组成部分，可以使政府从各种烦琐的事务中摆脱出来，集中精力履行其核心职能。通过放松政府规制，改革审批制度，减少审批项目，从而减少权力设租、寻租的机会，降低交易成本，形成良好的制度环境。但权力下放也有其陷阱，如果控制不力，容易导致宏观经济的失控，容易因地方和部门争权而导致资源配置不当，形成地方主义和部门主义等。在我国，政府内部一些基本关系尚未理顺，如中央政府与地方政府之间、政府与部门之间、同级政府中不同部门之间的权限划分有待进一步明确。部门之间争权已成为当前政府建没中的一个突出问题，权利是探索政府管理模式无法逃避的课题。争权的要害是争利，其根源是政府权力部门化、部门权力利益化、部门利益个人化。因此，分散行政权力。首先需要理顺政府内部的关系，正确划分中央与地方之间、政府与部门之间、部门与部门之间的权限，明确各级政府和部门的职责范围，既要避免多头管理，又要避免管理出现真空。

4.顾客理念与回应民众需求渠道不足的矛盾。政府再造将公民视为政府应该回应的顾客。政府与公众之间的关系由管理者和被管理者的关系转化为服务供给者和消费者之间的关系，政府行使行政权力的目的不再是为了管理甚至控制公众，而是为了给公众提供更好的服务。顾客理念要求政府对民众的需求有良好的回应性，然而我国长期以来的计划经济体制，形成了重管理、轻服务的行政模式，政府更多扮演了生产者、监督者、控制者的角色。为社会和民众提供公共服务的职能和角色被淡化。这种管理模式忽视公共管理的内在价值，导致回应民众需求渠道的缺失，政府对民众的利益和需求反应迟钝或没反应，回应性和回应力非常低。因此，必须畅通民众回应渠道，让政府了解公众希望的服务种类、服务质量以及对服务的满意程度，通过公示和听证制度、设置投诉机构等措施，建立便于公众参与和反馈意见的信息系统和服务系统。

5.公共服务社会化与非营利组织不健全的矛盾。公共服务社会化的理论基础是治理理论，该理论认为政府的治理过程不应当是政府单方面行使权力的过程，社会的治理需要政府和社会力量的共同努力与合作。它主张政府与民众、社会以及其他组织一起，通过合作、协商、建立伙伴关系，实现对公共事务的共同管理，寻求公共产品或服务供给的多元主体，把政府承担的部分公共产品或服务供给职能让渡给非营利组织，形成政府与非营利组织良性互动和友好合作的善治模式。因此，发育成熟的非营利组织是公共服务社会化，在实践中得以履行的基础。然而，我国非营利组织长期存在缺乏独立性、管理制度不健全、人力资源不足以及资金短缺等问题。造成非营利组织能力低下、服务效率和质量不高以及缺乏变革的动力机制等一系列问题。因此，政府再造必须建立一种新型的政府与社会的关系。通过多种途径培育非营利组织，通过为非营利组织发展提供优惠政策、完善非营利组织的治理机制、鼓励非营利组织之间的竞争等措施，培育和支持具有较强公益性的非营利组织的发展，增强社会自治能力。

6.放松管制与依法行政的矛盾。行政权力与公民权利相比，面临着更强的被滥用的诱惑，而且造成社会危害，后果常常难以弥补。法律和规章制度的作用在于约束和限制权力，一个法治的社会必然会通过科学合理的方法对权力加以约束以避免专制。我国近年来民主法治建设步伐加快，但是“官本位”、“人治”等传统行政观念仍然不同程度地存在于政府行政之中，这种观念强调“政府至上”，重权力、轻责任，重人治、轻法治，再加上行政权力缺乏硬约束，更容易强化行政权力的扩张性而导致权力“寻租”和腐败，这与依法行政的要求相去甚远。因此，如何建设法治政府，通过立法为政府设定规则，通过立法限制行政权力的扩张性，是政府再造过程中不得不面对的两难选择之一。

◆第四章 行政领导概述

第一节 行政领导的含义

行政领导是指国家行政管理中的领导;是指在行政组织中，经选举或任命而享有法定权威的领导者，依法行使行政权力，为实现一定的行政目标所进行的组织、管理、决策、指挥等活动。

行政领导的要素有:行为主体、行为客体和行为内容。行为主体即行政领导者，包括个体领导者和群体领导者;行为客体是行政领导者的部属和行政管理的部分对象;行为内容包括决策、指挥、控制、协调、监督、检查等行政活动。这些活动贯穿于整个行政管理的各个层次和各个方面。

一、行政领导权力及其来源

领导权力就是能够使人服从或者能够改变他人思想、行为的力量，有人把这种力量称之为权威，有人则称之为权力。权力于权威的主要区别在于，前者需要制度的保障，需要以制度为中介;后者是建立在心理认同上的一种服从。那么，是什么因素使得这种“权威”或者“权力”得以建立呢？通过对行政权力现象及其作用的实际考察，可以发现，行政领导权力的来源有多种，主要有以下几种：

1. 法定权力。指基于法定的地位或是组织的行为规范和命令，甚至于工作契约或非正式的协定所产生的权限。具有领导地位的人，就有了的领导权，部属之所以要服从行政上级，就是因为行政上级有合法的领导地位。如果不服从，就构成违法或者抗命行为，便会受到一定的制裁或处罚。

2. 奖励权。机关内的成员之所以愿意服从行政领导权力，也是基于这样一种认识，如果服从行政领导，就可以获得奖励。这种奖励可以是物质上的报酬，也可以是精神上的鼓励，可以是目前的实利，也可以是未来的希望，包括赞许、嘉奖、升迁、加薪、记功等等，这些奖励对于部属具有积极的鼓励作用，是使部属服从行政领导的有效力量。

3. 惩罚权。组织内的成员之所以接受行政领导，一个重要原因是他们知道，如果不接受行政领导，将会受到组织的惩罚。行政组织内各种法令、规章制度所表现的惩罚手段，如训斥、记过、停职、开除等，对部属都具有强制的效果。

4. 专业知识权。知识也是一种使人服从的力量，从这个意义上说，知识就是权力。有些学者认为，人之所以为人们接受为其领导者，首先需要服从者承认他确有专长，使他们对他具有信心，愿意接受他的领导。所以，优越的智慧、训练、学识与经验，都是领导的基础。

5. 人格化权力。指行政组织从属者与领导者之间，由于部属对领导者的认同或敬慕而服从行政领导，这种服从基于领导者具有的人格、才能及领导者对待部属的态度而定。当领导者具有品德高尚、风度不凡、平易近人这些长处，而足以为部属信服与敬重时，就会使部属对领导者产生一种认同感，以领导者为中心，愿意服从其领导，这种认同感也是行政领导权力的一种来源。

二、行政领导功能

1. 鼓舞部属的工作情绪。行政领导者的功能之一就是控制部属的情绪，进而鼓舞其向上的工作情绪，圆满完成行政目标。为此，行政领导需要做到：

(1) 尽量向部属说明工作任务的重大、性质的重要，使部属感觉他所承担的工作是有意义的，有价值的，能够振奋精神，调剂部属的情绪。

(2) 以身作则，和部属同甘共苦共患难。

(3) 给予部属陈述意见的机会，提供建议的机会，尽量使下情上达，消除隔阂。

(4) 讲究工作效率，提倡工作竞赛，鼓励发明创造。

(5) 尽量为部属排忧解难，培植相互信任的基础。

(6) 尊重部属的人格。

(7) 对于消极的情绪和意气的争执，要及时消除。

2. 维持工作纪律。作为行政领导者，要树立良好的工作守则和习惯，并使之形成严格的工作纪律，以便工作能够顺利开展。为此，行政领导必要做到：

(1) 要求部属遵守行政机关的规章制度，不得以个人的好恶破坏机关的规范。

(2) 领导者不得假公济私，以私害公，要秉公办事。

(3) 要求部属忠于职守，对职责范围以内的事必须负责。

(4) 要求机关上下行动一致。在讨论问题时每个人都可以发表意见，但决定一旦做出，则必须做到行动一致。

(5)严加监督。

(6)定期考核。

3. 维持组织的完整。行政组织内部必须区分层次，以及在每一层次区分单位，以利于业务的处理及所属机关的管理。因区分层次与单位的结果，各层次和单位难免有本位主义，只顾本单位业务的发展，只认为本单位的业务重要，所以单位之间难免发生冲突，领导者要加强各单位之间的意见沟通与行动协调，减少单位之间的摩擦，以维持组织的完整统一。

4. 指导机关达成行政目标。每个机关都有其行政目标。而行政目标的达成须依赖于行政领导功能的发挥。为达成组织目标，领导者需要做到:制定工作计划;充分的意见沟通和有效的行动协调;行之有效的管理与考核。

5. 保持组织对社会环境的适应。行政组织为求生存和发展，要适应多变的社会环境，保持二者之间的动态平衡。谋求适应的方法主要是保持组织的高度弹性，组织目标要能适应社会环境而调整，内部单位的区分与职能的划分也要保持一定的弹性，以便适时调整。要保持行政组织对社会环境适应的功能，必须依赖于行政领导功能的发挥

第二节　行政领导者的职位、职权和责任

一、行政领导者的职位

(一)行政领导者职位的含义

行政领导者的职位指国家权力机关或国家人事行政部门根据法律、法规，按规范化程序选择或任命行政领导者担任的职务并赋予其应履行的责任的统一体。职务和责任是构成行政领导者职位的两个不可缺少的要素。只有担任了某一职务，才负有与其相应的指挥与统御权;担任某一行政领导职务就意味着必然要承担相应的领导责任。

(二)行政领导者职位的特点

1. 职位是以"事"为中心确定的。这一特点决定行政人员，尤其是行政领导者必须围绕轻、重、缓、急，程度不同的行政事务开展工作，以高效率、高效益和高效能为标准推动工作任务的完成。

2. 职位设置有数量的规定。职位数量的确定要遵循最低数量原则。因此，职位设置，一要避免因人设事，官职重复;二要避免职权划分不当，权限不明，交叉管理。

3. 职位本身有相对稳定。这一特点表明行政领导的职位有法定性，即按法律规定

职位，既不能随意增设，也不能随意废除；这一特点还表明某一职位的行政领导人担任职务的时间长短与责任的主次对职位本身不构成影响。

二、行政领导者的职权

（一）行政领导者职权的含义

由法律规定与职位相当的行政权力是行政领导者的职权。职权是行政领导者发挥支配性影响力的实质条件。同时，职权还意味着行政领导者必须承担的行为责任，否则就构成失职。因此，职权对行政领导者，既是他们的权利，又是他们的义务，职权是权利与义务的共同表现。

（二）职权与职位的关系

1. 从职权的特点来看

（1）职权与职位联系在一起。职权由职位衍生出来，职位的性质决定职权的性质。行政领导的职位有工作任务、指标、绩效的要求，职权和职位与个人因素无关。

（2）职权与职位有对称关系。职权的大小与职位的高低、责任的轻重相适应。任意扩大职权，即为滥用权力；随意失职失权，即为渎职行为。

（3）职权是法定权力。法律、法规不仅可以约束行政领导者的思想与行为，还能确保权力的稳定性，使其不能以任何形式进行私人交易。任何行政领导都应以有效的工作，即最少的投人、最大的产出来保证自己行使权力的正当性、合理性与有效性。

2. 从职权的范围来看

行政职权是有限度的权力，是国家权力机关考虑到公共管理分工的不同而进行的功能性划分，并由国家权力和领导机构授予，被授予者需对权力有明确认识，从而掌好权、用好权。行政领导的权限范围包括人事权、物权（即对物质资源的配置与使用权）、财权、组织权。

三、行政领导者的责任

（一）行政领导者责任的含义

行政领导者被赋予一定的职位而有了一定的名位，被赋予一定的权力而有一定的支配性影响力，但这并不意味着约束条件的消失。在一定职位上的领导者必须承担一定的责任。因此，行政领导者的责任是指行政领导者违反法定的义务所引起的必须承担的法律后果。

(二)行政领导者责任的内容

行政领导者的责任有多方面的内容，主要由政治、工作、法律三个层面构成。

1. 政治责任即领导责任，是指领导者因违反特定政治义务或没有做好分内之事而导致的政治上的否定性后果，以及所应遭受的谴责与制裁。这种政治上的否定性后果意味着政治权力资格的丧失，和不再是行政权力的行使者。

2. 工作责任指行政领导者的岗位责任，即行政领导者担任某一职务所应承担的义务以及对成败的个人担当。

3. 法律责任指行政领导者在行政管理活动过程中因违反法律规范所应承担的法律后果或应负的责任。

第三节　行政领导权威

一、行政领导权威的含义

行政领导的权威是指建立在法律、正当程序或领导者人格魅力基础之上的可以对领导对象的心理和行为产生指引效果的影响力。权威是领导权力和领导艺术的综合反映，对领导活动的效果会产生重要影响。

二、行政领导权威的意义

伴随改革开放的推进，我国社会生产分工进一步细化，社会经济成分、经济利益呈现出多元化的发展趋势。同时需要指出的是，国民经济和社会秩序的良性需要举国上下协调一致、统一思想、统一目标，为实现现代化建设的宏伟目标，共同努力奋斗，这无疑更需要行政领导的统领。无论是实行某项改革方案还是某重点建设项目，无数人的密切合作是绝对必要的。坚强有力的行政领导权威是我们整合多元化利益、调动一切积极因素、捍卫全体人民长远和根本利益、实现四化建设的重要保证。

在管理决策高度科学化、现代化的社会实践中，肩负广泛社会管理职能的各级行政领导不仅需要科学的、现代化的决策和管理水平，而且更要具备坚强有力的权威。科学管理是统一意志、高度规范化、系统化的管理，是强调行动统一、步调一致、整体协同配合的管理，行政领导权威是实施这种管理的核心和首脑。

三、维护行政领导权威的原则

1. 维护行政领导权威，首先取决于党中央和国务院的权威。

邓小平指出：建设四化，“如果没有中央的权威，就办不到。各顾各，相互打架，相互拆台，统一不起来。谁能统一？中央！”有了中央权威，从经济特区开放、沿海开放、到沿江开放、沿边开放、中西部改革开放全面推进才能实现；有了中央权威，改革开放的社会主义方向才能坚持，安定团结的政治局面才能得到保证；有了中央权威，多元利益才能协调，共同富裕的目标才能得到实现；有了中央的权威，领导我们事业的核心中国共产党才能高度团结统一，具有旺盛的战斗力和凝聚力。因此，维护中央的权威是形成、维护和不断强化我国当代行政领导权威的灵魂。

2. 维护行政领导的权威，必须加强组织纪律建设，形成下级服从上级、全党及地方政府服从中央的高效领导体制。

对那些或明或暗拒不贯彻执行党和国家的方针政策的，只顾局部利益不顾全局利益的，有令不行有禁不止的，谎报虚报、报喜不报忧、欺上瞒下的，搞小山头、搞特殊化、为小集团谋利益的不良现象，必须坚决禁止，以保证行政领导层次节制体系的坚强有力，才能形成整个行政领导系统的权威。

3. 维护行政领导权威，必须在各层领导集体内加强团结、密切配合。

任何领导集体都要有一个核心，没有核心的领导是靠不住的。紧密团结的行政领导集体既可增强领导活动的生气与活力，又可防止个人专断。而行政领导集体的核心，则是领导集体科学、有序地开展工作的保证。有了团结的行政领导集体和坚强的行政领导核心，更有利于执行民主集中制，正确地处理民主与集中的关系。在充分发扬民主的同时，能有效地集中，强调服从，形成权威。实践证明，在高度民主基础上的高度集中能使行政领导集体更坚强有力。

4. 维护行政领导的权威必须与维护国家法律的权威统一。

“依法行政”是公共管理的重要原则，也是行政领导活动必须遵循的原则。我国宪法和法律代表全国人民的根本利益，这与行政领导所贯彻的“全心全意为人民服务”宗旨完全一致。因此，在行政领导活动中，任何有法不依、执法不严、违法不究，甚至以权代法的行为都极其有害。它不仅破坏社会主义法制体系，也有损行政领导权威。人民往往以法制标准来分析、评价行政领导行为。与法规体系相悖的领导行为必然会脱离群众，遭到人民的抵制。

5. 维护行政领导的权威必须建立科学有序的权力分配体系，做到合理放权。

权力过于集中，“统得过死”，会使行政领导系统失去活力，这在传统管理时期是有过极为深刻的教训的。必须正确处理发挥地方、部门、集体、个人的主动性、积极性和创造性，这样才能形成目标一致、上下配合、整体协调，而又充分发挥各方活力的领导系统，团结和组织全国人民，推进我国的现代化建设。

第四节 领导艺术运用与领导集体建设

一、行政领导艺术运用

行政领导者的职能是处理国家行政事务，其工作的特点是范围广、事情杂、头绪多。领导者要处理好复杂的公务，取得事半功倍的效果，就必须注意运用领导艺术。其具体方式主要有：

1. 突出重点，兼顾一般。对于一个行政领导者来说，行政事务虽然复杂，但总有一个中心。作为领导者，既要抓紧中心工作，又要围绕中心工作同时开展其他方面的工作，做到中心突出，统筹兼顾。这样做才能做到井然有序，忙而不乱，取得成效。在实际工作中，既要防止没有工作中心，把一切工作等同起来的倾向，也要防止只突出重点，忽视全盘工作的倾向。多中心不行，单打一同样也不行。

2. 全力抓大事。领导者的精力和能力总是有限的，不可能把大事小事都包揽下来，而且办得很好。所以，对领导者来说，重要的是要有全局眼光和战略眼光，在大事方面精明，全力抓好大事，绝不可陷于琐碎的事务堆中。能不能分清主次，是否善于抓主要矛盾，的确是一种领导艺术。作为领导者，应该是自己办大事，小事委托部属办，自己注意检查督促。如果领导者事必躬亲，事无巨细，一概包揽，结果是领导者自己整天忙忙碌碌，但却是事倍功半，收效甚微。

3. 专心于本职。领导者有自己的本职工作和职权范围，应该专心致志地做自己的本职工作，不要超越职权，管不该管、管不了、管不好的事情。否则，一是不务正业，空耗时间和精力；二是侵犯了别人的职权，影响和破坏了领导层次的正常关系和工作秩序；三是耽误自身的工作。

4. 注重抓关键。关键环节不一定都是大事，有些事情看来很小，不为人注意，但却是实现整个行政目标不可缺少的环节。作为领导者，要在复杂的事务和忙乱的工作环境中，保持清醒的头脑，注重抓好关键环节，避免因小失大，造成无可挽回的损失。

5. 善于用人。用人是领导者的职责，但是，如何用人，做到量才使用、人尽其才、才尽其用，是很有艺术性的。邓小平同志说："善于发现人才，团结人才，使用人才，是领导者是否成熟的主要标志之一。"作为领导者，一是要具有宽广的胸襟，不埋没人才，用人不求全责备；二是要善于用人，用人之长，使部属能够充分发挥自己的优势。

总之，行政领导艺术是一个广阔的领域，包含有丰富的内容和多样的形式，行政领导者要提高领导工作的效能，不仅要掌握和运用现代领导科学知识，还要十分注意和讲究领导艺术。只有那些能够有效地驾驭领导艺术的领导者，才能取得事业的成功。

二、行政领导班子建设

要配置好行政领导的群体结构，实现行政领导群体结构的最佳组合，必须遵守四个原则。

1. 要从着重考虑领导成员的个体素质转移到重点考虑领导成员的最佳组合。一个出色的行政领导的群体结构，其中的每一个组成人员并不一定是最优的，而整体却是最优的。同样，每一个最优成员的简单组合也不一定能够构成最优的行政领导群体结构。当人们从表面上衡量一个行政领导群体结构的优劣时，往往只重视每个成员的年龄、学历、经历、能力等个体素质，而较少注意各个成员通过有机组成之后的整体素质，以及行政领导群体结构的整体效能。

在行政领导的群体结构中，每个成员的个体素质无疑是重要的，整体素质离不开个体素质，没有个体素质，整体素质也就成为空中楼阁。但是，各个成员的搭配，相互关系，以及行政领导群体结构的整体效能更为重要，在建立新的行政领导群体结构时，应当转变观念，注意领导成员的最佳组合。

2. 要从着重考虑年龄、文化知识等静态组合转到重点考虑性格、气质等动态组合。行政领导的群体结构是动态的，其最佳组合不能一劳永逸。在建立行政领导群体结构时，人们往往对年龄、文化、专业等静态因素考虑过多，因为这些因素有明显的指标，而且也较容易衡量。但是对于性格、气质等动态因素往往考虑不够，因为这些因素比较复杂，没有明显的指标，难以衡量和掌握。为了真正寻求行政领导群体结构的最佳组合，应着重考虑气质、性格等动态因素。随着时间的推移和客观环境的变化，个体素质的变化及个体之间相互关系的调整是必然的。

3. 在选拔行政领导成员时，要从全面要求转向岗位不同而有所侧重。人的才能是各异的，所以，在建立行政领导的群体结构时，要量才使用，不可求全责备，例如对副职就不宜全面要求，而应根据职位的不同有所侧重。只有这样，才能使得每个领导成员都能够扬长避短，充分发挥自己的优势。

4. 既要重视配备和调整行政领导成员，也要注重加强行政领导群体结构的建没和培训。行政领导的群体结构不是一成不变的，它处于动态中，其最佳组合只能是相对的。所以，要在行政领导实践中，加强对行政领导群体结构的建设和培训，提高行政领导群体结构的应变能力，保持其最佳组合状态。

◆第五章 行政环境

行政系统是与外部环境密切联系的开放性社会系统，它适应外部环境需要而产生；在与后者的相互作用中，发挥自己的特殊功能，保持自己运行的和谐。全面考察行政环境，研究外部环境对行政系统的影响，对正确理解行政系统的建立原则、结构特点、运行方式、功能范围、发展规律与历史命运，掌握优化行政环境的正确途径和科学方法，提高行政管理水平等，都有重要意义。

第一节 行政系统与外部环境的互动分析

一、行政环境的含义

（一）行政系统的界线

行政系统的界线是把行政系统从外部环境中分离出来，又把二者联系在一起，从而使之既相区别，又彼此关联的中介环节。行政系统的界线有两种功能：一是抵抗外界环境的干扰，以保持行政系统的独立性；二是过滤来自外部环境的投入和行政系统自身的产出，以维持行政系统的生存与运转。

行政系统的界线具有开放性和渗透性。任何投入与产出都是通过这种界线而输入或输出的。由于行政系统不可能接受所有外部环境投入和对各种外部环境提供相应的产出，因而，其开放性、可渗透性又有一定的限度。正是这种特点使行政系统界线能对投入和产出进行过滤与筛选。

这样，行政系统界线既开放又不完全开放、既可渗透又不完全渗透的辩证关系，决定了它既是行政系统与外部环境的相对独立清晰的边界，又是联结行政系统与外部环境的纽带。这一概念是我们区分行政系统与外部环境的基础。

(二)行政环境的含义

行政环境是指影响行政系统生存与发展的要素的总和，它包括外部环境和内部环境(条件)。外部环境:是指行政系统界线之外的、直接或间接影响行政系统生存与发展的因素或条件的总称。内部环境是指行政系统界线之内的、影响其生存和发展的各种因素或条件的总称。本章研究重点是外部环境。

某种因素或条件之所以成为行政系统的外部环境，首先，必须处于行政系统界线之外。其次，必须与行政系统相关联。处于行政系统界线之外的因素充斥着整个宇宙，一般来说，它们对行政系统都会产生或大或小的影响。然而，它们并不都是行政系统的外部环境因素。构成行政系统外部环境的，只能是其中直接或间接影响行政系统性质、结构、功能、运行方式等方面的因素，即对行政系统具有主要影响的因素。至于与行政系统无大关联、影响甚微的因素，一般不应视为行政系统的外部环境因素。

二、行政环境的构成

行政环境是一个非常复杂的体系，按不同的标准，可以进行不同的分类。根据各种因素性质上的差异，行政环境可区分为自然环境与社会环境两大类。

(一)自然环境

自然环境指在行政系统界线外、未经人工制作存在的事物,它包括地球环境和宇宙环境两个方面。后者包括宇宙天体的运行、太阳黑子的干扰、日月蚀的影响等地球以外的广漠环境因素。而地球环境则包括地形、地势、地貌、气候、土壤等地理环境因素，以及可供人类开发利用的水力、风力、土地、矿藏、生物等资源环境因素。

(二)社会环境

社会环境指在行政系统界线之外、直接影响行政系统活动并决定其兴衰存亡的各种社会因素的总和。社会环境因素是行政系统赖以产生、存在和发展的社会基础。行政系统的社会环境是一个由诸多要素构成的复杂系统，每个要素都对行政系统产生不同的影响。社会环境可分为国际社会环境和国内社会环境。

国际社会环境包括国际关系格局、重大国际事件、战争与和平、国际组织与国际法及其他各国共同关心的社会问题等。

国内社会环境主要有:

政治，包括国体、政体、国家机构、政党制度、公民政治参与等;

法制，包括立法、执法、守法、法制教育等环节;

经济，包括所有制形式、运行机制、生产发展布局与水平等;

科技，包括科学技术自身发展水平，其装备与应用于生产、生活各领域的广度和深度等；

教育，包括教育制度、方法、水平、教育层次的比例结构、受教育人口比重等；

民族，包括民族人口的分布、民族语言、民族经济及民族意识等；

宗教，包括宗教组织、教徒、宗教活动与群众的宗教信仰、种类与程度等；

文化，包括生活方式、风俗习惯、价值观念、道德标准、行为模式等；

阶级与群团，包括阶级结构、阶级关系、社会分层的状况与水平、各阶层的地位与关系以及社会群团等；

人口，包括人口总量、性别、年龄比例、出生率、死亡率、人口质量、预期寿命、人口分布等。

三、行政系统与外部环境的互依性

行政系统与外部环境密切关联，相互影响、相互依赖。行政系统适应外部环境需要而产生，又能动地选择与塑造外部环境。同时，外部环境对行政系统的影响又有宏观与微观之分。

(一)行政系统对外部环境的依赖

这是行政系统与外部环境互依性的首要表现，包括：

1.行政系统适应外部环境的需要而产生；

2.外部环境的需要制约着行政系统及其价值观、目标、规模、结构与行为方式；

3.行政系统的物质要素——人、财、物，非物质要素——信息，都要从外部环境输入。故行政系统只有不断地与其外部环境进行物质、能量与信息的交换，只有适应外部环境的需要，才能生存和发挥其功能作用，并反作用于外部环境，服务于社会。

(二)行政系统对外部环境的选择与塑造

这是行政系统与外部环境互依性的又一表现，包括：

1.行政系统作为开放系统，必然要从外部环境中接受物质、能量和信息的投入，但不可能接受所有投入，而必须有所选择，只纳入自身所能接受的部分。

2.行政系统不仅选择外部环境，更要设法改善、控制外部环境。通过对外部环境的改善，使之优化；行政系统通过对外部环境的控制，使其按照行政系统的希望与要求发展。这种对外部环境影响的程度，取决于行政系统功能发挥的程度。随着现代政府功能领域不断扩大、管理范围逐渐加宽，行政系统对外部环境的反作用也越来越大。行政系统功能的大小、管理的好坏，在很大程度上直接决定了社会的治乱兴衰。

总之，行政系统与外部环境的关系是辩证统一的关系。外部环境创造了行政系统，而行政系统反过来又改变了外部环境。行政系统首先从其社会环境中吸取物质、信息与能量，接受社会环境的要求或支持。然后，又经过自身的加工，将其转换为路线、方针、政策与具体的行政行为，输出给社会环境，以满足社会环境需要，并推动社会发展。

(三)宏观环境与微观环境

影响行政系统的外部环境有宏观与微观之分。宏观环境是指广泛影响整个行政系统的环境。例如一个国家所处的自然地理环境、该国在世界上所处的地位、上述社会环境的政治、法制等因素,都是影响某个国家行政系统的宏观环境。微观环境是指影响个别行政系统的特定环境。如学校是政府教育部门的微观环境、地质资源是政府地质部门的微观环境。宏观与微观环境的区别只是相对的。它们对行政系统的影响不能说孰轻孰重,只是影响的方式、角度不同而已。

第二节　经济和政治环境对行政系统的影响

一、经济环境对行政系统的影响

经济生活是人类社会生活最基本的领域。经济环境是行政系统外部环境中最基本的方面,是行政系统赖以生存和发展的最深层环境。它是有重要影响的各经济要素的总和,包括自然资源、生产力和科技发展、人口、国民收入状况、社会的基本生产关系结构和经济体制等要素。这些要素,又可高度概括为生产力(包括物质生产和人口生产)与生产关系(包括经济体制)两大方面。

(一)物质生产与人口生产的发展状况对行政系统的影响

1. 生产力发展状况决定行政系统的存亡和性质

行政系统是社会历史现象,不是从来就有的,也不会永恒地存在。行政系统作为国家机器的重要组成部分,在本质上是阶级、政治概念。它的产生与阶级对立紧密联系,是在社会分裂为敌对阶级的情况下,作为阶级统治工具而产生的。而阶级的存在,仅与生产力发展的一定历史阶段相联系。阶级既是生产力有一定发展的产物,又是生产力相对不发达的产物。随着生产力的高度发展,阶级与阶级斗争将丧失其存在的物质前提而逐渐趋于消亡。

所以,在本质上,正是生产力的发展水平决定行政系统的产生、发展和消亡。同时,生产力的发展状况决定生产资料所有制的形式,后者又决定行政系统的阶级性。因此,生产力的发展变化是行政系统阶级性质发展变化的最后根源。

2. 生产力发展状况制约行政系统功能发挥和部门设置

行政系统作为国家对社会的管理组织,其管理对象和内容不是一成不变的,而是随着生产力的发展不断变化。因而,行政系统功能发挥和部门设置受到生产力发展状况的影响。在生产力水平较低的自然经济社会中,社会生产以分散的、自给自足的家庭手工劳动为基础，商品生产极不发达，行政系统的政治功能较为突出，经济功能极其微弱，与之相应的经济管理部门也很少。

在生产力高度发展的市场经济社会中，社会化大生产要求国家更多地干预宏观经济生活，不断地强化政府的宏观经济功能和管理部门。同时，由于经济发展引起的社会问题，如失业、环保等，又要求政府相应地强化社会管理功能，增设有关的社会管理部门。

3. 生产力的发展状况提供了行政系统运行的物质基础

行政系统总是在一定的物质条件基础上开展活动的。物质条件是否充裕，尤其是技术装备是否精良，直接关系到行政系统管理效率的高低，而物质条件与技术装备的发展与特定时期生产力的发展状况密切相关。例如，正在兴起的办公室自动化浪潮，离开了新的科学技术革命是不能想像的事。因此，生产力与科技发展水平直接影响与制约行政系统的运行方式和管理手段。

此外，行政系统的运转需要一定的财力基础。而行政经费能否得到保证，直接取决于生产力的发展状况。凡生产力水平较高的国家，国民收入就较高，其财政预算就能给行政系统的活动以较充分的支持。反之，必然要紧缩行政经费开支，从而影响行政系统的正常活动。

4. 人口的发展状况影响着行政系统的发展战略和人口管理功能

除了物质资料的再生产外，人口的再生产对行政系统也有重大影响。首先，人口的发展状况制约着一国经济和社会发展战略的制定与实现，人口过多或过少都直接影响一国经济与社会的发展。

其次，人口的多少也直接决定着行政系统的人口管理政策及部门设置。在当今世界上，由于国情不同，有的国家鼓励人口增长，有的国家控制人口增长，并设置了不同的行政管理组织，如我国有专门的卫生和计划生育委员会。

最后，人口的多少还影响行政系统的编制多少及改革的难易。如我国人口基数过大，是造成各级政府机关和国有企事业单位人员超编、机构臃肿的一个重要原因，也是行政系统改革难以顺利实施的重要原因。

（二）生产关系与具体的经济体制对行政系统的影响

1. 基本的生产关系直接决定行政系统的性质和变化

社会基本经济结构，即构成社会经济制度的基本生产关系，是生产力发展一定阶段的、占统治地位的生产关系的总和，是社会上层建筑的经济基础。行政系统属于社会上层建筑，是政治上层建筑的组成部分，其性质与变化，由经济基础的性质与变化决定。

2. 具体的经济体制影响行政系统的功能配置和运行模式

它是生产关系的具体表现形式，规定着资源配置方式。历史上，资源配置按照习惯、市场或计划方式进行，相应地出现了自然经济、市场经济与计划经济三种经济体制。

自然经济体制建立在小生产基础上，经济活动基本上由生产者或经济单位单独决策与组织，产品主要不是为了交换，而是满足自身需要。经济资源配置由习惯经验支配，无需政府进行干预与协调管理。政府的经济功能主要限于全局性的农田水利、交通道路建设等方面。这就决定了当时行政系统的政治功能、社会治安功能较为突出，而经济功能、社会服务功能微弱，负责经济、社会事务的部门少而小；行使功能的手段比较简单，主要是通过行政手段进行管理。

市场经济体制建立在社会化大生产的基础上，经济资源主要通过市场进行配置。市场经济，生产什么、生产多少，由供求关系决定，价格信号引导生产要素的投入和转移，追求提高运行效率和降低交易成本。但市场也有失灵之处，需要政府的积极干预加以弥补，这种干预是市场经济的内在要求。政府对经济的干预仅限于宏观领域，而对微观经济如企业的生产经营活动等，则不加干涉。政府运用各种经济杠杆、经济法规与必要的行政手段，引导、调节和规范经济活动，以调控宏观经济；保证市场经济的有序运行，限制垄断，促进公平竞争；提供公共产品；保障公正的收入分配等等。

计划经济体制从20世纪初开始在一些发展中国家、主要是社会主义国家进行了实践，它建立在公有制的基础上，政府行政系统对社会经济活动实行全面、直接的指令管理，设置大量经济管理部门。在计划经济体制中，行政系统功能配置和运行模式有以下特征。

(1)直接而广泛。政府既是宏观经济活动，又是企业微观经济活动的组织者与领导者，直接管理企业的人、财、物、产、供、销。

(2)命令强制。政府以行政命令为主进行强制性管理。一方面，政府下达指令性计划，企业和基层单位必须保证完成；另一方面，即使政府运用某些经济手段进行调控，也带有浓厚的行政强制性色彩。

(3)企业被动适应。由于政府管理的内容直接、广泛，且带有强制性，作为管理客体的企业，既无自主权，也无独立经济利益，因而只能是被动接受、消极适应。

二、政治环境对行政系统的影响

(一)国体直接决定着行政系统的基本性质

政治制度，特别是基本政治制度，作为重要政治环境，对行政系统有重大影响。广义的政治制度，包括国家、政党、法律、选举和官吏制度等，其中国家制度又包括国体和政体两方面。国体是一个国家中最基本的政治制度，它体现一个国家的阶级性质。行政系统是国家政权的心脏，行政系统的性质由国家的性质决定。自奴隶社会以来，不同历史类型的国家中行政系统的性质之所以不断地发生变化，最终根源固然是社会经济基础的变化，但直接原因则在于社会基本政治制度、即国体的变化。

（二）政体规定了行政系统的具体形式和地位

政体即政权组织形式，是国体的表现形式，它规定国家机构的组成形式及各机构间的相互关系，也决定行政系统的具体形式及其在国家机构体系中的地位和作用。在议会制政体中，行政管理采取内阁形式，政府存废更迭以议会为基础；在总统制政体中，总统直接掌管政府，总统由全民选举产生，而非议会决定，总统与议会间相互制衡。在我国人民代表大会制的政体中，全国人大是国家最高权力机关，统一行使国家最高权力。政府行政系统是人大的执行机关，由它产生并对其负责。

（三）政党制度影响着行政系统的稳定性和完善程度

政党制度对行政系统有多方面影响，它不仅直接影响行政系统与政党间的关系，而且直接影响行政系统机构设置、人员配备、功能发挥、政策稳定性及纠错机制。

一般来说，在一党制下，行政系统机构设置、人员配备和功能发挥相对稳定，政策有较强的连续性，执政党与行政系统能保持较长期的密切关系，保持党政在政见上的高度一致。但一党制容易导致党政不分，损害行政系统的独立性，纠错机制也较迟钝与脆弱。

在两党与多党制下，政府主要官员和政策都随执政党的更迭而变化，行政系统机构、人员、政策及运行都不够稳定。但文官制度在一定程度上弥补其不稳定性，而且纠错机制更加灵活有力，有利于防止行政决策与执行中的失误。

我国现行政党制度是在共产党领导下的多党合作制，它既可吸收一党制与多党制的优点，又可避免其缺点；既有利于行政系统的稳定，又有利于纠正行政决策与执行的失误。

（四）政治生活的民主、平等程度制约行政系统决策与执行的民主化、科学化程度

行政决策民主化、科学化与政治生活中的民主、平等程度有密切的联系。后者程度越高，行政决策民主化和科学化程度就越高。在专制政体中，政治权力高度集中于独裁者一身，重大决策由少数人做出，根本谈不上决策民主化、科学化。在民主政体中，政治权力由几个分立的机关掌握，并受政党、压力集团、社会舆论及公民不同程度的制约，因而行政决策有一定的民主性。

政治权力的民主与平等程度，还制约行政执行中的沟通、协调与公开化程度，即行政执行中的民主程度。

（五）政治形势的稳定程度影响着行政系统的运行状态

政治形势包括稳定与不稳定两种基本态势，两者相互对立，在一定条件下又相互渗透，甚至相互转化。政治形势对行政系统的运行状态和工作秩序有明显影响。稳定的政治形势是行政系统正常运转的必要条件，是行政系统各层级、各部门有序工作的

保证。只有在稳定的政治形势下，行政系统才能做到结构完好、功能正常、渠道畅通、信息流畅、程序严密。而不稳定的政治形势则会引起行政系统运转的异常，破坏行政系统工作的程序。主要表现为：

1. 政治不稳定造成行政系统的既定目标出现局部性，甚至全局性的变化；

2. 政治不稳定导致行政系统内部各部门或各层次的忙闲不均，破坏现有行政系统结构；

3. 政治不稳定导致信息沟通的困难，并使沟通的失真度加大；

4. 政治不稳定打乱已有工作程序、破坏行政人员的心理平衡，甚至能引发行政系统的彻底崩溃。

（六）法律制度规定与保障着行政系统在整个国家机构系统中的地位

法律制度是国家意志的体现，它规定并保障行政系统在国家机构系统中的地位及权力关系。行政系统是结构复杂、规模庞大的国家机器的组成部分之一，在国家机构系统中居于重要地位，享有不同于其他国家机关的特殊权力，有特殊功能并设置有庞大的内部机构。

在现代社会中，行政系统的地位、权限、功能、机构设置等都由法律规定和保障。不同法律制度在这方面的规定不尽相同，对行政系统与立法机关、司法机关的关系也有不同规定。我国国务院是最高权力机关的执行机关，是最高国家行政机关。它由全国人大产生，并对其负责，实行总理负责制。它根据宪法和法律规定行政措施、制定行政法规、发布决定和命令。这就是我国宪法和国务院组织法对国务院性质、职权、领导体制等的基本规定。

（七）法律的完善化、科学化程度制约行政系统运转的协调、规范水平

法律的完善化，指法律形式的完备程度；法律的科学化，指法律内容对社会发展规律和人民利益的反映程度。法律的完善化与科学化有机统一，共同制约行政系统的协调化、法制化和科学化水平。

行政系统能否实现行政目标，取决于行政机关及其工作人员的行为是否正确、合理，取决于它们是否协调一致，取决于行政行为是否规范化和制度化。要做到这些，就必须用法律形式将其固定。法律的有关规定如果详尽、完备、科学，就会促进与保障行政系统运转的协调与规范化水平；反之，则容易导致行政系统的混乱。

三、文化、民族和宗教环境对行政系统的影响

（一）文化环境对行政系统的影响

广义的文化是指人类在社会实践中所创造的物质财富与精神财富的总和，包括物

质文化、社会文化和精神文化三个部分。狭义的文化是指社会的意识形态，包括科学、文化艺术、哲学、思想、信仰、风俗、习惯、人际关系、价值观念、道德标准与行为模式等；又可归纳为两点，即价值观念和行为模式。我们要研究的是狭义的文化，即以价值观和行为模式为核心的社会意识形态对行政系统的影响。而狭义的文化对行政系统的影响，又主要是通过行政文化来实现的。行政文化是整个社会文化的一部分，它是人们关于行政系统的价值观念，以及该观念所相应要求的行政系统的行为模式。

1. 关于行政系统一般行为的期望对行政系统的影响

（1）不同的国家对行政系统的管理范围有不同的期望

在人类社会发展的早期，公共事务极其简单，社会也只要求政府承担一些简单的管理功能——即维持社会安定和为经济发展创造适宜的条件，人们希望的是一个治安政府、收税少的政府。一直到资本主义初期，人们仍然希望政府是"守夜警察"，认为"管得越少的政府就是越好的政府"。

随着近代社会的发展，人们之间的相互交往日益增多，公共事务日趋复杂，人民要求政府管辖的事务越来越多，几乎覆盖了"从摇篮到坟墓"的所有范围。前一种行政文化环境，政府的压力较小。后一种行政文化环境，政府面临的压力要大得多。任何社会问题未处理好，都可能归罪于政府。当然，政府如果处理问题得当，符合人民的期望，其权威往往更高。

（2）不同的国家对行政系统的输入、输出有不同的期望

在以依附型行政文化为主的国家，社会只对政府的输出有较大的取向，对政府的战略目标、政策、法规、措施等都具有拥护或反对、热情或冷漠的感情取向；而对政府的输入功能则漠不关心，公民参与管理的要求较低，它反映了一种重服从的观念。在政府首脑中，除个别开明人士重视民意、注意树立自己的形象、调整自己的不当行为外，一般都视民众为可驱、可使的奴仆。

在以参与型行政文化为主的国家，社会对政府的输入有较大的取向，要求政府照顾与采纳各方面的利益和意见，公民民主参与意识较强。社会对政府的输出也同样表现出强烈的取向，群众会以人民的利益、意志为标准来分析、判断政府的政策效果。如果政府的输出不能与公民的输入保持一致，就会导致公民对政府政策的冷漠与抵制，甚至对政府的不信任，危及其稳定。反映在政民关系上，首先是要求政府服从民意，其次才是大众服从政府，这是一种双向的服从关系。在这种以民为本的行政文化环境下，政府始终要注意自己在民众中的形象，并不断地调整自己的行为，以获得民众的好感与支持。

（3）对行政系统的认同程度决定群众参与行政输入方式的差异

人民对政府、特别是中央政府有强烈的认同感，政府在人民中的威信很高，人民对其信息输入是通过法制的轨道、以温和的方式提出的；而政府在其政策输出中，也会反映人民输入的各种支持和要求。反之，人民对政府、尤其是中央政府没有认同感和信任感，人民对其进行信息输入的方式很容易脱离法制轨道，以激烈的方式提出；而

政府的政策输出也很少反映人民的要求，至多采取勉强、敷衍、甚至欺骗的方式来应付人民，结果只会使人民对政府形成更深刻的不信任感。

2. 关于行政系统首脑权力的观念对行政系统的影响

不同的行政文化，具有不同的行政系统首脑权力观念。而权力观念的不同，又将直接导致不同的行政行为模式。

(1) 血统论的行政文化认为，行政首脑的权力来自世袭

血统论认为行政首脑是高贵的人，具有天生的领导能力和素质，必须来自高贵的家庭、具有高贵的血统。还认为，有血统关系的人才是最亲近的人，所谓“异姓者必异心”。以这种权力观为指导的行政行为模式，必然推崇世袭制；在不能公开实行世袭制时，则会大搞任人惟亲；其行政首脑与人民之间只能是主仆人身依附关系。在这种模式中，从事行政活动者，只能产生对行政权力的服从与恐惧，不可能形成任何参与意识。

(2) 惟意志论的行政文化认为，行政首脑权力来自超人意志

对这种超人的权力，人们只能绝对服从，不允许有丝毫怀疑和违抗。在这种权力观念之下，必然产生救世主与贱民的关系，大搞个人崇拜。对自身的价值则缺乏应有的认识和自信，因而必然只有服从与依赖，缺乏主动的参与意识，对行政首脑的错误也难以纠正和批判。行政首脑在世、在位时往往被奉为完美无缺的神灵，而一旦去世或下台时则变成一无是处的暴君。

(3) 法治论的行政文化认为，行政首脑权力来自人民委托，并通过体现民意的法律形式予以确认

权力由法律所赋予，法律是公意的具体表现，只有法律才具有至高无上的权力。按照这种行政文化观，行政首脑与人民之间必然是公仆与主人的关系。人民是权力的根源，行政首脑只有全心全意为人民服务，才能受到人民的拥护。否则，人民不仅不应该服从他的权力，而且应该收回对行政首脑的权力委托。人们服从行政首脑的领导并非服从其高贵血统或超人意志，而是服从法律。这种权力观念必然导致人权平等的行政行为模式，有利于增强人们的民主和法制观念，培养人们的参与意识。

3. 关于行政系统运行方式的观念对行政系统的影响

(1) 行政系统运行方式的人治观念认为，行政系统内外治理的好坏，关键在人，而不在制度。人治观念主张好人政府、贤人政治，主张政治道德化。这是一种空想。历史证明，任何政府都不可能始终由“好人”当政；若无严格的法规限制，好人也可能变成坏人，更可能给坏人以权谋私创造条件。这就形成行政权大于法的现象，容易导致个人专横、完全不顾民意的取向。

(2) 行政系统运行方式的法治观念，又分专制主义的和民主主义的法治观念。前者主张集权于行政首脑，即君主或帝王一人，主张重罚、轻赏，使人民慑于权力而安分守己。这种观念是君主专制的护身符，已逐渐被历史淘汰。

民主主义的法治观念，主张将公民和政府的权利与义务用法律形式加以固定，

以依法行政推行政务；以民主和法治的方式来调整人民内部的矛盾，实现长治久安的目标。

4. 关于行政系统内部人际关系的观念对行政系统的影响

行政系统内部人际关系的观念，随着社会历史条件的变化而具有不同的内容。一般情况下，有特殊的人际关系观念与普遍的人际关系观念两种。

(1) 特殊的人际关系观念

在传统的农业社会里，人们之间的接触仅限于狭小的小团体范围内如家庭、亲族、村社等。这种长期交往，使人们养成注重彼此之间特殊关系的人际关系观念，它影响行政系统的行政决策，使其往往过多地考虑具有特殊关系的小团体的利益。它影响行政系统的人事工作，使领导者常以个人好恶亲疏、甚至血统关系远近为标准，拉帮结派、以我划线、培植亲信，凡与领导无特殊关系的人，即使才干出众，也难有出头之日。它还影响行政监督，对与领导有特殊关系的人往往不能做到在法律面前一律平等，难以依法行政。总之，重视特殊关系的人际关系观念导致公平行政无法实现，政府的法规政策往往成为特殊关系的牺牲品。

(2) 普遍的人际关系观念

在现代工业社会里，人类生产、生活日益社会化，人们的交往越来越广，人们不断增长的多方面需要不能单靠家庭、亲族等有特殊关系的小圈子来满足，只能从发展的不同社会关系中得到满足。这就扩大了人们的交流范围，使人际关系日益普遍化和社会化。人际关系观念也随之发生变化，由重视特殊关系变为重视普遍关系。重视普遍关系，反映在行政系统内部，就是重视人的业绩、品德与能力，而不看重与领导的特殊关系。这种新型人际关系的发展，促进了行政系统中公平原则的实现。

这两种人际关系观念，不是绝对地分别存在于不同的社会之中，而往往是在一个国家同时并存，只有主次之分罢了。在从传统农业社会向现代工业社会转型的过渡时期，尤其如此。

5. 关于行政道德的观念对行政系统的影响

行政道德是行政系统成员在行政管理过程中所遵循的调整个人之间、个人与行政系统及社会之间的关系的行为规范。它不是通过具有强制性的法律、而是通过社会舆论确立的，它依靠人们的自觉遵守。

(1) 行政道德指导着行政系统成员的政治方向

行政道德具有强烈的政治性，旨在维系政权的稳固和社会的长治久安。从历史上看，任何社会的行政道德都提倡要以国家利益为上，忠于自己的政权，忠实执行政府的政策法令，使自己的行为有利于政府的稳定和社会经济基础的稳固与发展。

(2) 行政道德制约着行政系统成员个人利益的实现程度

几乎所有的国家都要求个人利益服从行政系统的利益、国家的整体利益。为此，都提倡行政系统成员要忠于职守、秉公守法、不徇私情、廉洁公正。

(3) 行政道德影响行政系统成员的社会地位

在专制政体中，人们社会地位高低基本上以官位大小为标准，产生了根深蒂固的等级观念。行政系统成员普遍自视为上等人、平民百姓的父母官，而视人民为下等人，甚至是贱民、草民。在行政系统内，也养成对上盲从、对下专横的恶习。

在民主政体中，人们的社会地位主要取决于个人的学识、技能与财富，官本位渐渐失去市场。多元化的社会地位观促使行政系统成员不再孤芳自赏，而必须具有平等待人的民主作风。

（二）民族环境对行政系统的影响

民族是在历史上形成的有共同语言、共同地域、共同经济生活，以及表现于共同民族文化特点上的共同心理素质的稳定的共同体。世界上有单一民族国家，更多的是多民族国家。在多民族国家中，民族环境对国家的行政系统发生重要影响作用。一个国家行政系统的民族环境是由民族的人口与分布、民族语言、民族经济、民族文化与传统、民族的矛盾与斗争等要素相互作用而构成的。

1. 民族环境影响政府的民族政策及相应的行政机构设置

在多民族国家中，民族成分繁杂，各民族人口众多，区域广泛，民族矛盾与斗争必然存在，民族问题相当复杂。对民族问题解决得好坏，直接关系到国家的稳定与否、统一与分裂。因此，这些国家都要设立专门的行政系统来负责少数民族的有关事务。

2. 民族环境影响着行政系统的体制

行政系统的体制，是指行政系统结构中各层级、各部门之间的权力分配关系。就中央与地方的关系而言，有集权制与分权制之分。一个国家如由若干实力相当的几个民族组成，没有一个民族能在政治上取得绝对优势，就需要分权。例如，前南斯拉夫境内居住着多种民族，各民族的人口、土地、经济实力接近，很难形成权力中心，便采取分权体制。当然，在各民族中如有一个民族占绝对优势，则实行集权制和分权制均可。但在少数民族聚居区，大多数国家都建立了比一般地方政府权力多的民族区域自治政府。

3. 民族环境制约行政系统权力的行使

行政系统的权力由宪法和法律赋予，或由上级行政系统规定。一般而言，在行政系统的权力范围内，任何团体和个人都必须服从其指挥。但当行政系统在民族地区中运用权力时，必须考虑民族环境。一旦行使某项行政权力有碍民族的历史和文化传统，损害民族感情，便容易引起民族矛盾和冲突，不利于民族团结和国家统一。这就要具体情况具体分析，变通地使用甚至终止行使该权力。例如，我国政府控制人口计划生育的权力，在某些少数民族地区就不适用。

4. 民族环境关系着行政系统的凝聚力大小

行政系统是否具有凝聚力，在很大程度上取决于民族环境是否和谐、融洽。当民族文化传统差异很大、民族矛盾与斗争尖锐、政府不能协调解决时，民族环境就会恶化，离心倾向就会加强，凝聚力就会大大削弱。

5. 中国的民族环境对政府行政系统的影响

我国是统一的、以汉民族为主体的多民族国家。全国共有56个民族，汉族占全国人口的93.3%，后者占6.7%。少数民族人口虽少，但分布地域很广，占全国土地面积的50%～60%。我国绝大多数的少数民族都有自己的聚居区，并与各兄弟民族相互交错在一起，形成"大杂居，小聚居"的局面，使各族人民相互影响、融合，建立了密不可分的政治、经济、文化联系，使中华民族具有强大的凝聚力。

回顾自秦始皇建立统一的中央集权制以来，历代封建王朝在边远少数民族地区都设置了一些特殊行政系统。如秦汉时期在边远民族地区设置了边郡；唐宋时期设置了府、州、县，任用各族首领为都督、刺史；元明清推行了土司制度。但由于那时存在民族压迫和民族剥削，各民族的地位很不平等，民族环境相当恶劣，中央政府在民族地区所设的行政系统不时遭到各族人民的反抗、冲击。

只有在新中国成立后，彻底推翻了民族压迫制度，各族人民都成了国家的主人，享有参与国家管理的平等权利，各民族之间没有根本利害冲突，只有一些局部性的不同利益要求、价值观念与生活方式上的差异。因此，我国现在各个民族之间基本上是团结的，这为我国行政系统的政策稳定和功能发挥创造了良好的民族环境。

（三）宗教环境对行政系统的影响

宗教是复杂的社会现象，是人们对超自然神灵的信仰与崇拜。在社会发展史上，宗教与政治密切相关、相互影响。尤其在宗教盛行的民族和国家，宗教作用更是不可低估。行政系统同样受到宗教的影响。影响行政系统的宗教环境，包括教徒、宗教组织、意识、活动和在国家中的地位等要素。

1. 宗教制约行政系统的机构设置和职权行使

宗教的作用，在实行政教合一的国家体现得最为明显。那里神权高于一切，行政系统的设置及其功能的大小，都根据宗教的影响来决定。如沙特阿拉伯，国王既是国家元首，又是伊斯兰教教长，内阁由国王任命；没有成文宪法，《古兰经》和伊斯兰教创造人穆罕默德的遗训就是法律依据，行政系统及其活动都不得违反。

宗教属于意识形态领域，影响往往深入人们的内心深处；如果无视宗教问题的解决，势必影响国家政局稳定。因此，世界许多国家政府都设立了专门机构，如我国国务院宗教事务局、伊朗伊斯兰指导部等。

在宗教影响较大或全民族信教的国家和地区，行政人员还要适当考虑宗教界人士。如伊朗提出所有国家机器必须伊斯兰化的主张，重要领导职务必须由信奉伊斯兰教的穆斯林担任。

在宗教盛行的某些国家中，由于历史原因，还没有建立起独立的行政道德规范，一般以宗教道德规范来代替行政道德上的自我完善，并以此为调整上下级和同事关系的行为准则，起到某些行政道德规范的作用。

2. 宗教推动或妨碍行政系统的管理活动

宗教作为一种政治斗争工具，既可为统治集团服务，又可为其他社会政治势力服务。当宗教为统治集团所利用时，可以推动行政系统达到行政目标；而当与统治集团相对抗的社会政治势力掌握了宗教时，宗教就会成为行政活动的障碍。

在新的历史时期，宗教对行政的影响仍不可忽视。从积极方面来看，首先，由于教徒的信仰、目标一致，很容易团结，在爱国主义旗帜下动员教徒积极参加国家建设，有利于达到行政目标；其次，宗教一般宣扬除恶、为善，引导教徒弃恶从善，客观上起到调节人与人之间关系的作用，有利于社会的团结与行政系统的稳定。

从消极方面来看，宗教宣扬宿命论、幸福满足、寄希望于来世的观念使人们安于现状，不思进取，工作积极性不高，影响行政效率。同时，宗教活动过多会造成人力、财力浪费。特别是必须坚决反对利用宗教活动扰乱社会治安、造成人民的不团结、引起教徒与行政系统对抗的非法活动。

四、自然环境和国际社会环境对行政系统的影响

（一）自然环境对行政系统的影响

自然环境中的宇宙与地球环境均与行政系统有某种联系。宇宙环境的影响甚微，我们不进行具体分析，这里主要研究影响较大的地球环境。它对行政系统的影响，在大多数情况下是间接的。但它是国家构成的重要物质基础，是行政系统发展的必要条件。

在西方，从古希腊的亚里士多德，到法国启蒙时期的孟德斯鸠等思想家都强调了地理环境与国家政治生活、行政管理的密切关系。

1. 地球环境影响人类文明的形成与发展，制约行政系统的发展模式

一般来说，气候温和、土壤肥沃、水源丰富与地势平坦的地区，最适宜人类繁衍生息和社会文明的形成与发展。历史上四大文明古国的形成，都与地理环境密不可分。

如在中国内陆，河流密布、沃野千里、便于耕作，是中国成为农业文明大国的前提。而东部的太平洋、西部的高山、高原与沙漠又制约其对外交往，使中国在很大程度上成为封闭、半封闭的国家，助长了封建专制的长期延续。

在现代社会中，随着科学技术的发展，人类对自然环境有更大的选择与适应能力，但地理环境的影响仍不能轻视。如非洲较为恶劣的自然条件，至今是制约其政治、经济、文化和行政系统发展的重要原因。美国东西两岸均有大洋作天然屏障，使两次世界大战的战火均未燃到美国本土。这不仅有助于美国经济、政治、文化的持续发展，也对行政系统的连续性和稳定性有重要意义。

2. 自然资源和国土面积影响各国综合国力的强弱，从而制约其行政系统的财力基础与功能发挥

一个国家综合国力的强弱取决于其经济的发展，又归根结底取决于劳动生产率的高低。在其他劳动条件基本相同的情况下，自然资源与地理环境的不同，会影响劳动生产率

的高低。正如马克思所说:“劳动的不同的自然条件使同一劳动量在不同的国家可以满足不同的需要量,因而在其他相似的情况下,使得必要的劳动时间各不相同。”自然资源丰富的国家,其社会生产力发展速度较快。反之,则较慢。

而国土面积的大小,一般又与自然资源的丰裕程度成正比。因此,国土面积大小、自然资源丰裕程度,直接影响一个国家综合国力的强弱。它又直接影响一国行政系统的财力基础,及其对内对外独立自主行使功能的程度,并进而影响行政系统功能的内容及权力体系的完善程度。

3. 自然资源环境影响各国经济发展的方向与结构,从而制约着其行政系统的部门设置与功能体系

人类生存与发展所需要的财富是劳动创造出来的。但劳动只有与自然界结合,才是财富的源泉。资源环境为人类生活与生产提供了物质资料,使地球成为天然的“衣食仓库”和“工具武器仓库”,成为社会赖以存在的劳动场所和加工自然资源的基地。

各国自然资源结构不同,其经济发展方向、生产部门的结构与布局都有所不同,进而影响到行政系统的部门结构与功能体系。例如,拥有辽阔和富饶的草原,使澳大利亚成为畜牧业非常发达的国家;广阔的森林面积,使木材采伐与加工在加拿大的经济结构中占主要地位;丰富的石油资源,使沙特阿拉伯、科威特等中东国家以石油开发与冶炼作为国民经济的支柱。上述国家,都根据自身独特的资源条件设置了相关的政府管理部门,执行相应的管理功能。

4. 地理形状影响国家的民族团结、国家统一与行政系统稳定状况

国家领土的地理形状,可以分为紧凑型、破碎型、狭长型、方块型和圆型等。其中,紧凑型、方块型和圆型的领土,其国内交通路线最短,经济发展最易平衡,民族最易团结,最有利于政府行政系统的稳定性和权威性。而破碎型的领土大多是在海岛国家中,中央行政系统控制地方行政系统的难度较大;狭长型的领土形状则不利于经济平衡,从而也不利于政府行政系统的稳定性和权威性。

5. 地理环境制约着政府的国际战略及其相应的功能组织

英国是岛国,四面临海,港湾优良,安全易于保障,促使它采取以发展海军为主的进攻性国防战略;在其国防机构中,海军部门居于主导地位。瑞士地处内陆,没有出海口,处于德、法两个强国之中,缺乏安全感,又不能同任何一方结盟,以免触怒另一方。于是以发展陆军为主的、中立的、防御性国防战略成了瑞士的战略目标。在其军事机构中,陆军占绝对支配的地位。美国以两大洋为屏障,安全易于保障,促进了其称霸世界的进攻型战略的形成。

以上所述,说明地理环境对行政系统有重要影响,但这决不能与“地理环境决定论”相混淆。“地理环境决定论”是19世纪末20世纪初出现的一种政治理论,认为人是地球的产物,因此地理环境决定着人的一切;从经济、政治制度、文化价值观念、乃至人的个性,都由地理环境决定。

显然,“地理环境决定论”忽视了人类的主观能动作用,是一种机械唯物论的观点。其

实，自然地理环境只是为人们满足需要提供了条件和机会，而如何利用这些条件和机会，则要靠人的主观能动性。因此，关于地理环境的作用，我们的观点是影响论而不是决定论，是或然论而不是必然论。

从纵向历史来看，地理环境的变化相当缓慢，人类社会包括行政系统的变迁则要快得多。随着科学技术的发展，人类对地理环境的改善、控制和利用能力大大增强，地理环境对人类发展和政府行政系统的影响则逐渐减弱。

从横向要素来看，人类社会包括行政系统的变迁是多种因素共同作用的结果，地理环境只是其中之一。因此，在同样的地理环境下，社会发展的模式、行政系统的体制却是各有特色。

当然，地理环境作为人类社会生存与发展的物质基础，对行政系统的影响是永恒的。人类社会将永远处于人与自然的矛盾中，即使科学技术再发达，人类也不能违背自然规律，行政系统一定要顺应自然规律才能生存、发展。

五、创建良好的外部环境

行政环境对行政系统的生存与发展具有重大的、甚至决定性的影响。不过，行政系统并不只是消极被动地适应外部环境，它也可以能动地改善与影响外部环境。分析行政系统对外部环境的种种影响，对更全面地理解把握行政系统与外部环境的相互关系，具有重大意义。

（一）创建良好的经济环境

行政系统为健康地生存和发展，必须努力创建有利于经济环境。然而，经济环境有其自身发展的规律，决定行政系统；行政系统对经济环境有反作用。因此，行政系统对经济环境的影响是有一定限度的。

1. 巩固、发展和完善社会的基本经济结构

行政系统是建立在一定基本经济结构之上的上层建筑，它的生存和发展以一定的社会基本经济结构为基础。它的任务首先是为经济基础服务，以巩固、发展和完善基本经济结构为目的。巩固，即不准有破坏基本生产关系的行为；发展，即要随着生产力水平的提高，使生产关系也作相应的调整与发展；完善，即要使生产关系更加精细，更加灵活，更加有效地适应生产力发展的需求。

2. 建立、健全符合本国国情的经济体制

经济体制作为社会基本经济结构的具体表现形式，具有多样性和可变性。在既定的生产力和生产关系发展状况下，各国究竟选择什么样的经济体制，往往由国家政权组织、其中主要是行政系统，根据本国的具体国情选定。如新中国成立后在相当长一段时间内，实行计划经济体制。党的十一届三中全会后，我国开始进行改革，逐步实行有计划的商品经济体制。党的十四大则正式提出了要建立社会主义市场经济体制。

行政系统设计与选择具体的经济体制，实际上是巩固、发展与完善基本生产关系、促进生产力发展的重要环节。

3. 充分调动一切人财物力，发展生产力，提高人民的生活水平

（1）充分、合理地开发与利用自然资源

行政系统要正确地处理保护与利用自然资源的辩证关系，既要重视充分发挥自然资源的优势，又要注意对资源的合理利用，保持自然生态系统的良性循环，保持人类与自然和谐统一的发展。

（2）合理开发与利用人力资源

行政系统要从具体国情出发，遵循人口发展的客观规律，正确处理人类自身生产与物质资料生产的关系，使之协调发展。要制定科学的人才规划，按人才发展的固有规律培养人才，使各类人才在数量、质量和结构等方面，与经济、社会发展的需要相适应。

（3）建立科学的微观控制机制

有效的微观控制机制，能够有效地调动人们的积极性，保证企业持续、稳步和适度发展。行政系统要充分利用价值规律和市场机制，充分利用按劳分配规律，将个人利益与社会利益，将个人、企业的积极性与提高社会生产率紧密结合，推动社会生产的发展。

（4）建立科学的宏观调控机制

有效的宏观调控机制，能保证国民经济稳定、持续和协调发展。为此，行政系统要通过种种途径和方法，对国民经济各部门、各地区、各单位的生产经营活动进行宏观调控，使之统一行动、分工合作、协调发展。

（二）创建良好的政治环境

行政系统从属于政治法律体系，但作为其中的重要组成部分，它又给政治法律体系以能动的反作用。由于各国政治制度不同，行政系统在国家中所处的地位及其对政治体系的影响不尽相同，对各国政治环境所能产生的作用也不相同。现就我国行政系统创建良好政治环境的措施进行分析。

1. 积极稳妥地推进行政体制改革，实现行政系统民主化、科学化与法治化

行政系统是国家政权体系中最庞大的组成部分，政治体制改革的成败，在很大程度上取决于行政系统改革的成败。行政系统的改革也在相当程度上推动政治体制的改革。为此，行政系统要建立、健全民主、科学的决策体制和程序；要建立、健全民主、公开的监督体制和程序；要使办事程序公开化、科学化、制度化；要科学地设置政府机构，改革人事制度，改善领导体制；等等。

2. 自觉地接受人民代表大会的领导和监督，让人民群众的意志和利益在国家行政管理中得到充分体现

行政系统要自觉地遵守全国人大及其常委会所制定的宪法和法律，并据此制定行

政法规，规定行政措施，发布行政决定和命令。行政系统要认真、诚实地向人大报告工作，虚心听取人大代表对政府工作的批评与建议。这不但可以改进与督促行政系统的工作，而且可以增强政治民主化的程度，增进政府与人民的相互了解和信任，加强人民群众的民主参与意识。

3. 自觉地接受共产党的领导，重视发挥人民政协、各民主党派、人民团体的作用，保证其社会主义方向

建设社会主义民主政治必须坚持共产党的领导，行政系统要自觉地贯彻执行党的路线、方针和政策，接受党的政治、思想和组织领导。此外，人民还通过建立、巩固与扩大爱国统一战线，组织各种社会团体的形式，参与国家行政管理。

民主党派是参政党，人民团体是联系人民与政府的桥梁和纽带。密切行政系统与各民主党派和人民团体的关系，重视和发挥他们在政治协商、民主监督与行政管理中的作用，有利于政府及时修正错误，广泛联系和团结社会各阶层群众，提高社会主义民主的程度。

4. 大力推动法治建设

民主建设必须与法治建设紧密结合。民主是法治的前提和基础，法治是民主的体现和保障。我国的法治建设，根本任务是要以法律形式把人民民主权利固定下来，使民主制度化、法律化。为此，行政系统必须从三个方面努力：

(1) 充分利用自己的委托立法权限，根据社会需要，加快行政法规的制定工作，促进国家行政管理的进一步规范化、法制化。

(2) 自觉按照法律规定对社会进行管理，以公正无私的态度执行法律，真正做到执法必严、违法必究。

(3) 要广泛深入地开展法制宣传教育，在全体公民中普及法律知识，提高法律意识，促使公民自觉遵守法律，依法维护合法权益。

(三) 创建良好的文化、民族和宗教环境

1. 创建良好的文化环境

行政文化环境受多种因素制约，行政系统对行政文化也有积极的影响作用。行政系统为了自身的生存与发展，必须建立与之相适应的良好的行政文化环境。

(1) 树立民主意识

只有由民意产生的政府，才是合法的政府；政府的权力只能来自人民的委托，而不是来自于神灵，更不是来自于高贵血统。为此，必须批判偶像崇拜思想，克服畏大人、畏圣人的小民心理，去掉主权在君、在官的权力意识，树立一切权力来自人民的新权力观念。

(2) 树立法律意识

法律要反映民意，人民要服从法律。树立法律意识，就是要树立法律至高无上的思想，任何个人、团体都要服从法律。人民要服从法律，政府更要服从法律，要以法律

治理国家、社会，也要依法管理政府自身，政府所有组成人员都要受法律的制约。

(3)树立双向沟通意识

一方面，社会各界人民要广泛地、经常地参与行政系统的输入活动，使人民能表达自己的意见，并能控制政府的行为，使其始终向有利于人民的方向运行；另一方面，政府也要向人民宣传、解释方针政策，公开行政活动，使人民能了解、理解政府，进而支持政府，这样，政府才能引导人民的活动，使之有利于政府目标的实现。

(4)树立政绩意识

行政系统中的职权分配要以个人的政绩为标准，而不能看出身及其与领导者的特殊人际关系。

(5)树立新的行政道德意识

与民主行政相适应的行政道德标准，应是爱国、民主、服务、创新、廉洁。爱国，既包含爱自然地理意义上的祖国，爱祖国的家乡父老、人民大众，也包括爱祖国现存的政治经济制度；尤其是政府公务员，不得参与反对政府的活动。民主，以尊重人民、与人民同甘共苦为荣，以傲视人民、享受特权为耻。服务，要主动地、全面地为人民服务，而不是被动地为人民服务，更不能只搞自我服务。创新，要积极适应环境和时代发展变化的要求，创造性地开展行政工作，不安于现状、因循守旧。廉洁，要求行政系统成员只能把职权当作为人民服务的条件，决不能作为谋取私利的手段。

2. 创建良好的民族环境

民族环境的好坏，可以影响到行政系统的结构、权责关系及运行行为，进而影响行政系统的稳定与否。而行政系统也可以利用其权力向民族环境施加影响，使其朝有利的方向发展。

(1)坚持民族平等，尊重少数民族的政治权利、语言文字风俗习惯

各民族无论大小、先进与落后，都有自己的特点和为人类文明做出了贡献。因此，在一切方面都应享有同等地位，既反对地方民族主义，更反对大民族主义。为实现民族平等，要尊重少数民族的政治权利，使他们能平等地参与国家管理。如我国在各级人民代表大会和人民政府的组成人员中，对少数民族都给予特殊照顾，使其代表人数与人口之比，远远超过汉族。在少数民族聚居的地区，实行民族区域自治政策，建立民族自治政府。

尊重各民族的语言文字和风俗习惯，是民族平等的重要内容。各民族有使用自己语言文字的自由，才能更好地促进民族经济和文化事业的发展。尊重各民族的风俗习惯，就是尊重民族平等和民族感情，是正确处理民族关系的重要原则。

(2)加强民族团结，培养国家民族意识

民族团结是促进民族平等的手段，而民族团结有赖于国家民族意识的培养。“国家民族”，又称“国族”，是一个主权国家中各民族的总称。如我国有56个民族，都生活在中国这个主权国家之中，统称为中华民族，就是中国的国族。国家民族意识是一个国家各民族成员对本国共同祖族的承认，包括国族认同感、自尊心和忠诚心。国族认同感，承认自己是本国国族中的一员，国家民族的兴衰、荣辱关系到自己的前途与

发展。国族自尊心，是希望他人承认和尊重自己的国家民族，将之看成世界民族之林中平等的一员。国族忠诚心，就是忠于自己的国家民族，愿为本国家民族利益贡献力量。国家民族意识是民族团结的韧带和凝聚剂。只要国内各民族培养起共同的国族意识，就有利于消除民族间的隔阂和歧视，促进民族的团结和统一。

(3)在多民族国家，解决民族问题的最好方式是实行民族区域自治

民族区域自治就是在主权国家内国家最高权力机关的领导下，以少数民族聚居地区为基础组成民族自治地方政府，由少数民族当家作主，行使自治权，管理本地区、本民族的内部事务。它既能维护全国各民族的共同利益，又能维护少数民族的特殊利益。在实行民族区域自治时，一要注意培养和使用少数民族干部。他们熟悉本民族的语言文字、风俗习惯和心理特点，更有利于自治政策的贯彻执行；二要在保证国家统一的前提下，给少数民族充分的自治权，使民族区域自治落到实处。

(4)积极帮助各少数民族发展经济文化事业，缩小各民族间事实上的不平等

由于历史原因，各民族的经济、文化发展不平衡。我国少数民族地区经济、文化落后于汉族地区。但少数民族地大物博，要把汉族人力和技术优势同少数民族的资源优势结合起来，使落后民族跻身于先进民族之列，由政治上的平等达到经济、文化上的平等。

3. 创建良好的宗教环境

任何行政系统既要尊重和保护宗教信仰自由，又要避免负面影响。这两方面关系处理不好，对国家经济文化建设和政治稳定都不利。因此，创建良好的宗教环境，很有必要。

宗教信仰自由指一个国家的公民都有信仰或不信仰宗教的平等权利，即公民有选择和拒绝信仰任何宗教的自由权利，不得强制、干预人们的自由选择。为了使宗教信仰自由真正得到保障，必须做到：

(1)实行政教分离

在政教合一的国家里，往往实行国教制度，人们只能信奉国教，没有信仰其他宗教和拒绝信仰宗教的自由。而且政教一旦合一，宗教就只能是为政治服务的工具，失去宗教的本来意义，宗教自由也不存在了。所以，政教分离是宗教信仰自由的前提。

(2)保护宗教活动的正当场所

在宗教活动场所内和在教徒家里进行的正常活动，由宗教组织和教徒自理，受法律保护，不得加以干涉。

(3)加强行政系统与宗教界的双向沟通

行政系统定期或不定期同宗教界人士，尤其是宗教领袖举行对话，解释政府的政策法令，听取教徒的意见，从而取得他们对政府工作的支持和理解。为做好这一点，必须维护各宗教组织的合法权益，保障教职人员在宗教活动中履行职务的权利。通过宗教组织和教职人员向教徒宣传爱国精神，使其自觉维护国家统一和民族团结，这比行政系统直接的强制命令更有效。

(4)宗教信仰自由与其他民主权利一样受法律的约束

一方面，宗教活动不得妨碍公共秩序和社会公德。我国《宪法》第36条规定："任何人不得利用宗教进行破坏社会秩序、损害公民身体健康、妨碍国家基本制度的活动。"另一方面，宗教宣传不得违反国家和人民的利益。与宗教有关的一切言论、出版、著作、讲学等活动，不得违背整体性的国家和人民利益。

(四)创建良好的国际社会环境

各国行政系统是国际社会的主体。促进国际社会环境的良性发展，目的是巩固和加强本国政府在国际事务中的地位与活动效能，为本国经济、社会的全面发展创造良好的和平环境。为此，各国行政系统应注意在以下方面发挥作用。

1. 培养行政系统成员的国际意识

国际意识是人们关于国际问题的知识、观点、立场及其理论体系的总和。对国际问题的全面了解，是正确处理相关问题的必要条件。只有各国行政系统具有国际意识，对国际政治发展规律、世界发展总趋势及国家间关系有正确认识，才能认清国际形势，明白自己的责任，主动调整和执行正确的对外政策。因此，培养行政系统成员的国际意识，是建立良好国际环境的前提。

2. 反对侵略，反对霸权主义，争取和平的国际环境

战争与和平是人类关注的中心问题。战争发生与否，直接关系到行政系统的生存、性质和功能体系。目前的世界局势依然动荡不安，人类的安全受到威胁，世界大战虽未爆发，局部战争却接连不断，大国霸权主义和强权政治仍在横行。因此，要争取一个和平的国际环境，就要把反对侵略战争与霸权主义看作维护世界和平的重要内容。

3. 坚持独立自主的外交政策

独立自主，就是在任何时候，行政系统都要从本国和世界人民的根本利益出发，根据事情的是非曲直，独立地决定自己的政策，保障本国的独立、主权和领土完整，反对任何外来势力的干涉。新中国成立初期，中国政府就确立了独立自主、自力更生的外交行动纲领。这是指导我国外交政策的基石，使我国在稳定国际环境、抑制战争力量、维护世界和平中起着举足轻重的作用。

4. 坚持和平共处五项原则，积极发展国与国之间的关系

行政系统要想充分发挥其效能，就要做好与各方面的沟通、协调工作，其中与外国和国际社会的沟通、协调就是一个重要方面。新中国成立后，中国政府为处理与不同国家之间的关系，首先提出了和平共处五项原则，其内容就是："互相尊重主权和领土完整，互不侵犯，互不干涉内政，平等互利，和平共处"。这五项原则提出后，越来越显示出它的生命力，被越来越多的国家所接受和遵循，逐渐成为国际关系的普遍原则。

5. 坚持对外开放，加强与国际社会的全方位交流

现代社会是开放的社会，作为社会系统中的一个单元，行政系统也必然具有开放性，与外界进行频繁的接触和交往，这是不以人的意志为转移的。随着知识经济和信息时代的

到来，各国经济活动日益全球化，由此更加推动了国与国之间的全方位的交流与协作。因而行政系统必须面向世界，实行对外开放，以适应社会需要。中国过去落后，重要原因之一是闭关自守。党的十一届三中全会以后，中国政府实行对外开放政策，极大地促进了各项事业的发展，推进了国家的现代化进程。

◆第六章 政府职能

第一节 政府职能内容

一、市场失灵及其表现

市场失灵是指因市场缺陷而引起的资源配置的无效率。市场失灵包括两种情况。一是市场机制无法将社会资源予以有效配置；二是市场机制无法解决效率以外的非经济目标。但无论哪一种情况，市场失灵的表现主要包括以下几个方面：

（一）公共产品的提供

私人物品是谁付费，就由谁享用；也就是说，一旦某人按要价付费，即可通过交易过程实现对该商品的所有权。非经物主许可，任何其他人都不得使用该商品。而公共产品则完全不同，所有使用者无论付费与否，都可从中受益，它们具有“非排他性”，即如果向一个人提供，则所有人皆可享用。在社会中，有一些价值性产品，如教育、医疗保健、公共住宅等，是社会所需要的各种服务，但是市场未必总是会以最令人满意的方式向社会提供商品与服务。从技术上来讲，这些价值性产品是排他性的，可以由市场提供的，但是若能通过某些形式的政府介入，则将对整个社会更为有利。另外，市场机制还容易产生一些非价值性产品，如海洛因和其他毒品、烟、酒等，它们并非是社会所需的理想产品，但市场对此却往往无能为力，因此需要政府来遏制这些欲望的满足。

（二）消除市场的外部性

市场交易经常会对第三方或环境产生影响，进而产生市场经济的外部性问题。而外部性主要有两种情况，即外部经济与外部不经济。

外部经济亦称外部利益，是指某一经济活动或某一专案所产生的效益被无关的人所享有。例如，建造一座花园，就可让住在花园周围的人都可以享受到花园带来的好处。而在诸如水坝、道路、铁路、灌溉系统等经济性的社会基础投资中，外部经济效益是最重要的经济效益。从理论上来说，虽可对所有受益者收费，但要具体落实是不可能的，因为一方面，要控制人们对这些设施的利用是困难的；另一方面要测定和计算每个人的使用量也着实不易。所以在此情况下，投资者很难从外部经济而获取利益，况且这些工程投入巨大、回收周期较长、风险较大，也致使私人资本不愿投入。对此，只有政府投资一种途径。

外部不经济亦称外部损失成本，它是指某一经济个体的活动所造成的经济损失，而经济个体并不承担外部成本的情况。而这种影响只有通过政府行为，才能得以减少。例如，人们可以通过市场购买汽车与汽油，但由此对空气质量和交通事故所产生的外部性或“溢出”效应，却没有根据可能引发的问题按价付费。环境影响往往需要借助政府行为的某种形式才能解决，市场对此是无能为力的，但在实务上，政府行为有时也采用市场化的手段，如付费的排放污染许可证，只是这仍严格限制在政府管制的框架之内。

（三）防止自然垄断

市场实现资源配置优化的前提条件之一，是竞争的存在；而垄断的存在往往影响资源的优化配置。在市场中，有些商品具有边际成本不断降低的特性。也就是说将这些商品提供给某一消费者的同时又提供给另一消费者，其成本会变得更为便宜。例如，水管、线路等网络分布适当，供水、供电设备为家家户户，提供服务时，其成本则变得更为便宜。在网络化的公用事业领域里，如电话、电力、煤气和自来水，自然垄断的现象非常普遍。特别是当市场趋向于只有一个垄断性供应者时，竞争的优越性将无从体现。尽管现在被视为完全自然垄断的行业或部门已经很少了，但自然垄断的存在仍为某种形式的政府干预，甚至为国有化提供了理论依据。当然，政府干预并不必然意味着由政府直接提供商品或服务，现在全球的发展趋势是将此类服务民营化，但也必须接受政府某种形式的管制。

（四）消除信息不对称

“信息不对称”，被视为市场失灵的表现之一。市场理论假设买卖双方的信息是完全的，因此在一定程度上，如果买卖双方中任一方未能获得信息，尤其是买方，则市场便无法达到最优化。对消费者的保护或统一信息，或许就是政府通过提供信息的行动来改善市场功能的例证;而对明显不安全的商品实施管制，则可视为是向那些无力或无意搜集信息者提供信息。此外，其他一些信息不完全情况的出现则可能与“逆向选择”和“道德风险”有关，前者如身患疾病者往往更可能购买医疗保险，后者如吸烟者和骑摩托车者对风险的自我评估往往低于实际风险，以致信息一再地被忽视。所以，此二者都会由于信息失灵而导致市场失灵现象的产生。

（五）控制收入差距的悬殊

以市场机制为前提的收入分配，取决于市场上的力量关系、个人能力、继承财产的多寡、利用教育机会的可能性，以及在社会上的灵活性等方面。然而由此却极易产生各种不平等，出现“穷者愈穷、富者愈富”的马太效应现象。收入分配的不平等、差距的扩大，无论是从社会公正、社会稳定，还是从经济效率来看，都是不理想的;如果改变了收入分配的不平等，整个国民经济的福利水平便会大幅度地提高。因此，政府的作用便在于进行无损于资源最佳配置和经济效益的收入再分配。

二、政府职能内容

综合上述政府与市场、政府与社会、政府与企业等关系的考察，根据休斯（Owen E, Hughes）的概括，在市场经济条件下，政府一般或基本的角色或职能主要有以下几个方面：

（一）提供经济发展的基础条件

政府为市场经济的正常运转提供必须的制度、规章也是政治的体系，没有政治体系为其提供游戏规则和经济生活的框架，经济体系根本无法运作。实践证明，市场交易的前提是受保护的财产权、得到维护的交易秩序和对纠纷的有效解决，而政府则提供安全、秩序和公正的、具有规模经济的制度安排。

（二）提供公共产品与服务

对个人而言，有些有益于整个社会的公共产品却很难根据使用的数量而付费。一旦这些公共产品被提供给某一个人，所有公民便都能享用，进而出现“搭便车”的现象。这使得公共产品很难禁止他人不付费而坐享其成，以至于私营企业很少有诱因去生产，造成公共产品与服务不足。因此，政府有必要介入，提供这些公共产品。典型的公共产品包括国防、道路与桥梁、航行救助、洪水控制、下水道清理、交通管理系统，以及其他基础设施。但政府干预并不意味着由政府全部直接提供，政府仍可通过私营企业来提供某些公共产品或准公共产品。

（三）解决与调整团体冲突

在一个社会中，不可避免地会发生各式各样的冲突，而政府得以存在的一个基本理由便是解决和缓解社会冲突，以实现正义、秩序和稳定。这包括在经济上保护弱者、抑制强者的行动。例如，通过制定童工法、最低工资法和劳工补偿计划等，政府便可以平等取代剥削。

（四）维持竞争

从某种意义上来说，市场机制的有效性源自于市场中的有效竞争。但竞争在私营企业中并不总能持续进行，往往需要借助政府干预，方得以确保企业竞争的真正实现。如同前述，一旦离开政府的控制，自由企业制度的优越性将无从体现；如果缺乏适度的管制，一些公司则将可能发展成卡特尔，限制其他企业进入该行业，并自行制定商品价格。

（五）保护自然资源

仅依赖竞争性力量，并不足以防止资源浪费、保护自然环境不受侵害，并确保后代的利益不致受损。市场活动对环境的破坏是外部性和市场失灵的例证，而这种对环境的破坏只有政府才能缓解。

（六）个人提供获得商品和服务的最低条件

市场运作有时会产生某些残酷的或社会难以接受的后果，如贫困、失业、营养不良等，且有些人则会由于疾病、年迈、缺少文化或其他原因而被排除在市场经济之外。此时，就需要社会有一种公平再分配的机制。减少贫困是政府应该扮演的合理角色，但是在政府扶持的程度、总体成本，以及可能存在社会成本的某些特殊计划问题上则常常难以达成一致。

由于拥有强制征税的权力，而能大规模地进行再分配工作，且通过税制，政府亦得以解决由于市场的不完备性和垄断定价所产生的收入分配问题。一般而言，政府实现再分配的直接手段有：税收转移、累进所得税、对高收入消费者购买的货物进行课税。

（七）保持经济稳定

在市场经济中，充分就业与物价稳定不会自动实现，相反地，还可能出现周期性的经济波动。对此，政府可以通过财政预算、货币政策及对工资与物价的调控等行为来缓解这种波动，以保持宏观经济的稳定。尽管政府行为经常存在着缺陷，甚至有时是错误的，但社会依然认为政府应当对国家经济负责，且普遍对政府抱有期望，认为政府应试图解决任何问题。

上述列举的七项职能极具普遍性，它们是一组相当标准的、适用于大多数国家的政府职能，其中有些职能属于市场失灵的表现——提供公共产品、保护环境不受损害，但有些职能则与市场失灵无关。

第二节　中国政府职能转变

一、改革开放以来中国政府职能转变过程

中国政府职能转变是与社会主义市场经济的发展密切联系在一起的，在此之前，由于实行计划经济，政府扮演的是万能角色，是社会资源的惟一配置机制，对社会生活施加着全面而深刻地控制和影响。1978 年改革开放的市场化取向，决定了中国政府职能转变的方向，即从适应计划经济的政府转变为适应社会主义市场经济的政府。

(一)1988 年机构改革时期的政府职能转变

1987 年，党的十三大提出了政治体制改革的任务，把改革政府机构、克服官僚主义作为政治体制改革的一项重要内容。1988 年进行了国务院机构改革。这次改革的最大特点是:第一次明确提出了政府职能转变这个关键性的问题，职能是机构的依据，机构是职能的载体，职能的合理配置是行政体制的基础，机构设置必须服从于管理职能的需要。强调职能转变这个关键问题，标志着我国的政府机构改革开始突破只注重数量增减、单一的组织结构调整的局限，向行政体制改革的关键因素——政府职能的重新选择、定位延伸，改变了以往就机构论机构的做法，把改革拓宽到行政体制的其他方面。

(二)1993 年机构改革时期的政府职能转变

1992 年党的十四大提出了建立社会主义市场经济体制的宏伟目标，并要求积极推进行政管理体制和机构改革，建立适应社会主义市场经济需要的组织机构。1993 ~ 1995 年自上而下地进行了一次全国性的机构改革。这次改革的最大特点:一是把适应社会主义市场经济发展的要求作为改革的目标，从 1994 年起先后对传统的计划、财政、金融、流通体制进行改革，探索构建政府宏观调控体系;二是明确提出了行政管理体制改革的目标，从而提高了机构改革的广度和深度;三是全国各级党政机关普遍进行了“三定”工作，并在分类、定编制、机构设置规范化等方面进行了有益的探索，使机构编制管理进一步科学化;四是从 1993 年起推行国家公务员制度。但由于历史条件的制约和宏观环境的限制，这次改革仍没有很好地解决政府机构的诸多弊端，带有很强的过渡性。

(三)1998 年机构改革时期的政府职能转变

根据党的十五大和九届全国人大一次会议的精神，1998 年国务院机构改革的目的，是解决机构庞大、机构臃肿、政企不分、官僚主义严重等弊端，进一步深化经济体制改革，推进党和国家领导制度的改革。1998 年九届全国人大一次会议审议通过的国务院机构改革方案中明确把政府职能定为三项:宏观调控、社会管理和公共服务。这是对政府职能的科学定位，是对传统行政思维的重大突破。

(四)2003 年机构改革时期的政府职能转变

党的十六大报告指出，完善政府的经济调节、市场监管、社会管理和公共服务的职能，是适应深化改革和扩大开放的新形势，转变和规范政府职能的新要求。为此，要深化行政管理体制改革，形成行为规范、运转协调、公正透明、廉洁高效的行政管理体制。根据党的十六大报告的要求，2003 年国务院机构改革有五大重点:深化国有资产管理体制改革，完善宏观调控体系，健全金融监管体系，继续推进流通管理体制改革，加强食品安全和安全生产监管体制建设。

(五)2013 年机构改革时期的政府职能转变

党的十八届二中全会和十二届全国人大一次会议指出,要求各地区、各部门统一思想,精心组织,认真抓好改革实施。国务院机构改革和职能转变事关重大,任务艰巨,需要统一部署、突出重点、分批实施、逐步推进,通过坚持不懈的努力,用 3 至 5 年时间完成《方案》提出的各项任务,加快建设职能科学、结构优化、廉洁高效、人民满意的服务型政府。

二、完善我国政府职能体系

按照中共十六大和十六届三中全会的精神，在社会主义市场经济条件下，政府必须全面、正确地履行经济调节、市场监管、社会管理和公共服务等四大职能。

(一)经济调节职能

经济调节就是对社会总需求和总供给进行总量调控，并促进经济结构调整和优化，保持经济持续、快速、协调、健康发展。经济调节主要运用经济手段和法律手段，同时通过制订规划和政策指导、发布信息以及规范市场准入，引导和调控经济运行;而不是靠行政审批管理经济，不是政府直接干预企业生产经营活动。

1. 完善国家宏观调控体系。市场机制越发展，对加强和改善宏观调控的要求就越高。“要把促进经济增长，增加就业，稳定物价，保持国际收支平衡作为宏观调控的重要目标。”促进经济增长，就是要保持经济较快增长，这是社会财富增加和综合国力增强的重要标志，是社会发展和人民生活水平的物质基础，是宏观调控的首要目标。增加就业，就是要实施积极的就业政策，广开就业门路，努力把失业率控制存金融交易在内的国际收支保持基本平衡。这四大宏观调控的重点会有所不同，要根据实际情况，把握好宏观调控的方向、重点和力度。

2.研究制定统筹兼顾的政策和规划。要按照科学发展观的要求，合理调整与完善相关政策，包括财政、税收、投资、分配等有利于促进全面、协调、可持续发展的政策措施。各级政府要加强国民经济和社会发展的中长期规划的研究和制定，提出重大的发展战略、基本任务，制定产业政策，优化产业结构，加大教育投资和科技投资，促进国民经济和社会全面发展，实现经济增长与人口、资源、环境相协调。同时加强对涉外经济的调控和管理，建立风险防范机制，确保国家安全。

3.加强区域发展协调和指导。促进区域协调发展，是我国现代化建设中的一个重大战略问题。要加强调和指导，促进城乡和区域协调发展。积极推进西部大开发，振兴东北地区等老工业基地，促进中部地区崛起，鼓励东部地区加快发展。通过规划引导、宏观调控、政策配套等措施，实现东中西互动、优势互补、相互促进、共同发展。

（二）市场监管职能

市场监管就是政府依法对市场主体及其行为进行监督和管理，维护公平竞争的市场秩序。当前我国市场经济秩序总体上是健康有序的，但一些领域中的市场经济秩序还比较混乱。例如，假、冒、伪、劣产品的泛滥，不正当竞争、信用短缺都是秩序稀缺的不同表现。必须继续加强市场监管，切实维护市场秩序，防范经济风险：

1.建设统一、开放、竞争有序的现代市场体系。加快建设全国统一市场，是完善社会主义市场经济体制的重要任务。要大力推进市场对内对外开放，加快要素价格市场化，促进商品和各种要素在全国范围自由流动和充分竞争。要废止妨碍公平竞争、设置行政壁垒、排斥外地产品和服务的各种分割市场的规定，打破行业垄断和地区封锁。要积极发展独立公正、规范运作的专业化市场中介机构，按市场化原则规范和发展各类行业协会、商会等自律性组织。要完善产权法律制度，规范和理顺产权关系，保护各类产权权益。

2.维护和规范市场经济秩序。要理顺政府各部门职能，明确职责分工，避免因职能交叉造成管理上的重复或疏漏，影响市场经济秩序。要完善行政执法、行业自律、舆论监督、群众参与相结合的市场监管体系。要健全产品质量监管机制，严厉打击制假售假、商业欺诈等违法行为。要形成以道德为支撑、产权为基础、法律为保障的社会信用制度，进一步增强全社会的信用意识。

（三）社会管理职能

社会管理就是通过制定社会政策和法规，依法管理和规范社会组织、社会事务，群众利益问题的案件，切实维护和实现人民群众的根本利益。要全力维护社会安全秩序，加强社会治安综合治理，保障人民群众生命财产安全。

建立健全社会公共安全机制。这是提高应对突发事件和风险能力、维护国家安全和稳定发展的重要举措。要加强危机管理，建立预警机制，提前识别危机，对可能发生的危机与后果进行事先估计，做好应急准备。要健全快速反应机制，增强处理危机事件的能力，协调各方面，及时果断处理突发性事件，避免引发社会矛盾。通过建立健全各种突发事件应急机制，提高政府应对公共危机的能力。

(四)公共服务职能

公共服务就是提供公共产品和服务，包括加强城乡公共设施建设，发展社会就业、社会保障服务和教育、科技、文化、卫生、体育等公共事业，发布公共信息。为社会公众生活和参与社会经济、政治、文化活动提供保障和创造条件，努力建设服务型政府。

1. 完善就业服务体系和社会保障体系。这是社会稳定和国家长治久安的重要保证。要把经济增长与扩大就业结合起来，把产业结构调整与就业结构凋整结合起来，把解决就业问题放到更加突出的位置。要实施积极的就业政策，加强职业教育和技能培训，特别要帮助特殊困难群体就业；要坚持社会统筹和个人账户相结合，完善城镇职工基本养老保险制度、医疗保险制度和城市居民最低生活保障制度，多渠道筹集和积累社会保障基金，发展城乡社会救济和社会福利事业；积极鼓励有条件的地方，探索建立农村养老、医疗保险和最低生活保障制度。

2. 发展教育卫生文体等社会事业。这是落实科学发展观的重要体现。切实把教育放在优先发展的地位，用更大的精力、更多的财力加快教育事业发展，构建现代围绕教育体系和终身教育体系，提高政府公共教育服务水平。要加强对文化建设、基础科学研究和技术开发领域的财政支持，加快国家科技创新体系建设；要建立与社会主义市场经济体制相适应的卫生医疗体系，逐步把公共医疗对象扩展到所有的城乡居民，使人人享有基本的医疗保健。当前特别要把发展农村义务教育和改善农村医疗条件，作为我国社会事业发展的重点。

3. 加强生态环境保护和公共基础设施建设。良好的生态环境、健全的基础设施是一个社会赖以生存和发展的基本条件。要全面推进生态环境建设，完善保护生态环境的政策法规体系，建立环境与发展综合决策机制，从根本上促进经济、社会与环境协调发展。要继续加大水利、交通、能源等基础设施建设的力度，尤其要加快农村基础设施建设，为经济社会健康稳定发展奠定坚实的基础。

◆第七章 人事行政

第一节　人事行政概述

“人事”通常主要指机关团体、企事业单位内部工作人员的编制、录用、调配、培养、考核、任免、晋升、奖惩、工资、福利、离休、退休、退职、辞退、辞职方面的内容。其核心是用人以治事，做到人与事的协调，从而达到人尽其才，事毕其功。那么，什么是人事行政？它有一个从人事管理演变而来的过程。“人事管理”最早出现于资本主义国家的企业界。随着资本主义社会生产力的发展，大量的工商企业相继出现，于是企业中对职工的使用、职工的工资福利待遇等的管理就成了突出的问题，企业的人事管理便应运而生。到20世纪20年代前后，企业人事管理逐步形成了一整套科学的制度和方法。随后，英、美等国又把企业人事管理的某些制度和方法引进到政府行政机构的文官管理中，这样就出现了与企业人事管理不同的人事行政。所以，“人事行政是以国家行政人员或公务员为主要对象的一系列管理理论、法规、制度、政策、措施的总和，是国家行政机关对其工作人员依法管理的一系列活动”。

一、人事行政从管理对象的角度来说，就是对于公务员的管理

人事行政中最基本的体制就是公务员制度。根据2006年开始生效的《中华人民共和国公务员法》，我国公务员的范围是指依法履行公职、纳入国家行政编制、由国家财政负担工资福利的工作人员。根据该法规定，我国公务员的范围包括中国共产党机关、人大机关、行政机关、政协机关、审判机关、检察机关和民主党派机关这七大机关的工作人员。

二、人事管理一般将组织的工作人员看成是被动的工具，他们的存在无非是要满足组织工作性质的需要

与组织工作相比，人的地位是附属性的。因此，在人事管理过程中，组织比较强调管制、监控等方面的功能。而人力资源管理将组织中的人看作组织发展的主体，人与工作相比，前者具有广泛的能动性，他们身上形成、赋有和可以开发的知识和技能，能够使他们主动地适应不同工作种类与性质的需要，完成组织的工作任务。因此，人力资源管理注重的是塑造组织人才成长的环境，尊重员工主体地位的态度和发展激励、保障、服务、培训等引导性、开发性的管理功能。人事管理强调的是组织成员的现状，它比较注重现有人员的使用，而不重视其素质的进一步开发；人力资源管理强调的是人力资源使用和开发并重，一方面要充分发挥现有人员的智慧才能，另一方面还要充分挖掘人员的潜能，使其在未来发展中具有较大的弹性。

三、人事管理主要关注事务性和程序性的内容，主要从事录用、考核、奖惩、工资等管理活动

人力资源管理已进入到组织的战略管理高度，如人力资源的预测与规划、人员测评与人员选拔、人力资源的开发培养、人力资源投资收益分析等，使人力资源管理与组织战略紧密地结合在一起。组织战略是指组织为自己所确定的长远性的主要目标，以及为实现此目标而选择的主要行动路线和方法。战略目标着眼于未来，它协调组织内各职能部门的相互配合关系，保证组织的均衡持续发展。并引导组织变革创新，以适应新的形势变化。一个组织不仅要制定总体战略，而且还需制定各种职能战略，以保证和支持总体战略的实施。职能战略包括人力资源战略、经营战略、成本战略、产品战略、研究开发战略等。在这些职能战略中，人力资源战略发挥着为其他职能战略提供人力资源支持的作用。可见，组织中的任何战略决策，都需要人力资源战略决策予以支持和保障。因此，人力资源管理在组织内被提高到组织战略决策的高度对待，而不是只当做事务性工作看待。我国政府肩负着社会和经济宏观管理的重任，为了有效地完成这一职能，需要大批具备现代科技知识，具有革新创造精神的德才兼备的优秀人才来管理经济和社会。而政府人才的选拔、使用和培养，关键在于人事行政。有了先进、科学的人事行政制度，就能够合理地调配、使用各种人才，充分挖掘人才的内在潜力，调动其工作积极性和主动性，并通过科学的组织形式使各种人才协调配合，促成有效的分工合作，从而顺利地履行行政职能，有效地服务于社会，促进经济与社会发展。

在党的十六大报告中，也强调了深化干部人事制度改革的要求。提出要努力形成广纳群贤、人尽其才、能上能下、充满活力的用人机制，把优秀人才集聚到党和国家的各项事业中来。以建立健全选拔任用和管理监督机制为重点，以科学化、民主化和制度化为目标，改革和完善干部人事制度，健全公务员制度。

2007 年党的十七大报告中，再次提出要不断深化干部人事制度改革，着力造就高素质干部队伍和人才队伍。要求坚持党管干部原则，坚持民主、公开、竞争、择优，形成干部选拔任用科学机制。规范干部任用提名制度，完善体现科学发展观和正确政绩观要求的于部考核评价体系，完善公开选拔、竞争上岗、差额选举办法，扩大干部工作民主，增强民主推荐、民事测评的科学性和真实性，加强干部选拔任用工作全过程监督，健全领导干部职务任期、回避、交流制度，完善公务员制度，健全干部双重管理体制。

新的形势下，各国经济之间的竞争，实际上是各国综合国力之间的竞争，其中最为关键的是政府能力的竞争，而政府的竞争能力，在很大程度上取决于政府工作人员的能力和素质。人才资源的开发、培养和使用在其他各种竞争中起着决定性的作用，因此，多出人才。早出人才，出好人才对于国家富强、民族振兴，具有至关重要的意义。

第二节　人事行政的任务

政府部门人员管理的目标应致力于帮助实现政府社会服务与社会管理的目标。获取与开发政府行政管理工作需要的各类、各层次人才，建立政府部门与公务员之间的良好合作关系，从人力资源的角度保证社会经济发展对政府提出的要求，满足政府管理的目标，同时也帮助实现公务员个人成长和发展的需求。从此目标出发，政府部门人员管理的基本任务包括：

一、提供人员管理的制度环境

人力资源管理的环境与秩序是高素质人才顺利成长和合理利用的基础性制度环境。只有建立了这一基础，人力资源的各种管理措施才能是有效的。政府部门人力资源管理的基础性制度环境包含两个方面：

(一)人员管理的基本标准和取向

它是指在整个人力资源管理的各项活动中，政府部门依据什么样的原则和思想来指导管理活动。公务员依据什么标准和途径被选拔、任用和晋升，它决定了人力资源的来源和发展方式。现代的政府部门人力资源管理确立了法治化的管理规则和制度环境，以法律制度的形式建起公务员管理制度。

(二)政府部门人员管理的体制

它通过人事管理权限的合理划分，明确了人事管理部门法定的职责、权限，以保证人力资源管理职能的有效实现，设计与组织发展相配套的人力资源发展途径以及所需的相关资格，提供人力资源积极进取的保障体系和动力机制。正是这样的管理环境,保证政府部门人力资源管理从事其基本任务。

二、选拔人才

选拔人才就是政府人力资源管理部门通过各种渠道，为政府获得治国的优秀人才。一方面它要求扩展人才来源的社会基础，保证政府从社会中广泛获取优秀人才。为此,政府部门运用了公开考试、公平竞争、择优录用的人才选拔方式;另一方面，对于行政管理中涌现出来的优秀公务员，应委以重任，使政府获得治国安邦人才，为此，政府部门开辟了绩效考核、任人惟贤的人才发展路线。

三、用好人才

政府部门对已经获得和选用的人才，通过一定的管理措施充分、合理地加以使用，努力做到用人不疑，尽量发挥公务员的潜能，使人尽其才。只有用好人才，组织才可能得到人才和留住人才。因此，组织设计了职位分类、人事任用、考核考绩、职务升降、奖励惩戒等管理环节和措施。

四、培育和开发人才

政府部门在使用人力资源的同时，还要对人力资源进行不断地开发和培养，使人力资源适应社会发展与政府发展的需要。政府部门育才的主要方法就是人力资源的培训和继续教育。

五、留住人才

通过有效的管理措施，将优秀人才留在政府部门，防止人才大量外流给政府带来的人才短缺状况。为了实现留才的目标，人力资源管理需要建立、完善公务员的保障、激励机制。给优秀人才以成长、发展的空间和动力。留住人才是对上述几项管理任务实现状况的综合评价，如果管理部门没有完成渴望求才、合理用才、科学育才等管理任务，那么，就无法期望政府能够留住人才。

第三节　我国的公务员制度

一、我国公务员制度的形成

（一）酝酿和起草阶段（1984－1986年）

我国公务员制度的形成最早可追溯到1984年，当时，为了总结机构改革经验，对干部人事制度进行系统的配套改革，中共中央组织部和原劳动人事部组织起草了《国家工作人员法》。1985年中央书记处听取了汇报，认为当时由人大立法的时机和条件都还不太成熟，决定改名为《国家机关工作人员条例》。后因国家机关工作人员范围太广，又改为《国家行政机关工作人员条例》。两年间在广泛征求意见的基础上反复修改，形成第十稿。这就是《国家公务员暂行条例》的前身。

（二）修改和征求意见阶段（1987－1988年）

1986年下半年，根据邓小平的提议，中央成立了政治体制改革研究小组，下设干部人事制度改革专题组。该专题组以《条例》第十稿为基础，提出了建立国家行政机关工作人员管理体系的设想，后来又提出建立国家公务员制度，并经中央政治体制改革研究小组讨论决定，将《国家行政机关工作人员条例》暂改名为《国家公务员暂行条例》。于是国家公务员制度作为我国政治体制改革的一项重要内容提了出来。党的十二届七中全会和党的十三大正式决定在我国建立和推行国家公务员制度。1988年召开的七届全国人大第一次会议要求"抓紧建立和逐步实施公务员制度"，要"尽快制定《国家公务员条例》，研究制定公务员法"，会议还决定组建人事部，承担公务员制度的推行和条例的修改任务。

（三）试点阶段（1989－1992年）

随着国家公务员制度在我国的法律地位被确认，国务院决定从1989年开始，首先在当时国务院直属的审计署、海关总署、统计局、环保局、建材局、税务局六个部门进行公务员试点工作。除工资制度以及人员分级等未进行外，职位分类、人员录用、考核、职务晋升、回避、培训等多项制度都进行了试验并转入正常运行。1990年后，试点从中央扩大到地方，哈尔滨和深圳两市相继进行了推行公务员制度的试点工作。后来，全国又有20多个省市进行了试点。原人事部和试点单位及时总结经验教训，在此基础上补充和完善"条例"的内容。1989年5月经国务院批准，以人事部名义将"条例"草案下发国务院各部门，各省、自治区、直辖市及计划单列市人民政府征求意见。

（四）成型阶段（1992年至今）

1992年12月31日和1993年1月14日，中共中央政治局常委会议和政治局全体会议先后听取了人事部的汇报，原则同意《国家公务员暂行条例(草案)》的内容及实施的设想。1993 年 8 月 14 日《国家公务员暂行条例》正式颁布并于 1993 年 10 月 1 日起生效。国家公务员制度在我国诞生了。随着公务员制度管理实践的深入，有关公务员制度的立法也纳入日程。2005 年 4 月第十届全国人民代表大会常务委员会第十五次会议通过的《中华人民共和国公务员法》已于 2006 年 1 月 1 日起正式实施。这是我国第一部带有干部人事管理总章程性质的法律，其对在新时期建立和保持一支政治坚定、高效精干的公务员队伍，进一步推进我国干部人事制度的现代化，将产生积极而深远的影响。

二、我国的公务员管理机构

公务员管理机构的设置直接关系到对公务员管理工作的顺利展开。《中华人民共和国公务员法》第 10 条规定:中央公务员主管部门负责全国公务员的综合管理工作,县级以上地方各级公务员主管部门负责本辖区内公务员的综合管理工作,上级公务员主管部门指导下级公务员主管部门的公务员管理工作,各级公务员主管部门指导同级各机关的公务员管理工作。国家公务员管理机构的设置为:国务院下设原人事部，国务院各部门和地方县级以上国家行政机关下设人事管理机构。国家公务员管理机构隶属所在政府领导,实行行政首长负责制，各级政府人事机构是各级政府的组成部门。

国务院人事部门即原人事部(现归并为人力资源和社会保障部，国家公务员局也同时挂牌)以及县级以上地方人民政府的人事部门(包括省、自治区、直辖市人民政府的人事厅(局);计划单列市，设区的市、盟、自治州人民政府的人事局;地区行政专员公署的人事处;县、市旗人民政府的人事科)，均为我国公务员综合管理机构。设在政府各部门的人事机构，是公务员管理的部门执行机构，如国务院各部、委、直属机构、办公机构等内设的人事司，省、自治区、直辖市政府各部门的人事处。人事管理机构作为政府人事权行使与运用的职能部门，负有依法综合管理国家行政机关公务员的全部职责和权力，增强了国家行政机关人事管理的系统性、权威性，其地位也随之得到了提高。

(一)国家原人事部的职责

国家原人事部作为国家公务员最高职能部门，隶属于国务院并在国务院的领导下，依法对国家公务员进行综合管理，行使有关公务员管理的组织领导、决策指挥、协调监督等职权。其具体职责是:

1. 贯彻执行党和国家有关公务员工作的方针、政策和指示，结合实际情况，研究拟订关于公务员录用、调配、工资、保险、福利、培训、行政编制和人事工作其他具体方针政策及规章制度。

2. 指导和管理国家公务员的录用、调整、任免、培训、考核、奖惩、离退休人员的安置等。

3. 代表国务院直接管理一定层次的公务员，指导与监督国务院各部门和地方国家行政机关公务员管理工作，承办公务员的其他管理事项。

(二)地方县级以上国家行政机关人事管理机构的职责

地方县级以上国家行政机关人事管理机构要在上级机构的领导下，做好本地区，公务员的管理工作，推动公务员队伍的建设，不断提高公务员的业务水平和整体素质，充分发挥他们的积极性和创造性。各级公务员管理机构的主要职责包括：

1. 贯彻执行党中央、国务院及上级公务员管理机构关于公务员工作的方针和政策，并结合本地区的实际情况制定具体的政策、规定或实施细则。

2. 结合本地区的实际情况，搞好公务员的录用工作。

3. 协助本地区的国家行政机关、各部门选用公务员，搞好公务员的调配、奖惩、培训等工作。

4. 督促、检查下级公务员管理机构对党中央、国务院及有关公务员管理机构对公务员工作的方针、政策的贯彻执行情况。

(三)各级国家行政机关部门人事机构的职责

各级国家行政机关部门人事机构，是具体承办本部门公务员人事管理的工作部门。在行政机关首长的领导和同级政府人事部门的指导下，依照公务员法规，负责办理本部门的人事管理业务，其主要职责是：

1. 根据工作需要和本部门行政首长的意见，提出补充公务员计划，报请同级政府人事部门组织考试、录用。

2. 组织本部门公务员的考核培训。

3. 提出本部门公务员的奖惩意见，报请行政首长或上级审批。

4. 根据行政首长或同级政府人事部门的决定，承办本部门公务员的职务升降、调配和辞职辞退等业务手续。

5. 负责本部门公务员的工资福利管理。

6. 办理本部门公务员的退休。

三、我国公务员制度的原则

公务员制度是一项科学的人事管理制度。中国公务员制度在吸收各国公务员制度的普遍规律和有益经验的基础上形成了具有中国特色的公务员制度的基本原则，主要表现在以下几个方面：

(一)公平、公开竞争原则

公平竞争原则是国家公务员制度的基本原则之一，它是社会主义民主政治在人事制度中的具体体现，贯穿于公务员制度的各个重要环节之中。其根本目的在于促进优秀人才脱颖而出，做到人尽其才、各得其所，最大限度地调动公务人员的积极性。

公平就是在法律上确认公民在考试、录用、晋升等方面一律平等，享有机会均等的权利，不能因性别、出身、种族等因素而享有特权或遭受歧视。公开就是对公务员管理的各个环节全部公开，让群众进行监督。公平、公开竞争原则在公务员制度中主要表现在以下几个方面：

1. 在法律上确认每个公民都有平等的竞争权，公民有申请报考公务员的权利，并以同等机会参加公务员录用考试，以同一标准决定是否被录取，不因家庭出身、民族、宗教信仰、性别等状况而受到歧视或享有特权。

2. 公务员任职条件公开，报考公开，考试成绩公开，录用公开。这种公开的原则，为平等竞争提供了基础和前提。

3. 国家通过法律保护公平竞争的环境和公民在竞争中的合法权益。

（二）党管干部原则

党管干部原则是我国人事制度中不可动摇的根本原则。实行公务员制度，正是为了加强改善党对政府机关人事工作的领导，而不是摆脱或削弱党的领导。要加强和改善党对政府机关人事工作的领导，一是党委要在人事制度改革中发挥领导作用，改变党政机关、群众团体、企业和事业单位的工作与管理人员都采取同一种管理方式的状况，根据政府机关自身的特点，建立适当的人事管理制度。二是制定党的组织路线和干部政策，并通过一定的程序，将其转化为人事管理的法律和法规，依法对政府机关工作人员进行管理。三是推荐并管理政府机关的重要干部。

（三）法制管理原则

依法管理是公务员制度的一个基本特征，是人事管理制度现代化、科学化的一个重要标志。法制管理的目的是减少人为因素的影响，将公务员的管理纳入法制化轨道，实行依法管理。这一原则具体体现在两个方面：一方面，对公务员的管理必须依据法律，做到依法管理。从公务员的录用、考核、晋升、培训、工资、福利直至退休退职，都有严格的法律规定，并按照法定程序和规定办理。另一方面，公务员行使权力、履行职责，必须依照法律规定，做到依法行政。公务员的行政行为如果超出法律的范围或违反法律的规定，就构成了违法渎职行为，会受到法律的制裁。同时，每个公务员都有一定的法定地位，享受一定的权利和待遇，并受到法律的保护。总之，公务员制度需要一个规范公务员自身的公务员法律体系和规范公务员行为的行政法律体系，并在此基础上做到有法可依、有法必依、执法必严、违法必究。

（四）功绩制原则

功绩制原则是关于我国公务员任用、考核、奖励的标准和依据的重要原则。贯彻这一原则，有助于克服评价干部凭印象、靠关系等主观片面的不正确做法，清除人事制度中任人惟亲等不正之风，确保公务员管理的公正和平等。

我国《公务员法》和其他相关的配套法规对公务员的管理提出了贯彻执行功绩制原则的要求。如，在考核中获得优秀等次的，在平时工作中表现突出的，在某项工作或特定环境中做出突出事迹的，根据其贡献和成绩大小，分别给予嘉奖。国家公务员的职务晋升，坚持德才兼备、任人惟贤的原则，注重工作功绩，并明确规定，经考核证明个别工作成绩特别突出，具备拟任职务相应工作能力的，可适当放宽晋升资格条件中所规定的文化程度和服务年限的限制，并可越级晋升(任命前要经同级政府人事部门审查同意)。公务员的工资待遇，贯彻按劳分配、责酬相符的原则，以标志其责任、能力、地位和功绩的职位等级与年度贡献为基本依据，确定工资标准及其相应的福利待遇。国家公务员的晋级增资也需要依照工作实绩的大小来决定。总之，我国公务员管理的各项原则从不同方面反映了我国公务员制度的要求，并且各种原则之间又相互联系、相互作用，形成一个整体，集中体现了我国公务员制度的特点。

四、我国公务员的权利与义务

(一)公务员权利和义务的含义

国家公务员的身份一经确立，就与国家产生了一定的权利与义务关系。公务员既依法享有一定的权利，同时又负有一定的义务。了解和认识这些权利与义务的含义、内容及其基本特点，对于正确认识国家公务员的法律地位，了解国家公务员制度的基础，搞好公务员制度的建设具有极其重要的意义。

公务员的权利，就是国家法律对公务员在履行职责、行使职权、执行国家公务的过程中，可以做出某种行为、要求他人做出某种行为或制止某种行为的许可和保障。对公务员来说，大部分权利是可选择性权利，公务员可以行使，也可以放弃。但是有些权利是公务员在行使国家行政权力、执行国家公务时必须具备的，不行使这种权利，就不能有效地履行其职责，而且，有些权利本身同时也是义务，公务员更应该认真履行，不得放弃。

公务员的义务，就是国家法律对公务员必须做出一定行为或不得做出一定行为的约束和强制。公务员为执行国家公务，总是掌握一定的行政权力，如果对其权力不加以义务的约束，就有可能滥用权力。同时，为了保证公务员能恪尽职守，服务于公共利益，法律还规定了公务员不履行义务必须承担相应的责任。总之，对公务员行为的约束和强制及对公务员所得利益的许可和保障分别构成了公务员义务和权利的内容。

(二)我国公务员的权利

按照《中华人民共和国公务员法》的规定，我国公务员的权利有下列八项：

1. 获得履行职责应当具有的工作条件。作为国家行政事务的管理者，国家有权要求公务员尽忠职守，同时国家也要为公务员履行职责提供应有的权力保障，这种保障一般称为职权的保障。职权保障是指公务员在行使国家行政权力、执行国家公务的过程中，必须获得国家授予的必要职权，它包括职责保障和工作条件保障。职责保障是指国家公务员在执行国家公务过程中，必然被国家授予一定的职权，没有这些职权，公务员就无法执行国家公务。条件保障是指公务员为了执行公务、履行职责，有权要求一定工作条件作为保障。职权保障有下列几层意义：首先，职权是在公务员履行职责时才享有的，是公务员执行国家公务、完成自身职责的必要条件和保障。其次，国家授予公务员的职权，并不属于公务员个人，而是局限于公务员所在的职位。再次，公务员的职权是履行职责所必需的，因而不能像其他权利一样可以放弃，而是必须行使的。最后，公务员行使职权必须在法律规定的范围内，不能超越法定的权限，否则不是越权行为，就是失职行为，必须承担责任。

2. 非因法定事由、非经法定程序，不被免职、降职、辞退或行政处分。公务员这种不受或拒绝非法免职、降职、辞退或行政处分的权利，称为公务员的身份保障权。法定事由，是指公务员的行为确实触犯了国家的法律或公务员的纪律，构成了被依法免职、降职、辞退或行政处分的法律事实。法定程序就是国家法律规定的公务员被免职、降职、辞退或行政处分所必须经过的全部法律过程。对非因法定事由、非经法定程序的处理，公务员可以拒绝接受。

3. 获得工资报酬，享受福利、保险待遇。公务员作为执行国家公务的人员，地位比较特殊，他们的工作是国家和社会不可缺少的有效劳动，没有公务员的辛勤劳动，就没有国家正常的行政运行。工资报酬权是公务员最基本的权利，是公务员的劳动所得，也是其生活得以维持的必要条件。公务员的工资报酬数额由国家规定，来源于国家财政收入。福利、保险待遇是国家法律规定的，使得公务员本人及其家庭成员在生老病死伤残或其他情况出现时，能够得到国家和社会的帮助，维持一定的生活水准，保证国家行政机关的正常运转和社会的稳定。工资报酬与福利、保险是公务员工作、生活的经济保障，因此绝不允许任何单位与个人随意克扣，或拖延、减少、取消支付，否则公务员有权提出申诉，要求给予法律保护。公务员的工资报酬和福利、保险要随着国家的经济发展而不断改善，当然，这种改善要适应国家的财政负担能力，并要考虑社会的稳定。

4. 参加培训。随着社会经济的发展和科学技术的进步，国家行政管理越来越具有政策及国家的法律，使其自觉地坚持四项基本原则，坚持改革开放方针，从而使政府工作符合党的基本路线、方针和政策。业务知识的培训主要包括行政管理知识及与业务工作有关的技术、技能和基础科学知识理论、文化知识等，以提高公务员的业务能力和工作水平。

5. 对机关工作和领导人员提出批评和建议。公务员对行政机关及其领导人员的工作提出批评和建议。是公务员责任心与主动性的体现。批评是针对行政机关及其领导人员工作中存在的缺点和不足提出的，建议则是公务员对改进工作提出的建设性意见。公务员的批评建议权，就对象而言，既可以向本部门或有隶属关系的行政机关及其领导人员提出批评和建议，也可以向其他部门或无隶属关系的行政机关及其领导人员提出批评和建议；就内容而言，既可就与自己工作、权益有关的问题提出批评和建议，也可针对行政机关的其他问题提出批评和建议。

6. 提出申诉和控告。在政府的公务员管理中，经常会涉及对公务员个人的处理，而这种处理有时会出现违法或不当的情形。对公务员所受的违法或不当处理应该有一种救济办法,使公务员受侵犯的权利得以恢复。另外，公务员在实现其权利的过程中有可能受到有关行政机关及公务员的侵犯，对这种侵犯,公务员也应该得到救济。公务员的申诉控告权就是法律上的一种救济办法，即事后的补救措施。当公务员受到不公正的、非法的对待时。有权依法向监察部门或司法部门提出申诉和控告。这是国家为维护公务员自身的权益而规定的法律保障，是同各种损害人民与国家利益行为作斗争的有力武器，是保证国家行政管理活动优质、廉洁、公正的可靠手段。

7. 申请辞职。国家允许公务员出于主观或客观原因不愿意继续担任公职时提出辞职。公务员依法辞职是公务员选择职业权利的具体形式和实现途径，当公务员由于主观或客观原因不愿继续担任领导职务或从事公务员职业时，国家应当允许公务员提出辞职。但是应当指出，由于公务员本身的职业特性，使得其辞职权与一般公民的辞职权、自由选择职业权不同，公务员在行使辞职权时必须按照国家的有关法律和公务员的管理法规进行，公务员必须提出正式申请，并履行一定手续。为了保证行政部门工作的稳定，保证公务员合理合法地行使职权，国家在赋予公务员辞职权的同时，还需对公务员辞职的限制性条件和法律程序做出具体规定。

8. 法律规定的其他权利。我国公务员除享有上述权利外，还享有宪法和法律规定的其他各项权利。主要包括选举权和被选举权，言论、出版、集会、结社、游行示威的自由，宗教信仰自由，人身自由和文化教育权等。此外，公务员还享有退职、兼职、免受侮辱诽谤、免受打击报复、要求补偿、要求定期取消处分等权利。

(三)我国公务员的义务

我国公务员义务的基本内容主要是：

1. 模范遵守宪法、法律和法规。宪法和法律是广大人民整体意志与根本利益的体现,各项行政纪律又是公务员执行国家方针、政策、路线的可靠保证。公务员作为国家行政事务的具体执行者，一定程度上也是执法者，较之普通公民，应具有更多的法律意识和守法觉悟。应成为遵守宪法、法律和法规的模范。成为宪法、法律和法规的维护者。只有这样，才能更好地执行国家公务，履行公务员的职责。

2. 按照规定的权限和程序认真履行职责，努力提高工作效率。依照法律、法规和政策执行公务，实际上就是通常所说的依法行政，这是对政府部门及公务员的基本要求。法律、法规和政策是调整各种社会关系的准则，公务员只有依法行政，才能实现预期的后果，有效地履行公务。否则就是违法行为(包括越权行为和侵权行为)，要承担一定的法律责任，依照法律、法规和政策执行公务，既是对公务员的规范性要求，又是衡量公务员公务执行质量的重要标准。

3. 全心全意为人民服务，接受人民监督。在我国，人民群众是国家的主人、政府部门及公务员的一切工作都应以人民群众的利益为最高准则。因此，国家公务员必须把为人民服务作为自己工作的根本出发点和最终归宿，以自己的行为树立起真正的人民公仆形象。密切联系群众，倾听群众意见，接受群众监督，是党的群众路线的重要组成部分，是党和政府的一贯方针，也是公务员的义务。公务员接受群众监督，可以改进政府部门和公务员的工作，体现了社会主义的民主原则。对于人民群众的监督，政府部门和公务员必须虚心接受，不得抵制或打击报复。

4. 维护国家的安全、荣誉和利益。作为行政权力的行使者，公务员的一切言行都必须站在政府的立场上。如果他们不负责任地散布有损政府声誉的言论或采取有损国家安全和政府利益的行动，在事实上是与公务员身份不符的。公务员如对政府工作或某些方针、政策有异议，可以通过合法途径及时反映，但是必须忠于国家，自觉维护政府权威。

5. 忠于职守，勤勉尽责，服从和执行上级依法做出的决定与命令。忠于职守，是说在一定职位的公务员必须兢兢业业地工作，严格履行本职位的义务，承担本职位的责任。国家行政机关是实行职位分类，职位分类的最大特点是因事定人，因而每个职位上的公务员都必须坚守岗位，完成此职位的任务，不得擅离职守。忠于职守，尽职尽责，是职位分类的必然要求，也必然成为公务员应尽的义务。只有每个职位上的公务员都忠于职守，保守国家秘密和工作秘密的义务不仅在公务员在职期间存在，在因辞职、退休、被辞退而脱离公务员职业后，也必须继续履行这项义务。对违反保密法规、泄露国家秘密和工作秘密的公务员，应视情节轻重，给予严肃处理，触犯刑律的，应依法追究刑事责任。

6. 遵守纪律，恪守职业道德，模范遵守社会公德。遵守职业道德是公务员必须具备的条件和必须履行的义务。公务员的职业道德内容广泛，除了上面所说的忠于职守、履行工作岗位责任以外，还包括热爱本职工作、有职业荣誉感和责任感、奉公守法、公正廉洁、不以权谋私、同各种违法乱纪行为作斗争、维护国家和人民利益等多项内容。这些内容既是公务员的职业道德，也是公务员的义务。

7. 清正廉洁，公道正派。公务员代表国家执行公务，其权力是人民授予的，是属于其所在的职位，而不是属于个人的。公务员必须正确运用手中的权力，为公共利益服务，而绝不能利用职权搞不正之风、谋取私利，惟其如此，才能赢得人民的信任。把公正廉洁作为我国公务员的一项义务，是我党对干部一贯提倡的为人民服务精神的重要体现。

8. 法律规定的其他义务。公务员法律规定的公务员的基本义务，有的是宪法规定的国家行政机关工作人员义务的具体化，有的是由公务员职业本身的特点决定并衍生的义务。作为公务员，应履行宪法和法律规定的公务员的义务，但公务员作为公民，还必须履行宪法和法律规定的除公务员的义务以外的其他义务，这样，公务员的义务在内容上才更加全面完整。

五、中国与西方国家公务员制度的比较

（一）中国与西方国家公务员制度的相同点

尽管中外公务员的具体制度内容有所不同，但作为一项科学的人事制度，中外的公务员制度还是体现出很大程度上的通用性。

1. 法制管理。法制管理是公务员制度的基本特征，也是人事管理制度现代化、科学化的重要标志。因此，各国都制定和颁布了一系列公务员管理法规，系统地规定公务员的考试录用、考核、晋升、奖惩、流动、培训、分类、工资福利、退休退职、管理机构、法律保障与监督等内容，使公务员管理做到了有法可依。以法律的形式将公务员的地位、权利、责任、义务加以详细规定，使公务员的合法权益受到法律保护，违法行为受到法律追究，使整个公务员管理井然有序。

2. 公开、平等、竞争、择优原则。公开、平等、竞争、择优原则是中外公务员制度都普遍遵循的基本原则。它是民主政治在公务员制度中的具体体现。公开就是对公务员管理的各个环节全部公开，让群众进行监督。公开是平等、竞争和择优的基础与前提。平等就是在法律上确认公民在考试、录用、晋升、奖惩等方面一律平等，享有机会均等的权利，不能因性别、种族、出身、党派等因素而享有特权或遭受歧视。竞争和择优就是将竞争机制引入公务员制度中，选贤任能、奖勤罚懒，使优秀人才脱颖而出。

3. 功绩制原则。中外公务员制度在考核、奖惩、晋升中都坚持了功绩制的原则。功绩制就是以公务员工作实绩作为评价的主要依据，它既是公务员制度的一项基本原则，也是激励公务员勤奋和创造性地工作的手段。公务员要根据实绩择优晋升，即在严格考核的基础上，把公务员的工作成绩与其职务升降、工资待遇、奖惩联系起来。功绩制原则的作用就在于激励公务员努力工作，提高政府工作效率。同时，又可以强化竞争机制，激发公务员的创造性和积极性。

4. 分类管理。分类管理是公务员制度中的一种科学的管理方法，普遍为各国所采用。从各国公务员制度的情况看，人事分类主要表现为两种形式:一种是职位分类，分类的主要依据是职务或岗位的客观需要。美国是实行职位分类的典型国家。我国的公务员制度也是采用职位分类，但是又拥有自身的特色。另一种是品位分类，即主要依据公务员的个人条件，如学历、年龄、资历等进行的分类。职位分类与品位分类两种分类形式各有其优点和缺点。实际上，每个国家公务员都不完全是纯粹的按职位或品位进行分类的，一般以其中一种分类形式为主，兼顾另一种分类形式的优点。这也是各国公务员分类管理的共同趋势。

(二)中国与西方国家公务员制度的区别

中国作为一个社会主义国家，与西方资本主义国家有着本质的不同。公务员制度作为国家政治制度的一个组成部分，必然服务于国家的根本社会制度。因此，中国的公务员制度与西方文官制度相比，有着质的区别，主要表现在以下几个方面：

1. 不搞政治中立。西方公务员制度的政治中立原则，要求公务员在党派活动方面处于“中立”的立场，只是依据法律和政令执行公务。如文官不得兼任议员，要担任议员必须先辞去公务员职务，不得参加政党活动，不准参加罢工，不准接受政治捐款，等等。同时，文官的任免、晋升、调动也不受政党的干预。

中国共产党的基本路线是建立中国公务员制度的根本指导原则。建立公务员制度的目的就是要为贯彻和执行党的基本路线提供制度保证，所以，要求公务员必须始终与党中央保持一致，坚决捍卫和执行党的路线、方针、政策。公务员队伍作为无产阶级掌握国家机器的重要力量，有着鲜明的阶级性和政治性。他们必须坚持四项基本原则，在政治上同党中央保持一致。公务员可以参加中国共产党或其他民主党派，可以参加这些政党的活动，可以充分行使人民当家作主的权力，以主人翁姿态积极参与国家政治生活，有选举权和被选举权。

2. 坚持党管干部。中国共产党是社会主义现代化建设事业的领导核心，公务员制度是党的干部制度的一个组成部分。在公务员的管理上，须坚持党的组织领导，贯彻党的组织路线，保持党对政府重要领导人选的推荐权。而西方文官制度则强调文官管理必须独立于党派之外，是独立的管理系统。

3. 不搞两官分途。我国公务员制度没有“政务官”与“事务官”的划分，这是由于我国是共产党执政的国家，不搞多党轮流执政，所以不存在政务官与事务官的截然分野。而西方文官制度则实行“两官分途”，强调政务官的所谓政治化和事务官的所谓职业化。这是两个截然不同的职官体系，相互之间不能转任。在公务员的范围上，从中国的国情出发，我国行政机关中公务员的范围包括除工勤人员以外的所有工作人员，这是考虑到行使国家行政权力、执行国家公务的内涵来确定的。

4. 坚持服务于民的宗旨。为人民服务，对人民负责，受人民监督，是中国公务员最根本的行为准则，中国公务员没有自己集团的特殊利益，也不存在任何形式的特权。而西方国家的文官则是一个独立的利益集团，受雇于政府，是政府的雇员，一切服从政府需要，为政府利益服务。

总而言之，中国国家公务员制度学习和借鉴了西方文官制度的一积极内容，继承和发扬了中国人事管理工作的优良传统，总结和吸收了人事制度改革的经验与成果，并用法律的形式加以系统化和制度化。

第四节 行政机关人员管理的基本内容

一、行政机关人力资源规划

(一)行政机关人力资源规划的含义

在行政机关中，人力资源的规划可分为宏观与微观两大部分。宏观的人力资源规划是从整个行政系统和公务员队伍出发，通过分析政府的机构和预算状况与趋势，预测一个时期内对公务员的总体需求状况，以达到政府的职位与人员数量、素质结构在总量上的基本均衡。为此，政府人事行政主管部门需要掌握组织现有公务员的数量和质量，并依据政府的发展趋势，预测未来几年中组织对人员的需求情况和需求方向，这一规划过程具有战略性，是政府自身战略发展规划的重要组成部分。

微观的人力资源规划是指国家各级行政机关和工作部门，根据本部门工作岗位的需要和部门预算情况及其发展趋势，确定本部门在一个时期或一个财政年度内，对人力资源的需求状况，制定出其获取与分配的计划，为部门的其他人事管理活动奠定基础的过程。

（二）政府部门人力资源规划的内容

1. 晋升规划。晋升规划是政府部门根据人员的分布状况和政府部门的层级结构，制定人员的提升政策。对组织来说，把有能力的人提升到适合其能力的工作岗位上去，对于调动工作人员的积极性是非常重要的，同时也体现了人员使用的效益原则。对于工作人员来说，晋升为其提供了充分发挥能力的条件和满足了其职业发展的需要。

2. 人员补充规划。人员补充规划指政府部门根据自身运转的实际情况，合理地在中长期内把部门可能产生的空缺职位加以补充的活动。在政府部门吸引和辞退工作人员有诸多限制的情况下，人员补充规划显得尤其重要。

3. 培训开发规划。培训开发规划是为了政府部门中长期的发展所需补充的空缺职位而事先准备人才，是为了更好地使人与工作相适应而进行的活动。政府门根据可能产生的职位空缺和职位空缺出现的时间，分阶段、有目的地进行培训。当职位出现空缺时，人员早已做好妥善的准备，因而对政府部门的发展可以发挥非常重要的作用。

4. 公务员职业生涯规划。公务员职业生涯规划包括将组织人力资源规划与个人职业生涯设计相结合，进行职业发展预测，分析职业发展走向。系统研究组织提供的各种职业生涯发展的机制与通道，帮助个人开发职业能力。向组织成员提供职业选择方面的信息，对公务员开展职业咨询。促使组织成员更多地参与组织为职业生涯计划和发展安排的活动，帮助个人协调或解决自我发展与家庭发展带来的冲突与矛盾，给公务员以物质、精神和时间上的支持。

二、公务员的人员分类

（一）职位分类和品位分类

职位分类和品位分类是两种基本的政府部门人员分类方法。所谓职位分类，就是在工作分析的基础上，将职位依据工作性质、繁简程度、责任轻重和所需资格条件，区分若干具有共同特色的职位，加以分类，并作为政府部门人力资源分类标准的一种管理制度。这是一种以“事”为中心的分类体系，分类方式是先进行横向的职系、职组等的区分，然后再按照工作的难易、繁简和责任大小的程度确定纵向等级，它注重人员的专业知识和技能，官等和职能相重合。

品位分类是以国家政府部门工作人员的职务或等级高低为依据的人员分类管理制度。英国是现代品位分类最典型的国家，其他实行品位分类的国家还有法国、意大利等。品位分类是以“人”为中心的分类体系，分类和分等相互交织。在品位分类中，分类实际上同职务、级别的分等同时进行；通常是先确定等级，然后再分类别；注重“通才”，而不注重公务人员所具备的某一方面特殊知识和技能；官位和等级职位可以分离。

（二）我国公务员的人员分类制度

我国公务员的人员分类实行职位分类制度。公务员职位类别按照公务员职位的性质、特点和管理需要，划分为综合管理类、专业技术类与行政执法类等类别。国务院对于具有职位特殊性，需要单独管理的，还可以增设其他职位类别。

公务员职务分为领导职务和非领导职务。领导职务层次分为：国家级正职、国家级副职、省部级正职、省部级副职、厅局级正职、厅局级副职、县处级正职、县处级副职、乡科级正职、乡科级副职。非领导职务层次在厅局级以下设置。例如综合管理类的非领导职务分为：巡视员、副巡视员、调研员、副调研员、主任科员、副主任科员、科员、办事员。同时，我国公务员的职位分类又结合了品位分类的特点。我国《公务员法》第19条规定，公务员的职务应当对应相应的级别。公务员的级别根据所任职务及其德才表现、工作实绩和资历确定，这就带有了品位分类的特色。公务员职务与级别的对应关系，由国务院规定，总共分为27级。

公务员的这种分类制度构建了公务员“职务晋升”与“职级晋升”的“双梯制”，克服了以往职位分类过于简单，造成公务员职业发展渠道和阶梯过于单一的问题，为公务员的职业发展提供了多元化的途径。

三、公务员的录用与任用

（一）公务员的考试录用制度

根据我国《公务员法》的规定，录用担任主任科员以下及其他相当职务层次的非领导职务公务员，采取公开考试、严格考察、平等竞争、择优录取的力法。中央机关及其直属机构公务员的录用，由中央公务员主管部门负责组织。地方各级机关公务员的录用，由省级公务员主管部门负责组织，必要时省级公务员主管部门可以授权设区的市级公务员主管部门组织。

公务员的录用考试程序包括：

1. 发布招考公告。招考公告上应当载明招考的职位、名额、报考资格条件、报考需要提交的申请材料以及其他报考须知事项。

2. 招录机关根据报考资格条件对报考申请进行审查。

3. 采取笔试和面试的方式进行公务员录用考试，考试内容根据公务员应当具备的基本能力和不同职位类别分别设置。笔试一般由人事部门统一举行，面试则由各用人单位具体实施。笔试内容包括各种职位通用的基础知识、专业知识、行政职业能力三部分。公务员录用考试除笔试、面试的主要形式外，还有情景模拟、实际操作等方式。

4. 招录机关根据考试成绩确定考察人选，并对其进行报考资格复审、考察和体检。考核的基本内容包括政治审查、拟录用职务审查、报考资格复审、职务回避考核、道德品质审查。考核一般以用人单位的人事部门为主，组成考核小组。考核方法有查阅个人档案、谈话考核法和座谈会考核法。

5. 招录机关根据考试成绩、考察情况和体检结果，提出拟录用人员名单，并予以公示。

6. 公示期满，中央一级招录机关将拟录用人员名单报中央公务员主管部门备案；地方各级招录机关将拟录用人员名单报省级或者设区的市级公务员主管部门审批。新录用的公务员试用期为一年。试用期满合格的，予以任职；不合格的，取消录用。

(二)公务员的其他任用方式

在我国，担任领导职务的公务员，其任用不是通过统一的公开竞争性的考试，而主要是通过选任、委任、调任和聘任。

选任即国家权力机关通过选举任命公务员。如我国《宪法》第 101 条第 1 款规定：地方各级人民代表大会分别选举并且有权罢免本级人民政府的省长和副省长、市长和副市长、县长和副县长、区长和副区长、乡长和副乡长、镇长和副镇长。

委任即有权机关不通过选举方式而直接任命公民担任公职。委任可以由权力机关委任，也可以由行政机关委任。如全国人民代表大会可以根据国家主席的提名，决定国务院总理的人选，根据国务院总理的提名，决定国务院副总理、国务委员、各部部长、各委员会主任、审计长、秘书长的人选。国务院有权罢免国务院办公机构的副秘书长、办公厅主任、副主任、各部副部长等。

调任即行政机关将行政系统外部(如国有企业、事业单位、社会团体等)的人员直接调入行政机关任职。我国《公务员法》规定，国有企事业单位、人民团体和群众团体中从事公务的人员可以调入机关担任领导职务或者副调研员以上及其他相当职务层次的非领导职务。

聘任即行政机关通过与拟任公务员的公民签订聘任合同的方式任用公务员。我国《公务员法》第 16 章用 6 条专门规定了“职位聘任”。聘任制适用于专业性较强的职位和辅助性职位，但涉及国家秘密的职位不实行聘任制。聘任分为公开招聘和直接选聘两种方式。机关聘任公务员，应当按照平等自愿、协商一致的原则，签订书面的聘任合同，确定机关与所聘公务员双方的权利、义务。聘任合同经双方协商一致可以变更或者解除。聘任制公务员按照国家规定实行协议工资制，具体办法由中央公务员主管部门规定。为了保证聘任制的顺利实施，《公务员法》还规定成立了人事争议仲裁委员会。

四、公务员的培训与开发

公务员的能力建设一直是我国近年来行政管理过程中非常关注的内容，在《中共中央关于加强党的执政能力建设的决定》和《国家公务员通用能力标准框架（试行）》中，都对公务员的能力建设提出了具体的要求和标准。按照《公务员法》的规定，机关需要根据公务员工作职责的要求和提高公务员素质的需要，对公务员进行分级分类培训。在具体类型上，机关对新录用人员应当在试用期内进行初任培训；对晋升领导职务的公务员应当在任职前或者任职后一年内进行任职培训；对从事专项工作的公务员应当进行专门业务培训；对全体公务员应当进行更新知识、提高工作能力的在职培训，其中对担任专业技术职务的公务员，应当按照专业技术人员继续教育的要求，进行专业技术培训。

公务员的培训由一级政府的人事主管部门进行统一管理，各级政府的工作部门负责本部门的国家公务员培训管理。具体承担我国公务员培训任务的则是以国家行政学院为主体，包括各级地方行政学院、原人事部高级公务员培训中心、干部管理院校以及高等院校、各级党校等在内的国家公务员培训网络。

公务员培训的教学内容，一般是由公务员培训目的和方式决定的。从世界范围来看，各国公务员的培训内容具有多样性，其课程设置一般根据公务员层级的差异和专业领域的差异来决定，当然其中也有一些共同的课程。如英国，不同职业不同层次公务员的培训内容是不一样的。高级管理培训班的培训内容主要是由授课者提出行政管理研究报告，由参加训练者讨论，同时作个案分析研究。基层管理者培训班的培训内容主要有政府行政概论、统计、电脑作业、资讯系统、经济设计、资源分配、管理与作业分工、工业发展、人事管理等。高级执行官培训班的培训内容主要有计量分析、政府组织、统计学、会计学、地方政府等。执行官培训班的培训内容主要有一般行政管理、会计技术及授权领导等。也有一些基本的共同课程：如何领导部署、如何主持会议、如何演讲、如何简化工作程序、如何有效利用时间、如何激励士气等。

五、公务员的绩效考核

（一）公务员绩效考核的含义和作用

公务员的绩效考核主要是指国家行政机关根据法定的管理权限，按照一定的原则和工作绩效测量标准，定期或不定期地对所属公职人员在工作中的政治素质、业务表现、行为能力和工作成果等情况，进行系统、全面的考察与评价，并以此作为公职人员奖惩、职务升降、工资增减、培训和辞退等的客观依据的管理活动。

绩效考核是行政机关人力资源发展的竞争和激励机制，它对健全人事行政管理制度具有极为重要的意义。考核为人力资源管理的其他活动提供了客观依据，是选拔优秀人才和合理使用人才的重要途径。考核在为行政首长依法管理公务员提供了保证的同时，也为公众依法监督公务员的行为提供了手段。

（二）我国公务员考核的基本制度

我国行政机关对公务员的考核，按照管理权限，全面考核公务员的德、能、勤、绩、廉，重点考核工作实绩。考核类型分为平时考核和定期考核。平时考核对公务员完成日常工作任务、阶段工作目标情况以及出勤情况进行考核，方式包括被考核人填写工作总结、专项工作检查、考勤等，由主管领导予以审核。定期考核采取年度考核的方式，在每年年末或者翌年年初进行。定期考核的结果包括优秀、称职、基本称职和不称职四种。定期考核的结果作为调整公务员职务、级别、工资以及公务员奖励、培训、辞退的依据。考核方式和程序则包括：

1. 被考核公务员进行工作总结，并在一定范围内述职。
2. 主管领导写出评语，提出考核等次建议和改进要求。
3. 对拟定为优秀等次的公务员在本机关范围内公示。
4. 本机关负责人或者授权的考核委员会确定考核等次。
5. 将考核结果以书面形式通知被考核公务员，并由本人签署意见。

（三）担任领导职务公务员的考察和考核

该项考核针对县级以上地方党政领导班子换届考察、领导班子成员个别提拔任职考察。关于县级以上地方党政领导班子及其成员的届中考核、年度考核，中共中央组织部还制定了《综合考核评价试行办法》，要求综合运用民主推荐、民主测评、民意调查、实绩分析、个别谈话和综合评价等具体方法进行干部综合考核评价。

1. 民主测评。主要了解领导班子和领导干部履行职责的情况及领导干部的德才表现。《综合考核评价试行办法》要求对领导班子的民主测评主要包括政治方向、精神面貌，贯彻科学发展观、执行民主集中制、驾驭全局、务实创新、选人用人、处理利益关系、处置突发事件的能力，经济建设、政治建设、文化建设、社会建设和党的建设以及党风廉政建设等方面。对于领导干部的民主测评，《综合考核评价试行办法》按照"德、能、勤、绩、廉"设置测评内容，主要包括政治态度、思想品质、工作思路、组织协调、依法办事、心理素质、精神状态、工作作风、履行职责成效、解决复杂问题、基础建设、廉洁自律等方面。

2. 民意调查。主要了解对领导班子和领导干部工作成效与形象的社会评价。《综合考核评价试行办法》规定，对地方党政领导班子民意调查的内容主要包括在经济建设、政治建设、文化建设、社会建设和党的建设方面群众直接感受到的工作状态与成效，设置了"群众物质生活改善情况"、"依法办事、政务公开情况"、"公民道德教育情况"、"城乡扶贫济困情况"、"社会治安综合治理情况"、"党的基层组织和党员队伍、干部队伍、人才队伍建设情况”等12个评价要点。对领导干部的民意调查，主要包括工作作风、履行职责、公众形象等内容，设置了“开拓创新与敬业精神”、“深入基层、联系群众情况”、“分管工作完成情况”、“为群众排忧解难、办实事情况”、“廉洁自律和接受监督情况”、“道德品行”六个评价要点。

实绩分析主要通过有关方面提供的经济社会发展的整体情况和群众的评价意见，重点分析地方党政领导班子及其成员任期内的工作思路、工作投入和工作成效，以充分体现从实绩看德才、凭德才用干部。具体包括上级统计部门综合提供的本地人均生产总值及增长、人均财政收入及增长、城乡居民收入及增长、资源消耗，与安全生产、基础教育、城镇就业、社会保障、城乡文化生活、人口与计划生育、耕地等资源保护、环境保护、科技投入与创新等方面的统计数据和评价意见、上级审计部门提供的有关经济责任审计结论和评价意见以及群众的评价。

六、公务员的晋升与奖惩

（一）公务员的晋升

晋升，是指公务员由低层级职位转移到高层级职位。根据《公务员法》的要求，公务员晋升职务，应当具备拟任职务所要求的思想政治素质、工作能力、文化程度和任职经历等方面的条件与资格。公务员的职务晋升，原则上是逐级晋升，只有特别优秀的或者工作特殊需要的，才可以按照规定破格或者越一级晋升职务。同时，公务员在同一职务上，也可以按照国家规定晋升级别，级别晋升也需要根据所任职务及其德才表现、工作实绩和资历确定。

公务员的职务晋升程序包括：

1. 民主推荐，确定考察对象；

2. 组织考察，研究提出任职建议方案，并根据需要在一定范围内进行酝酿；

3. 按照管理权限讨论决定；

4. 按照规定履行任职手续。

对于机关内设机构厅局级正职以下领导职务出现空缺时，可以在本机关或者本系统内通过竞争上岗的方式，产生升职人选。厅局级正职以下领导职务或者副调研员以上及其他相当职务层次的非领导职务出现空缺，可以面向社会公开选拔，产生任职人选。

（二）公务员的奖励和处分

行政机关对工作表现突出，有显著成绩和贡献，或者有其他突出事迹的公务员或者公务员集体，给予奖励。对公务员的奖励坚持精神奖励与物质奖励相结合、以精神奖励为主的原则。奖励可以分为嘉奖、记三等功、记二等功、记一等功、授予荣誉称号。

对受奖励的公务员或者公务员集体予以表彰，并给予一次性奖金或者其他待遇。

处分，则是指公务员因为违法违纪所应当承担的纪律责任的一种形式。《公务员法》所规定的处分包括警告、记过、记大过、降级、撤职、开除六种形式。从内容上，我们可以把对公务员的惩罚区分为身份处分和惩戒处分两种类型。所谓身份处分，是指公务员不能胜任所担任的公务或者拒不接受工作安排时所引起的法律后果，即公务员身份的丧失。惩戒处分则是指公务员因为违反其法定义务的约束而引起的纪律责任形式。

身份处分除了开除以外，还有一些其他的形式。例如，新录用的公务员试用期为一年，试用期满不合格的，取消录用。有下列情形之一的，行政机关也可以辞退公务员：在年度考核中，连续两年被确定为不称职的；不胜任现职工作，又不接受其他安排的；因所在机关调整、撤销、合并或者缩减编制员额需要调整工作，本人拒绝合理安排的；不履行公务员义务，不遵守公务员纪律，经教育仍无转变，不适合继续在机关工作又不宜给予开除处分的；旷工或者因公外出、请假期满无正当理由逾期不归连续超过十五天，或者一年内累计超过三十天的。

七、公务员的报酬与福利

（一）公务员报酬的作用

1. 劳动补偿。在工作过程中，必然要消耗体力和脑力，而人的体力和脑力只有得到补偿才能维持劳动力的再生产，才能使工作循环进行。同时，工作者为了更好地完成工作，提高自身素质，需进行自我教育开发投资，这笔费用也需得到补偿，否则，劳动力素质就难以不断得到提高，进而影响组织目标的实现。

2. 人员激励。工资是劳动者满足物质文化生活需要的主要手段，要想提高生活水平，就需要努力工作以得到更高的工资。同时，工资的多寡往往与职位和社会地位的高低联系在一起，激励着工作人员不断积极向上。另外，从世界各国的工资管理经验来看，足够高的工资也是公职人员廉洁奉公的物质保障，即高薪养廉。因此，工资是激励人的经济基础。

3. 调节人员流向。在人才市场中，人才供求的短期决定因素是工资。工资高，人才供给数量就大；工资低，人才供给数量就小。因此，合理地利用工资经济参数，就可以引导人才向合理的方向流动，使其从不急需或过剩的行业、部门和地区，流向急需或紧缺的行业、部门和地区。通过工资关系（工资差别）的调整，来留住组织发展的关键人才，并吸引优秀人才到组织中来。

（二）公务员的工资和福利

公务员实行国家统一的职务与级别相结合的工资制度。其工资制度体现工作职责、工作能力、工作实绩、资历等因素的不同，并且公务员之间的工资差别会保持不同职务、级别之间的合理差距。

我国1993年后在公务员管理中开始实施职务级别工资制，公务员工资包括四个部分：

1. 职务工资：体现职务高低、责任轻重、工作难易程度，每一职务设6～14档；

2. 级别工资：体现人员的资历与能力，共分15级；

3. 基础工资：保证工作人员及其家属基本生活的需要，不区分职务高低；

4. 工龄工资：按工作年限计发。

《公务员法》实施后，我国公务员工资体制也相应地发生了变化。具体来说，公务员工资调整为基本工资、津贴、补贴和奖金四个部分。津贴包括地区附加津贴、艰苦边远地区津贴、岗位津贴等，补贴包括住房、医疗等补贴、补助。公务员如果在定期考核中被确定为优秀、称职的，将能够按照国家规定享受年终奖金。

公务员的各项福利包括各项福利补贴、补助，如生活补助、洗理费、书报补助、夏季防暑降温费、夜餐补助、上下班交通费补贴、冬季宿舍取暖补贴、通信补助等，以及法定的探亲制度和休假制度各种假期包括产假、婚假、病假、事假、法定假期等，此外还有各种集体生活福利设施，如员工食堂、保育设施、员工住宅、集体文化娱乐设施等。

◆第八章 行政决策概说

第一节 行政决策的含义

根据决策理论的创始人赫伯特·西蒙的分析，决策概念至少包括以下几层含义：第一，它是一种行为，一种过程，而不是一种结果。这个过程起源于一定的动机，它的终端是作为或不作为的决定，是确立了的行为取向，但决策本身仅仅意味着一种过程。决策是贯穿在动机和结果之间的中间环节，是从一定动机达到一定结果的桥梁。第二，它是一种选择的过程，是人类在实施一项改造自然和社会实践活动之前，对多种可能的行为取向的一种判定和“择一而行”的选择。因此，决策过程是人类解决问题的一个主要环节。第三，这个过程既可能是理性的，也可能是非理性的。

行政决策是指国家行政机关工作人员在处理国家行政事务时，为了达到预定的目标，根据一定的情况和条件，运用科学的理论和方法，系统地分析主客观条件，在掌握大量有关信息的基础上，对所要解决的问题或处理的事务做出决定的行为和过程。

第二节 行政决策的特征

1. 行政决策的主体是具有法定行政权的国家行政机关或在国家机关中占据合法职位的政府官员。除经上级国家机关、法律以及其他社会规范授权外，行政机关和政府官员以外的任何其他机构和社会组织、个人，一般说来是不拥有行政决策权力的。

2. 行政决策涉及各个领域的广泛的社会事务的管理，从中央到地方，各级行政机关运用行政决策权力解决社会公共事务的各种问题。在解决问题的过程中，往往要涉及很多机构，动用大量的人力、物力、财力。行政决策的主要功能，首先不是盈利，而是实现对社会价值的权威性再分配，确立公正平等的社会关系。

3. 行政决策的进行必须以法律为依据。各级行政组织及其负责人根据法律的决策、权限，依法制定和实施其相应职权范围的行政决策，并依法保障各级独立的行政决策权。

4. 行政决策的结果表现为国家的政策或法律、法规，这些政策或法律、法规一经确定下来，付诸实施，便具有特殊的权威性和强制性，具有普遍的约束力。任何组织或个人都不能违反它们，否则将会受到惩罚。

5. 行政决策过程是权力运用的政治过程，有交易、妥协，有针锋相对的冲突，甚至有战争。

可见，行政决策具有明显的政治性，它属于政治决策的范畴，是政治系统中的一类决策。行政决策的这些特点，从根本本上损害了行政决策的科学性，而且使它的整个过程充满扑朔迷离的复杂性和神秘性，给政治家施展政治艺术提供了广阔的领域。

第三节　政策过程

行政决策是个复杂的过程。其中存在许多机构、部门、个人间的相互作用，可能在若干阶段上渐次展开，不同阶段环环相扣，构成政府行动与社会问题间的往复循环。因此，“政策过程”这个概念就是要求用动态观点认识和分析行政决策，并揭示其中的复杂性。大多数学者将政策过程分为五个阶段，即政策议程建立、政策方案形成、政策决定、政策执行与政策评估。

这些阶段是逻辑上的区分。实际过程受各种环境条件的影响，不一定表现出完美的线性。阶段与阶段间可能跳跃、重合，也可能中断。但政策过程概念可帮助我们形成分析角度，并将各种现象和知识纳入完整的分析框架中。

一、政策议程建立

议程建立是政策过程的第一阶段，决策者需要辨认什么是政策问题，并依据某种标准，对问题的轻重缓急做出排序。初看似乎并无需要讨论的价值，总是出现了问题，才需要决策，因此，决策者必然清楚要解决什么问题。但实际情况可能比想像的要复杂得多。从不同的角度看问题可能完全不同。把什么问题纳入议程，把它看作什么性质的问题，这对后面的决策阶段有重要影响。因此，议程建立实际上是整个政策过程中最重要的阶段。

（一）政策问题的确认

政策所要解决的问题是那些带有普遍性和共性的社会问题或公共问题，是人们的价值、观念、利益或生存条件遭到威胁或损害而出现的问题；社会问题是由于社会关系或环境失调，使社会全体或部分成员的正常生活乃至社会进步发生障碍。也有人解释为，政策问题是那些引发部分或全部公民需求或不满的条件和状况，而这些公民追求的是状况的改善或矫正。

由此来看，成为政策问题的问题都必须具备一定范围和强度的影响力。问题的强度和影响力，以及渴望解决问题的强度在很大程度上决定了该问题能否进入议程和在议程中的排序。

然而，有些问题较易给出带有相对清晰的利益边界，或较易做出价值判断，这时政策问题的确认较易。如很少有人否认，政府应努力打击犯罪，维护良好的社会秩序。但在另一些问题上，却可能存在不同的价值判断，社会各界难以达成一致的态度。如经济发展重要，环境保护也重要，怎样对待一个经济效益巨大，但可能带来污染的项目？又如，怎样看待艾滋病？传统的观念会把它看作社会道德问题，从这个角度来看，消除艾滋病就必须对某类社会行为和相应的人群进行谴责、打击与控制。但另外一种观点主张将艾滋病首先或主要看作公共卫生问题，解决问题的措施则是清除歧视给予社会关爱，实行必要的公共卫生措施和积极的治疗措施。

可见，不同角度和不同理解会有不同的问题定义，有时甚至会形成冲突。实际决策过程中大量问题都是边界模糊的复杂问题，不同角度有不同看法。因此，所谓政策问题的确认和政策议程的建立，必然充满各种意见间的争论。对此，要有充分的认识。

（二）建立议程的途径

政策议程的建立是复杂的过程。各种问题能否进入正式的政策议程，取决于各种力量的交互影响力。一般来说，公众关心和讨论的各种问题叫公众议程，进入决策程序并被正式提出来讨论的各种问题，则是制度议程或政府议程。综观各国情况，进入制度议程的途径大致有三种：

1. 外在发动型：常由政府以外的社会团体或公众提出，首先成为公众议程，引起广泛讨论或较大反响，然后以社会舆论或建议的方式被政府采纳，从而进入正式的政府议程；

2. 政治动员型：常由最高领导集团或政治领袖提出，自上而下地形成各级政府的基本政策议程，再向外扩散成为社会公众接受和认可的议程；

3. 内在发动型：常是某一政府部门或某一层级的政府首先提出，并被采纳为政府的正式议程。以上三种途径无优劣之分，不同的制度背景、环境条件、历史传统，以及不同的问题性质，均导致不同的途径。许多调查材料显示，特定时期的公众议程和政府议程，可能不同。亦即公众认为最重要的问题，政府未必认为最重要。

一般来说，政府与决策精英有特定的看问题的角度和决策考虑，普通民众也会有特定的看问题的角度，两者有差异是正常的。但如差异很大，且长时间存在，却是不正常的。它表明政府与社会间存在基本价值观上的断裂，缺乏共识。决策层要充分了解民意，要有能力在社会公众形成对重要问题的共识。如不能做到这一点，决策过程从一开头就会困难重重。

二、政策方案形成

第二个阶段是政策方案形成。问题被列入议程后的任务是为解决问题寻找一系列政策方案，从中选择最恰当的、最符合政策目标的方案，以供决策者做最终的比较和决定。

政治生活的复杂性决定了政策问题必然牵涉很多方面的利益和行为。在不同的立场看问题，就有不同的理解和利益计算方法，会形成不同的解决方案。它们可能是相互替代的，也可能是互补的，但制订方案时必须遵循以下原则：

（一）信息性原则

掌握充分的信息是分析解决问题的基础。政策问题是具体的，政策方案必须基于信息的可靠性、准确性和广泛性。虽然，理性主义模型的信息完全是理想的，但信息搜集、整理加工、传递和转换的工作能够帮助我们尽可能全面地把握问题的实质。信息缺乏和信息错误都将导致政策方案的失败或者缺乏可行性。

（二）系统性原则

任何一个政策问题都不是孤立的，与其他问题相互关联，形成相互交织的网络和系统。另外，政策问题本身就涉及各种利益团体和参与者，因此，必须把认清受政策影响的对象，把政策对社会系统的影响统一起来分析。系统性原则的这两重含义都要领会。

（三）预见性原则

政策是针对现实社会问题而提出的，但它产生既定的效果往往是在一定时期之后。这时，问题的程度、大小、性质、影响的深度和广度都可能发生了变化，因此，方案的制订要有较强的预见性和适应性。

（四）灵活性原则

政策方案是针对某一时期某一问题所提出的，一旦正式成为公共政策，它将具有强制约束性，即具备某种刚性。然而，突发或紧急情况的出现会对政策造成挑战，因此，政策方案要有矫正和改善的空间，避免由于过分的僵化影响了政策的变迁，从而使政策缺乏连续性。

（五）可行性原则

制定政策就是为了实施，只有符合现实条件的政策方案才具有可行性。在准备政策方案时，必须充分估计各种环境因素的影响，除了注重理性因素的作用外，还要注重价值理性及非理性的因素的影响，这与信息收集密切相关。缺乏可行性的政策对实际政治生活没有多大意义，仅仅可能有益于学术上的研究。

政策方案应是竞争择优的，“优”的标准需要综合政策目标、社会收益、执行可能等标准来评价，评价的过程应有充分的公开性和竞争性。仅由少数领导或少数部门提出政策方案，然后就强制推行，这种方法不可取。

决策的科学化和民主化，应从政策方案的形成阶段上就充分强调和贯彻。一般来说，最终决策权需要集中，但为使这种集中不走向偏颇，就要有一个对各种方案进行广泛讨论、咨询的过程。首先划定政策涉及的对象和范围，一方面公开咨询，另一方面把政策方案的制订交由负责任的团体和组织制订，然后通过公开、公正的程序提交决策部门。

理解政策问题、搜集信息是政策方案形成的基本阶段，通过这个过程，起码有两个好处：

1. 参与讨论和咨询的各方会从各自的角度和利益出发，主动承担制订方案的成本，从而降低政府的信息和时间成本；

2. 公开讨论政策问题以及解决方案能让公众，包括政策对象更好地理解问题和相关的解决办法，有利于意见的收集和政策宣传、执行。

但这也有可能造成两种困境：

（1）由于多元社会的高度发展，利益代表者不计其数，如果利益过于分散，那它们之间的博弈过程会非常复杂，难以形成获得普遍同意的政策方案；

（2）由于政策参与者的积极性被高度地调动起来，政策问题的利益关系会比较清晰，因此，如最终决策不能协调成功，利益受损者的行动将可能被激化，造成不稳定。

政策方案的来源是可以多元化的，它比政府某部门独立操作可能更能产生效益和权威，也是政策过程民主化的一种措施。针对政策形成，我们强调的是解决办法之间的选择性。不同的参与者，包括政府主管部门，提出相应的政策方案，然后通过协商、讨论、说理来解释最后决策的理由。为每一个方案提出理由，这是程序民主的体现，如果政策方案的理由被接受，那么，公共政策实行起来会事半功倍。为了避免前面提到的两种困境，政府要提高决策公正性和协商能力。

三、政策决定

各种政策方案提出后，需要有一个最终的选择，于是就进入政策过程的第三个阶段:政策决定。在这个阶段上，决策者要对备选方案进行淘汰，要明确选择的理由并下政治决心。很多时候，还需要对较粗略的方案进一步细化，或将各种方案予以综合。

此外，还要尽可能地确定实现政策目标的具体途径、措施和手段，包括政策界限、权限的规定和相关的机构设置、人员配备、财政资金的保障等。

最终的政策方案容量是非常有限的。供选择的政策方案各因素之间往往是互斥的、相互替代的，不同的利益立场的政策选择可能很不一样。因此，政策制定要综合很多各种要素来考虑，制定者所必然拥有的权威和资源就应该投入到决策阶段，即尽量做出符合政策目标和现状的、可行的、恰当的决策。

政策制定的方法论模型中，有理性主义模型，即通过量化的利益计算来择优；也有渐进主义模型，即更多地考虑实际条件的约束，谨慎地试探和寻找相对稳妥的路径，并允许各种试错的空间。

政策制定中使用的手段和方法对政策质量和政策结果也有重要的影响。由于政策制定面对的问题错综复杂，仅仅利用经验的、手工的、直观的或简单的决策方法远远满足不了决策的目标要求。先进的决策手段和方法有助于及时、准确、全面地收集和处理信息，对决策科学地进行定量、定性和可行性分析，客观地判断备选方案，并且可以有效排除和抑制外界压力、个人素质等因素对决策过程的消极影响。政策制定需要对政策备选方案修改和补充，使它具有可行性才能推出，因此细节的问题非常多。

具体的政策制定过程可能是多样的、不稳定的，操作技术因素也是不断发展的，我们这里要强调的是政策决定的合理性如何得到保证。合理性既需要充分展开的民主，也需要充分有效率的决断。一般来说，在政策方案形成阶段上，应该尽可能地提供民主咨询的机会。而在政策决定阶段上，则要强调集中与通盘考虑。两个方面的互动和互补，能够保证整个政策制定既充分反映民意，同时又有效率。

经济决策模式确定政策方案后，必须对该方案合法化成为真正有权威性的决策，只有获得合法性的政策决策，才能在后续的政策过程中得到切实有效的执行。

政策合法化包含两个层次：政治正当性（1egitimacy）和政策合法化程序。

公共政策制定与执行若缺乏正当性，必难以执行。政治正当性包含：实质层面与心理层面。实质层面即合法性问题，是指必须在宪法架构下运作；在民主法治的国家，合法化是政策必经的历程，经立法机关合法化过程的政策，才能为广大的民众所接受，付诸施行时，才会比较顺利。心理层面则是指被统治者愿意接受统治者以及其政策的统治与约束；统治的正当性愈高，则民众的服从度愈高，愈能得到高的政策绩效，反之则否。因此，在我国港澳特别行政区，合法性被称为“认受性”，即接受与认同的程度。

政策合法化程序是指，政策备选方案必须得到有权责的机关或个人之认可批准，才能取得合法地位。政策合法化程序也包含两个层面：一是行政机关的政策合法化；二是立法机关的政策合法化。简单而言，可以认为，政策合法化就是使政策方案被公众认可、接受、遵从的过程，具体来说包括几方面的内容：

1. 决策者及其权力的合法化

这是政策合法化的前提，只有具备合法性的决策主体在其权限范围内颁布的政策，才有合法化的可能。决策者的地位及权限是由宪法和法律规定的，决策者必须按照法律规定，在其权限范围内做出决策并使相应的政策方案合法化。公共政策具有权威性，对社会具有普遍约束力，只能由法定的决策者依照法定的权限制定，不具有法定政策决策权力或超越权限范围的，都不能使政策取得合法性。

2. 政策决策程序的合法化

程序是对决策行为的普遍规范和制度化，是以形式合理去抑制可能产生的实质不合理，防止随意决策和个人专断，提高了决策的可预测性。公正的程序强化了决策的内在化、社会化效果，人们很难抗拒程序所带来的后果。

许多国家设有专门规范决策过程的程序性法规，如审查、听证制度等。而政策的内容、形式和效力范围不同，其合法化的主体和程序也不同。一般来说，立法机关强调公平、民主，其政策合法化的程序就相对烦琐、复杂。行政机关强调效率，其政策合法化程序就比较简单。同一国家机关，不同的政策也可能有不同的合法化程序，如我国国务院制定重大政策，应由国务院常务会议或全体会议讨论决定后由国务院总理签署发布。而一般性政策，国务院总理有权直接签署发布。

3. 政策内容的合法化

决策的政策方案必须与国家的宪法和现行法律保持一致，不能发生抵触，不仅要符合有关的立法精神和法律原则，而且要符合法律的具体规定和相关的司法解释。同时，还应注意与行政法规、地方性法规等进行配合调适。

随着中国日渐融入全球化，政策决策有时还要考虑国际条约、国际惯例以及 WTO 的相关规定。这就需要在决策过程中，注意把备选方案与相关法律法规进行对照，必要时要向法律性政策机构甚至立法机关进行咨询，或者设立专门的法律审查程序。在这方面，西方主流法系的司法审查制度十分值得我们借鉴。

4. 政策内容法律化

就是把政策向法律转化，按我国《立法法》的要求，由拥有立法权的国家机关依立法权限和程序，把经实践检验较为成功的、成熟稳定的确有立法必要的政策转化为法律，提升这些政策的法律效力。这无疑是一项立法活动，必须满足相应的要求才能进行，是政策合法化特殊的表现。

第四节　政策分析的方法

决策的科学化和民主化要求高度重视方法论。从科学性角度看，要借助多种知识和方法，以求正确把握问题，预测和分析复杂因素的变化趋势，才能制定较好的政策。从民主性角度看，同样要借助各种方法和手段，才能引导和归纳多种利益表达。

但在行政决策过程中，并不存在绝对正确与惟一的方法。以有利于解决问题为导向，从历史经验和比较研究中学习，灵活掌握和运用多种方法，是加强决策科学化和民主化的基本要求。本节对一些重要的方法做简单介绍。

一、定性分析与定量分析

哲学上的量变、质变关系，延伸向方法论就是定量和定性两种分析方法。它们不相互排斥，只提供相对独立、客观的比较分析方法。另外，性质和数量是观察和分析、判断事物的两个基本着眼点。

一般而言，能进行量化分析的东西，尽量采用量化分析。这样可获得更为直观、精确的结果。但社会科学领域并不像自然科学领域那样，能用客观的数字来说明所有问题。涉及价值、意识等的主观方面的东西，往往难以量化。因此，定性分析方法的把握显得非常必要和重要。

政治领域中，要对事物、现象的性质作准确把握非常困难，除借助量化技术外，更重要是洞察事物间的内在联系。如能抓住事物的根本属性，则对公共政策的分析就是成功的，就能揭示当中的价值问题和矛盾。

但是，定量分析是定性分析的基础。包括经济效益和投入产出的计算都是定量分析所考虑的范畴，通过这样的计算可以进行决策，也就反映了具体政策的利益之所在，是性质上的问题。可见，两种基本的分析方法是统一的。

二、专门的分析方法

过去的学科研究基本办法就是按照定性和定量来划分，可以说，完全就是纯粹的方法，因而是绝对不足以帮助解决专门的公共政策问题，为此，下面将介绍一些政治学领域的几种专门分析方法。

政策分析有很多专门的方法，有人重视整个政策过程的某个环节或者执行措施，有的则关注比较客观可见的环境因素，还有人喜欢通过精确的统计测量等更直观的方法来进行分析。每一种方法都有它自己的优点，所以最好的办法是综合运用。以下介绍几种专门的分析方法。

（一）过程方法

过程方法是最常见的分析方法，是把公共政策的形成、决策及实施各阶段看作循环过程，它们之间密切联系。顺序上，后一个阶段是接着前一个阶段的结果所产生的，因此形成链条式的环环相扣。与系统理论不同，政策过程方法把系统内部的运作分为更为明显的阶段。

政策过程本身不能简单概括为输入、输出、反馈的，类似装配线的过程。后面的章节我们会阐述政策过程的各个阶段，目前，作为一种方法，必须明确各阶段间是相互关联、起着承前启后作用的。因此，运用政策过程方法来进行分析要求历史地、整体地看问题。尽管当中某些阶段尤为复杂，对它的研究也比较多，但是我们不能割裂地进行观察，必须清楚它在整个过程当中的地位和影响。

从另一个角度看，政策过程中的各个阶段又是有其相对独立性的。比如政策方案的形成阶段，可能是针对存在的社会问题产生的解决方案，但也可能是政治家和官僚们为了达成某种目的或者价值所促成的结果。这样一来，常见的“目标——问题——方案”的逻辑就有可能是相反的“目标——方案——问题”，由此导致的政策过程的具体变化便不能僵死地运用过程理论。既要看到各个阶段的联系，也要分析它们的独立地位。

（二）实体方法

实体研究方法，和抽象的政策研究相对应，都是针对某一特定政策领域进行研究的方法。通过把握客观的、具体的政策实体来发现问题作为研究的对象。可以是某一政策，如福利政策、卫生保健政策、教育政策、能源政策等等；也可以是政策过程中的某一阶段，比如：政策方案的形成、政策环境、政策的执行和转换等。这样的一种研究方法是非常具体和客观的，比较容易仔细地把握尽可能多的信息，因为它可以针对政策研究中某个或者某些实体展开研究，对象非常明确，所以也被称为实体研究方法。

实体研究是政策科学领域必不可少的，它比普遍性的政策分析更能提供直接、可把握的信息，对现实生活中有非常重要的意义。对具体政策的分析评估也需要很多技术性手段，比如准确的数字统计、回归分析、投入产出的效率分析等，因此也被称为“客观方法”。

然而，学界也存在另外一种意见。毕竟实体分析方法针对的是具体的政策，甚至是具体的案例分析，所以变数非常多，不稳定的因素导致研究的结果失去普遍意义和推广意义。不断变化的情况使得这样的政策研究方法只是一种指导性框架，并不能为良好的政策分析提供根本性原则。基于经验性的分析缺乏稳定性，这是更为一般的政策分析提出批判的依据。

但是，我们认为，公共政策分析既然是问题导向的，决不能放弃对实际情况的具体分析，所以实体分析方法一定要发扬，只是值得注意的是要善于发掘其中更为普遍的内涵，把价值规范和意识形态的东西一同纳入考虑，做到理论和实践、主观和客观相结合。

（三）逻辑实证方法

逻辑实证方法，也称作行为主义方法或者科学方法，主要运用理论演绎、模型、假设验证、客观数据、比较方法和严谨的统计分析的方法，是一套非常清晰明了的操作方法。这一套方法有几点重要的要求：

1.要对关键性的概念有清晰的定义和划分。因为如果定义含糊，界限不清晰，所谓“科学的方法”就失去准确性，必然影响结果及其预测效果。然而，有些随着认识和实践的不断深化，新概念的产生和旧概念的修正也会影响逻辑实证研究方法的运用。要根据实际情况，更新概念体系才能保证研究的进步性。

2. 要重视研究的前提假设，必须在符合条件的情况下运用各种理论和模型，避免导致自相矛盾或者循环论证的研究结论。

3. 运用客观数据和严谨的统计手段一定要具有解释的作用，“二战”后流行的这种行为主义研究方法统治了超过50年，是非常重要的分析方法。

逻辑实证方法的缺点就是后来导致后实证主义、后行为主义的原因。尽管数据资料是客观的，但是选择数据搜集的方法，取样以及对数据阅读的角度则是主观的，所以逻辑实证方法也不可能完全做到“价值中立”，因而对价值规范和意识的影响又被唤回到研究中来。实际上，有不少社会现象也不能用理性和绝对数字来解释，因此出现了逻辑实证研究的失败，这是我们必须明确的。

（四）计量经济学方法

计量经济学方法，即公共选择理论，是以经济学理论为基础，讨论政治领域里面的“理性选择”理论。研究的起点是个体的利益计算，从此出发讨论策略的选择及其最终对整体决策的影响。这种方法首先是“理性人”假设，认为每一个个体都会无视集体利益，而追求自身利益偏好的最大化。

由于理性人是目光短浅的，通过博弈方法的计算，理性人各自的最优选择并不能达到整体的最优结果。也就是说出现了“$1+1<2$”的次优结果。过去认为只要每个人的偏好能够获得实现，那么整体的利益就是最大化。但是公共选择理论就告诉我们，面对公共资源，理性人都会选择“搭便车”或非合作的策略以便使自己能够以最低的成本获得最大的利益，结果就出现了“公共资源的悲剧”——谁都不愿意吃亏。

因此，我们需要公共政策和权威来组织个体，同时监督个体的行为，这就是公共政策产生的一种理解，同样我们可以用这样的路径来分析政策问题的产生和变化。

这只是经济学方法的一个非常简单的例子，对它的运用非常复杂。但经济学所具备的穿透性很强的分析方法很有说服力，因此，在政策领域已成为非常重要的分析方法。尽管它的缺点也非常明显。由于把任何行为都归结为利益驱动和计算，排除了宗教信仰、个人偏好等非理性的因素，所以在解释某些事情上，并不能准确地预测。因为人在感情、宗教信仰等因素面前，利益可能被放在次要的位置上，利益前提假设就不起作用了。因此，这种方法的局限性警惕我们必须谨慎对待，也说明了对理论模型的假设条件的把握具有决定性意义。

（五）后实证主义方法

在上文中，我们已经提到过一种新的趋势。针对实证主义对科学方法的运用，包括逻辑实证主义和经济分析方法，批判者质疑：剔除价值判断的研究方法难以解释现实的全部情况，信仰和感情因素对政策实施和制定有非常重要的影响。政策本身是有价值取向和目标的，如果排除价值因素谈所谓“客观”的数据和利益算计，将降低研究结果的解释性和预测能力。

后实证主义者主张以价值为基础，包含更符合直觉和意识的分析方法，再结合实证研究。他们并没有排斥实证方法，只是对主宰行为的价值因素的重新重视，是反思后的进步。

从方法论上讲，实证主义擅长把社会现象拆分成各种系数、指标，单纯对某事件本身进行研究和预测。而后实证主义则主张理解各种社会现象，找出其背后的价值目标和变化；从社会环境中的相互联系和影响来解释现象的产生，强调互动和实例研究。总之，它们最基本的差别是对价值和意识的定位。实证主义要求价值中立，后实证主义则肯定价值前提。

价值判断是非常抽象的东西，不同分析者有不同理解。与严谨的实证分析比起来，后实证主义的主张可能导致不稳定性和不确定性，也遭到了不少的批判。因此，采用后实证主义研究方法必须警惕纯粹的抽象价值讨论方法。

（六）参与主义路径

由彼得·德里昂（Peter Deleon）及一些学者新近提出的参与主义，与后实证主义的挑战密切相关，试图把既懂得利益，又有价值偏好的利益涉及者都纳入政策制定过程中，通过扩大参与，允许受政策影响者参与政策过程，从而实现拉斯韦尔所提出的政策科学的民主。要求为个体、利益集团、官僚们提供更宽阔的讨论空间和进谏途径，以便让他们参与到政策设计和再设计。

为了实现更民主的政策制定过程，掌握更多的信息和意见是必然的要求，然而，对参与主义的可行性的质疑也就由此而起。一方面卷入更多的参与者或者政策对象；另一方面追求获得广泛支持的政策方案。虽然不能说两者是完全背离的，但是在许多情况下，人越多、利益代表越多，意见就越分散，获得一致意见的机会就越小。参与性政策制定的实现必须提供对话和协商的平台，否则，更多的参与最终仍导致少数人说了算，或者根本产生不出有效的方案。即使参与的扩大与一致性的追求不谋而合，政策过程也得投入更多的资源和时间。以效率和效益作为代价追求政策民主，是否值得？这就是许多争论的起点。

人们的价值目标是追求政策科学的民主，或者民主的政策过程，这条路径恰恰是符合这样一个价值目标的。

我们认为，需要讨论的是如何使公平对话和有效协商成为可能，尽管不能保证所有政策过程最终都产出最好的政策方案，但是民主过程最起码保证了合理性和合法性，对政策过程中的议程设定、方案形成和政策执行都有正面的影响。这种路径是新近的民主政策趋势，是专门的政策研究视角，可以为政策科学的研究提供一种全新的视角，改变原来单向的权威分配观点，因此作为一种专门分析方法作介绍。

(七)规范性描述方法

本章开始时提到规范性和经验性分析的区别。对某一具体事情，可通过科学方法和数据来描述，有人称这是客观描述。但正如“瞎子摸象”一样，他们都如实地反映了所触及的信息，却不能准确地把握整体。从这个故事中，我们最起码应吸取两个道理：

1. 对事物的整体把握的重要性。仅仅根据局部的信息是很难把握真相的，如大象是一种抽象的东西，表面的测量就更乏力了。所以必须理解现象的本质和价值内涵。

2. 故事说明每个人对数据的选择不同，理解也不同。对数据的选择和理解是主观的，有价值倾向的，因此，对事物的描述带有价值判断，我们应承认这点，在研读别人的研究和自己进行研究的时候，要理解背后的价值，以便对客观现象有更深刻的理解。

(八)意识形态方法

意识形态是政策环境的重要因素，它的影响力贯穿整个政策过程，有时候甚至具有决定性意义。国家的意识形态是政策制定的一种导向，由于权威资源都掌握在政府或者统治阶层内部，而公共政策的制定涉及资源的分配，社会主义和资本主义所追求的价值就截然不同。又例如自由主义和保守主义，由于意识形态的不同，对政府干预市场的态度也截然相反。政府对经济的干预程度可以体现在具体的经济政策的制定上。反过来讲，如果政策制定不符合主流意识形态，那么政策执行将遭受巨大的阻力，甚至被撤销。

在评估公共政策时，政策目标应结合意识形态来讨论。虽不能说以意识形态为导向的目标一定是最佳的、最正确的，但由于政策是在意识形态框架下制定的，如不符合原有框架的目标，则绝对不能说公共政策是符合预期目标的。价值和意识都是非常抽象的东西，意识形态可被驯化或强加，但有的价值有普遍意义，要加以区分才能更好运用意识形态的分析方法来评估公共政策。

(九)历史方法

历史的研究方法是加入时间维度去考虑政策问题。政策过程并不是静止的，从政策问题进入议程、形成解决方案、制定政策、政策执行到评估和改变，这些阶段都是一环扣一环的，时间上是纵向发展的。另外，政策与政策之间是相互联系的，某一项政策可能是另一项政策所引起的，也可能是问题发展到不同程度产生的相对应的政策方案。所以，从一个历史的角度去观察政策的发展和政策方案的选择可以帮助我们更好地理解政策。

比如我们过去对流浪者采取强迫收容遣送制度，在出现孙志刚惨案后，对流浪和乞讨者的管理转变为以无偿、自愿为原则的救助管理政策。这项转变体现了国家福利、政府服务理念。国家与政府的服务对象是全社会公民，收容遣送制度更多地是管理控制公民，而新的政策摒弃了这种理念，倡导亲民、助民和益民观念。这就要求政府救济帮助流动中的弱势群体，保障他们的基本生活权益。当这些群体生活无着时，政府应为他们走向新的生活提供一定的帮助。

另外，这也是责任政府观的体现。收容遣送是一种权力的强制，而对生活无着的流浪乞讨人员实行自愿救助，是对他们生命、健康和安全负责的表现。由此体现的是新的政策制度下政府敢于负责，敢于承担救助弱势群体的责任，把救济帮助弱势群体作为政府的一项工作制度，对社会、对公民高度负责的态度。

如果单单从救助管理条例本身，我们不可能获得如此多的信息，只有把政策置于发展过程中才能看到它的变化，以及变化所意味的价值尺度转变。历史方法要求我们跳出具体政策本身，从一个长时期、大范围来考量。

◆第九章 财务行政

第一节 财务行政概述

一、财务行政概念

财务行政是行政组织对国家财政收支分配活动的组织、实施和监督管理活动的总称，它包括与财政活动有关的管理体制、管理制度，以及各项具体的管理方法和程序。财务行政主要由国家预算、国家决算、政府审计和税收制度等部分构成，这些部分相互联系、相互作用，组成一个完整的系统，为行政管理总体功能的发挥提供物质保障。

1. 行政组织是财务行政的主体

财务行政是由行政组织负责实施的，与行政组织履行其职能的各种活动密切相关。行政组织在社会产品分配中处于主导地位，在此基础上形成与各种社会组织、社会团体和社会成员的错综复杂的分配关系。

2. 财务行政的目的是保证社会公共需要

它以维持行政组织的正常运转和有效履行行政职能为前提条件。在国家存在的情况下，行政组织必须从社会产品占有相应部分来满足各种社会公共需要，而且社会发展产生出一种新的公共需要时，需要对社会分配过程进行相应调整以满足这种需要。

3. 财务行政是借助于货币的特殊职能实现价值分配的过程

行政组织借助于货币的支付手段、价值尺度等特殊职能，采用包括预算、税收、信贷、价格、利润分配、补贴等多种形式进行价值分配。

二、财务行政职能

财务行政有筹集资金、配置资源、调节分配关系和宏观调控四种主要职能。

(一)筹集资金

由于包括公共行政组织在内的国家政权机构本身并不创造物质财富，所以只能从社会分配中强制性地集中一部分社会产品维持其自身的存在。为维持和巩固国家机器的存在、运行并发挥其在社会政治和经济生活中的控制、支配和调节作用，政府必须凭借政治权力在社会产品集中分配过程中无偿占有一定的社会资金。

(二)配置资源

配置资源即国家行政组织凭借其掌握的权力，通过资金、财力的分配，引导社会人力和物力的流向，形成一定的经济产业结构。为此要求政府优化资源配置目标，合理确定投资项目和规模以及各种分配比例。

(三)调节分配关系

调节分配关系即调节社会中的各分配主体之间的物质利益关系，在实现合理分配的目标的基础上形成较稳定的社会分配制度。由于各分配主体有不同的利益要求、分配行为和分配目标，在不同的分配过程中就会有不同的分配方法和分配体制。而整个社会的物质利益分配过程是通过预算、决算、税收、信贷、投资等一系列的财务行政活动和财政管理体制来实现的。

(四)宏观调控

政府需要在一定的财政管理体制下，利用各种财政政策和财政手段，通过有目的、有计划、集中性的收支活动调节、控制、影响无数微观经济主体分散进行的经济活动和财务活动，在力求财政收支、信贷收支、外汇收支和物资供求之间进行综合平衡的基础上保持社会总供求的大体平衡，对经济过“热”或较“冷”的现象进行主动调节，以实现社会经济持续稳定的增长。

三、财务行政作用

财务行政的作用主要表现在以下六个方面：

1. 控制国民收入的分配

财政在国民收入的分配中处于主导地位。充分发挥财务行政的作用有利于妥善解决国家、企业、个人三者之间的分配关系和利益关系，有利于调整和控制国民收入的分配和再分配过程。

2. 控制国家预算收支平衡

充分发挥财务行政的作用有利于国家预算的编制和执行，并可使国家适当集中资金，增加有效供给。

3. 强化税收的宏观调控作用

充分发挥财务行政的作用有利于税收工作的制度化和规范化，在增加税收的基础上增加财政收入，适当扩大财政支出的力度和范围，更好地发挥税收对国民经济的宏观调控作用。

4. 促进国家宏观经济调控政策目标的实现

充分发挥财务行政的作用有利于整个国家宏观调控体系的构建，并且为实现国家宏观调控目标和有效地运用其他宏观调控手段提供保证。

5. 理顺中央和地方的分配关系

充分发挥财务行政的作用有利于解决中央政府和各级地方政府间的分权、分税问题，并可通过中央政府对地方财力的分配和调节，优化资源配置，缩小地区间的差距，促进全国统一市场的形成和发展。

6. 增强中央调控经济的能力

充分发挥财务行政的作用，有利于保证中央与地方财政收入的增长，并在此前提下保证中央财政收入在全部财政收入中占有较大的比重，从而增强中央调控经济的能力。

第二节 国家预算

一、国家预算概念

国家预算又称财政预算，是政府的财政收支计划，是政府有计划地集中和分配资金，调节社会经济生活的主要的财政手段和财政机制，国家预算具体规定计划年度内国家财政收支指标及其平衡状况，反映政府活动的范围、方向和政策。

把握国家预算的概念要抓住三个要点：一是国家预算是具有法律效力的基本财政计划；二是国家预算是国家参与国民收入分配和调节社会经济活动的主要财政杠杆；三是国家预算反映整个国家的方针、政策，规定政府活动的范围和方向。

二、国家预算种类

明确预算种类的划分，是编制预算工作前的必要准备。国家预算因划分标准不同而可以有以下种类。

(一)概算、草拟预算、法定预算和分配预算

根据预算编审程序的先后，可分为概算、草拟预算、法定预算和分配预算。概算是编制预算以前对收支指标所提出的大概数字。草拟预算是指草拟成文还未经立法机关通过和公布的预算。法定预算是经立法程序审批后公布的正式预算。分配预算是按法定预算范围，

分配各机关实施的计划。

（二）正式预算、追加预算和非常预算

根据预算制定时间的先后，可分为正式预算、追加预算和非常预算。正式预算是指按正常程序编制的预算；追加预算是指预算支出总额以外的增加支出；非常预算是应对国家意外的重大事变所做的特别预算。

（三）经常预算和临时预算

根据预算的财政收支的经常性和临时性依据，可分为经常预算和临时预算。经常预算的财务收支在各年度呈规则状态，数额上大体无变动。而临时预算的财务收支，在各年度做不规则变化，数额也不一定。

（四）单式预算和复式预算

根据预算的编制方式可分为单式预算和复式预算。所有的财政收支仅由一个预算加以包容与规范的，称之为单式预算。单式预算编制简单，目的单纯，易于为立法机关在总收支方面进行控制和社会公众所了解。其缺点在于：预算资金的来源及使用方向划分不清，易于造成经常性开支与建设性开支相互挤占，加大消费与积累的矛盾；对各项支出的实际效益很难进行有效的监督，也不便于在预算安排上进行科学的划分和宏观决策管理等。从新中国成立至20世纪90年代预算管理改革前，我国一直采用单式预算形式。

复式预算则将现行国家预算划分为经常性预算和建设性预算两部分。

经常性预算包括经常性预算收入和经常性预算支出。经常性预算收入是国家以社会管理者身份取得的各项税收收入和其他收入。经常性预算为政府的政治、文化教育和社会服务等职能提供经费，属于全体社会成员的共同消费。经常性预算支出是政府用于政权建设、行政管理、科学文化教育、卫生及保障人民生活等方面的支出。

建设性预算包括建设性预算收入和建设性预算支出。建设性预算收入是国家以国有资产管理者身份取得的各项收入，为政府实施其经济职能提供经费。建设性预算收入主要有：经常性预算转入的结余、固定资产投资方向调节税、城市维护建设税、耕地占用税、国家能源交通重点建设基金收入等。建设性预算支出主要用于营利性的经济建设支出，包括生产性基本建设支出、企业挖潜改造和新产品试制费支出、增拨企业流动资金、地质勘探费、支援农业生产支出、城市维护建设支出、支援经济不发达地区发展资金、国内外债务还本付息支出等。建设性预算收入如不足以抵补其支出，其差额即为赤字，可以通过举借内债和外债来弥补，但要保持合理的债务规模和结构。

20世纪90年代，我国预算管理制度的一项重要改革，就是改革传统的单式预算编制方式，实行符合我国国情的复式预算。1994年八届全国人大二次会议通过的《中华人民共和国预算法》规定："中央预算和地方各级政府预算按照复式预算编制。"根据此规定，我国政府决定，从1996年实行全国统一的复式预算制度。

三、国家预算职能

国家预算在国家政治经济生活中发挥着重要功能，主要表现在分配资金、促进经济稳定和管理监督三个方面。

（一）分配职能

国家预算的分配职能，包括积累资金和合理安排资金两个方面。积累资金是合理安排资金的前提，合理安排资金又可以促进积累资金顺利进行和规模的扩大，处理好二者的关系，实现良性循环，是政府通过计划配置资源的主要目标，也是国家预算的主要功能。

（二）稳定职能

实现经济稳定基础上的经济增长是政府所致力追求的目标，国家通过实行预算赤字政策、结余政策和中性政策，以刺激社会总需求、抑制社会总需求和保持社会总需求不变；调节不同经济时期的社会总需求水平，从而最终达到实现社会总供给与社会总需求的平衡，保障国民经济的平衡协调发展。

（三）监督职能

国家预算的监督职能，是实现积累资金、合理分配资金和保证经济稳定发展的客观要求和有力保证。国家通过对预算资金的核算管理，考核国民经济各部门、各单位的预算执行情况，监督检查这些单位或部门的执行国家财政财务制度规定的情况，保证资金的筹集和使用能够按照预定计划进行。

四、国家预算编制过程

现代政府预算的程序一般都要经过政府行政部门编制草案、政府财政部门汇总审核、政府首长审核批准、议会审核通过几个环节。国家预算编制概括起来说大体经过下列几个上下反复的过程。

（一）预算编制的准备工作

国家预算编制的准备工作，一般在预算年度开始前的几个月内进行。工作内容包括：

1. 预计和分析报告年度预算已实际执行的和即将完成的收支数额情况。

2. 拟订计划年度预算控制指标。

3. 颁发编制国家预算草案的指示和具体规定内容包括编制预算的方针和任务；编制各项主要预算收支计划的具体要求；各级则政府之间预算收支的划分和地方机动财力的使用范围；预算编制方法、程序、报送份数和报送时间等，颁发编制各级预算草案的具体规定等。

4. 修订国家预算收支科目和预算表格，如收支总表、预算收支明细表、预算收支明细核算表、基本数字表等。

(二)单位预算与部门预算的编制

单位预算是指列入部门预算的国家机关、社会团体和其他单位的收支预算。部门预算包括部门机关预算和所属行政、事业单位预算。各部门、各单位要依据国家的法律、法规和方针、政策，以及本单位的行政任务和事业计划，根据本级政府的要求和财政部门的部署，按照定员定额标准，编制本单位的收支计划，全面反映单位财务收支情况。单位预算分别按全额预算、差额预算以及自收自支等管理形式进行编制。

(三)地方预算的编制

地方预算是指各省、自治区、直辖市政府本级总预算汇总预算。地方预算编制的要求包括：

1. 服从中央统一领导，在预算编制中执行国家的法律、法规及有关财政政策，按照国家预算管理体制的规定，处理好各级预算的关系，特别是处理好地方与中央预算的关系。在服从中央统一领导的前提下，保证收入任务全面完成，支出的安排则要统筹兼顾，保证重点。

2. 坚持地方预算收支平衡。我国的《预算法》和《预算法实施条例》规定，地方各级预算按照量入为出、收支平衡的原则编制，不列赤字。这就要求地方预算要在预算管理体制规定的范围内自求平衡，在划定的收支范围内多收多支，少收必须少支，不得赤字预算。

(四)中央预算的编制

中央预算由财政部负责编制。中央预算的编制内容包括:本级预算和支出;返还和补助地方的支出;地方上解收入。

(五)财政部门对预算草案的审核

为了保证国家预算的编制质量，各级财政部门在汇编预算草案之前，必须要对各部门报来的部门预算草案和下一级政府上报的总预算草案进行认真的审核。如果发现有不符合预算编制要求的，有权加以纠正。在汇编本级总预算时，如发现下级政府预算草案不符合国务院和本级政府编制预算要求的，应向本级政府反映，由本级政府责成下级政府纠正。

(六)各级人民代表大会对预算的审查和批准

我国的国家预算审批权是由权力机关掌握的。全国人民代表大会有审查和批准国家预算和预算执行情况报告的职权，地方各级人民代表大会有审查和批准本行政区域内预算及预算执行情况报告的职权。具体做法是:由国务院向全国人民代表大会作关于中央和地方预算草案的报告(一般是报告上年度中央和地方预算执行情况和本年度中央和地方预算草案)，提请人民代表审议。在审议过程中，人民代表有权就有关问题提出质询，国务院和财政部必须做出明确答复。在此期间，全国人民代表大会财经委员会要向大会作关于中央预算草案审查结果的报告，提请大会讨论审查。经过讨论审查并通过报告以后，大会做出批准中央预算的决议。如果做出了修改预算的决议，国务院应据此对原中央预算草案进行修改和调整。经过全国人民代表大会审查批准的中央预算，即为当年的中央预算。地方各级预算草案，由本级人民代表大会审查批准。

五、国家预算编制原则

国家预算编制的原则主要有五个方面：

1. 预算必须具有完整性。预算的完整性原则要求国家预算包含该政府的全部财政收支，反映它的全部财政活动，不应有在预算管理之外的政府财政活动，不应有预算外的财政收支。

2. 预算必须具有统一性。预算的统一性原则要求国家预算收支按照统一的程序来计算和编制，要求各级政府都只有一个预算，不应当以临时预算或特种基金的名义另立预算。任何单位的收支都要以总额列入预算，不应当只列入收支相抵后的净额。

3. 预算必须具有年度性。预算的年度性原则要求国家预算按年度编制，必须列出本年度的财政收支，对本年度财政收支进行比较，不容许对本年度之后的财政收支进行任何事先的规定。

4. 预算必须具有可靠性。预算的可靠性原则要求国家预算的收支数字必须正确估计，不能估计得过高或过低，同时各级收支的性质也必须明确区分。

5. 预算必须具有公开性。预算的可靠性原则要求国家预算的全部财政收支必须经过立法部门审查，而且要采取一定形式向社会公布。

六、国家预算执行

国家预算经国家立法机关批准通过后，即具有强制执行的法律效力。国家预算的执行，是由行政组织负责完成的。在我国，国家预算的执行机关是国务院和地方各级人民政府。国务院起领导作用，全面负责国家预算的组织执行，地方各级人民政府负责本地区总预算的组织执行。国家预算的具体执行部门是各级财政部门。财政部对国务院负责，在国务院领导下一方面执行中央预算，另一方面指导地方预算的执行工作。地方各级财政部门对地方各级人民政府负责，在地方各级人民政府的领导下具体组织管理本级预算的执行。另外，参与国家预算执行的还有许多专职机关，如税务机关、海关、中国人民银行和各专业银行等。

国家预算执行任务主要包括以下四个方面：

（一）组织预算收入的执行

实现预算收入是实现财政收入的重要步骤，是合理调整社会分配关系的前提条件，因此这是预算执行的首要任务。它要求各部门、各地区、各执行机关严格按照国家税法和其他收入法规以及执行计划及时、足额地完成国家预算的收入任务并缴纳入库。预算收入的来源可分为税收和非税收入，根据有关规定分别由各级财政部门、税务部门、海关等执行机关执行。

（二）组织预算支出的执行

预算支出的执行是财政支出的重要内容，是财政部门、上级主管部门、银行和国家金库通过国家规定的办法向用款单位进行预算资金分配。它要求按照国家预算项目和金额，考虑支出用途及业务工作计划和进度，遵循各项拨款原则，及时合理地拨付资金，并随时检查和分析支出的执行情况。

（三）组织预算收支的平衡

在整个预算执行过程中，预算收支经常会出现不平衡的情况，需要财政部门及时进行适当的预算调整，重新组织预算新的平衡。为求得新的平衡需要进行相应调整。预算调整有全面性调整和局部性调整两种形式。全面性调整在性质上近似于重新编制一次国家预算，需要报中央政府和国家立法机构审批。局部性调整是预算调整的主要形式，常用的方法主要有：预算支出科目之间的留用、动用预备费、预算的追加或追减、预算隶属关系的划转等。

（四）组织预算收支的监督检查

国家预算的执行过程同时也是预算的监督检查过程。它要求：

1. 确定组织预算收支的各项规章制度，检查监督各级执行机关和财政部门贯彻执行；

2. 各单位必须建立健全内部经济责任制，按规定合理使用预算资金和上交预算收入；

3. 进行财政检查监督，对违纪违法、执行不力或滥用预算资金造成损失浪费的单位和个人，追究经济和法律责任；

4. 定期进行预算分析，了解和掌握预算收支完成程度、工作进度、查明可能出现的超收短收、超支节支等收支不平衡情况的原因，及时提出可行的预算调整措施。

第三节 国家决算

一、国家决算概念

国家决算是国家经济活动在财政上的集中反映，它反映年度国家预算收支的最终结果，是国家预算执行的总结。国家决算包括中央级决算和地方总决算两部分，中央级决算由中央各主管部门的行政事业单位决算、企业财务决算、基本建设财务决算和金库年报、税收年报等汇总组成。地方总决算由乡（镇）级决算、县级决算、市（自治州）级决算、省（自治区、直辖市）级决算组成，它们分别由同级主管部门汇总的行政事业单位决算、企业财务决算、基本建设财务决算等构成。

二、国家决算作用

决算在财务行政的链条上具有不可取消或替代的作用。这主要表现在三个方面：

1. 决算是行政机关向立法机关表明责任的手段

行政机关是预算的执行人，对决定预算的立法机关负有政治责任。行政机关对于财政上的既定计划和政策是否真诚的切实遵守，代表民意的立法机关对此有过问和考查的权力。决算报告就是行政机关在这些问题上对立法机关做出正式答复的方法和手段。

2. 决算是考核行政效率的工具

行政活动与经费支出有连带关系，从支出观测其活动，从活动衡量其支出，成效与支出是否相适应，经过这番对决算的详细考查，便可以确知行政机关行政效率的高低。

3. 决算是制定国家财政政策的重要依据

由于决算是研究和修订国家财政政策的基础资料，也是系统整理和积累财政统计资料的主要来源，所以决算是制定国家财政政策的重要依据。

三、国家决算内容

一般而言，决算报告都包括决算说明书和决算报表两部分。

1. 决算说明书中一般有三个方面的内容：

（1）收入方面。结合年度预算安排和国民经济计划完成情况，分析超收或短收的原因，分析成本费用水平、资金积累水平、资金运用和改善经营管理等情况；分析税收政策的贯彻执行情况和税源变化情况。

(2)支出方面。结合年度预算安排，分析各项主要支出的结余或超支的主要原因，说明决算支出数字的编制基础及主要支出的效果和存在的主要问题。

(3)结余方面。分析全年总预算收支结余的情况和原因以及决算收支平衡情况和存在的问题。

2.决算报表内容一般分三类

(1)基本数字表类。这些主要是反映行政、事业单位的机构定员和开支定额执行情况的财务统计报表和这些单位预算执行结果的明细表。

(2)决算收支表和资金活动情况表。如决算收支总表，决算收支明细表，财政决算收支分级表，财政决算年终资金活动情况表，等等。

(3)其他附表类。这是上述各决算表格和说明书的必要补充资料，它们或者属决算各表的明细资料，或者报告一些与预算收支有关的财务收支情况。

第四节　政府审计

一、政府审计概念

政府审计是指国家审计机关对政府机关的财政预算决算活动和会计资料所进行的审计。政府审计可分为国家预算审计和国家决算审计。我国政府审计包括中央、地方及行政单位预决算审计。

二、政府审计作用

政府审计对财务行政活动有重要作用。政府审计一方面可以监督国家财政预算资金合理、有效地使用;另一方面可以对财政决算情况做出客观的鉴定与公证，为财政管理提供改进措施，并揭露违法行为。具体地说，政府审计的作用包括以下三个方面：

1.政府审计对财务行政起监督作用，并促进财政监督的实施。通过政府审计，可以监督各地区、部门和单位对党和国家的方针政策的实施，审查财务行政活动的范围和方向是否正确，检查财政制度和财经纪律是否健全完善。

2.政府审计对财务行政活动的合理性与合法性起保证作用。通过政府审计，监督审查、揭发、纠正、制止和防止财务行政活动中的种种错误和弊端，保护国家财产，对财务行政活动的合理性与合法性起保证作用。

3.政府审计有助于提高财务行政的效益。通过政府审计，可以发现问题，促进中央和地方各级政府及行政单位提高财政收支效益，促进各级政府高效率地实施行政管理职能，有助于提高财务行政的效益。

三、政府审计原则

政府审计要坚持以下四个方面原则：

1. 依法审计的原则。在审计监督中要坚持依法审计，以党和国家的财经方针、政策及有关法令法规作为判断和评估审计对象的标准，以促进方针政策的实施，保证财经活动的正常秩序。

2. 公正客观原则。审计监督要从实际情况出发，以审计证据为依据，实事求是，客观公正地对审计对象进行审查、分析、判断、评价和提出审计报告。

3. 独立性原则。政府审计机关依法独立行使审计监督权。我国《宪法》规定：审计机关在国务院领导下，依照法律规定独立行使审计监督权，不受其他行政机关、社会团体和个人的干涉。我国《审计法》又明确提出：审计人员依法行使职权，法律保护，任何人不得打击报复。

4. 效益性原则。政府审计必须以提高财政收支效益为根本出发点，通过审计监督来促进各级政府的财政活动和实施政府职能的效益和效用。

四、政府审计的主要内容

政府审计的主要内容有如下两个方面：

1. 预算审计。包括预算编制的审计和预算执行的审计。通过预算审计，主要是审查预算的编制和执行是否贯彻执行党和国家的方针政策，同时，还要对预算的编制和执行进行具体审查。

2. 决算审计。包括财政总决算审计和单位决算审计。前者是对财政总决算编制情况和对财政总决算各项目进行审计。后者是对单位决算进行审计，具体是审查其执行费用开支标准规定情况；各项资会是否按计划和指定用途专款专用；经费开支是否超年度指标，等等。

五、政府审计基本方法

政府审计的基本方法主要是审计检查、审计分析、审计调整和审计报告四种方式。

1. 审计检查

审计检查是审计过程的主要环节，是审计机构和人员对被审查单位进行凭证审查、数据核对、账目审核的一种方法。它具体包括顺查法、倒查法、抽查法和详查法四种方法。

2. 审计分析

审计分析是审计机构或人员运用系统方法对审计对象的具体资料和内容进行分

类、分辨，它分为探测分析和判断分析两种。探测分析是在审计前和审计过程中探查错弊项目的方法，以发现线索。判断分析是在审计结束时对查证事实做出判断的方法，主要用于验证审计数据的正确性，对审计结果做出评价和结论。

审计分析具体运用的方法有比较分析法、比率分析法、结构分析法、指数分析法、趋势分析法、平衡分析法、因素分析法等。

3. 审计调整

审计调整是审计机构和人员根据审计结果纠正错误的方法。其目的是通过调整，纠正错误，以正确反映被审计单位的财政状况。审计调整必须在审计结束时，根据审计结果进行。

4. 审计报告

审计报告是审计人员向审计部门或被审计单位及其主管领导部门，以书面文件形式报告审计结果，并提出意见和建议。审计报告应注意其内容必须与审计目标一致，结论必须慎重，符合实际，内容必须完整。

六、审计职责

各国现行制度中，审计机关审计决算的职责范围有所不同，但在法律上都有明确规定。概括起来，审计机关的具体职责范围如下：

1. 审计法规上的问题

审计法规上的问题包括征收人员是否具有规定的资格和是否有越轨行为；收入的征收是否合乎法规；有关收入支出的合同是否具备法定条件；租赁国有财产是否依照法规按期收缴租金；预付和支付资金是否在法令范围内；因过失而误付的资金是否依法归还等。

2. 审计预算上的问题

审计预算上的问题包括支出费用是否违反预算；预算不用额产生的原因和是否适当；预算科目的留用或更正是否得当；有无预算规定之外的支出及是否得当；实收账目与预算所列收入数目有无出入等。

3. 审计经济上的问题

审计经济上的问题包括租赁或出卖国有财产，价格是否有低廉之处，经营建筑购物，价格是否有过高之处；各种支出是否奢侈、无用或过当；购进大量物品，如为不急不用，是否做了适当的管理和处置；支付各种补助金，其使用是否适当等。

4. 审计计算上的问题

审计计算上的问题包括账簿书据所记载数额是否正确；现金物品的存数是否和账簿书据上的计算数相符；各种收支计算方法是否有错等。

七、审计处理

审计机关接收各机关编制的决算报告，收齐后，依前面所列审计项目逐一给予审计。在所有决算报告审查完毕后，审计机关做出判断，提出处理意见。这种处理意见一般有三种：

1. 对于应上缴而还未执行的收入移送国库机关执行。

2. 对于应付罚金的事件依法移送该事件主管机关。

3. 告诫未尽职责或效率过低的机关，并通知其上级机关负责人。最后，审计机关编制审计报告，把确定的处理意见写进报告。如果是地方审计机关，则把所编写的审计报告连同决算报告分别呈送上级审计机关和同级人民代表机关。如果是国家最高审计机关，则把审计报告和决算报告转送立法机关。立法机关议定预算后，还须把国家财务行政的实际情况公布给人民。

◆第十章 行政监督

第一节 行政监督概述

一、行政监督的含义和特点

(一)行政监督的含义

监督，原意为监视、督促，引申为监察与督导。在行政管理过程中，通常要实施两种监督：一种是为了保证行政管理的权威性、统一性和有效性，由行政机关对行政相对人，遵守国家法律、法规，执行政策、法令等情况进行的监督，这种监督一般称为监督行政；一种是为了保证行政管理活动的合法性、合理性和公正性，由国家中各种政治团体和社会力量对行政机关及国家公务员运用行政权、开展行政管理活动所实施的监督，这种监督一般称作行政监督。由于监督行政的含义主要是指对法人、团体、企事业单位等社会组织和公民个人是否严格遵守和执行国家的大政方针、法律法令所进行的监督，属于国家法制建设范畴，因此本章不阐述监督行政，只阐述行政监督。

行政监督的主体，是指包括一个国家中的执政党和非执政党在内的政党组织，包括立法机关、行政机关和司法机关在内的国家机关，以及各法人团体、群众组织和社会公众。

行政监督的对象，是行政机关及国家公务员在实施行政管理时运用或行使行政权力的一切公务行为，即行政行为，包括行政立法行为、行政执法行为、行政司法行为。

行政监督的内容，是检查行政机关及国家公务员的行政行为是否合理、合法、公正有效。具体地说，在我国，主要是检查行政机关及国家公务员在实施行政管理的过程中对党的路线、方针、政策和国家的法律、法规、政令的执行情况，行政权力运用和行使情况，以及行政任务的完成情况和行政目标的实现情况。

行政监督的目的，是及时发现行政机关和国家公务员工作中的不足与缺陷，以及他的违法违纪行为，有效地防止和纠正行政管理活动中出现的偏差与失误，促使行政机关和国家公务员严格依法行政，尽职尽责，充分发挥政府的职能，更好地为国家各项事业的发展服务，为人民的生产生活服务。

（二）行政监督的特点

行政管理的性质和特征，决定了行政监督具有如下特点：

1. 监督主体的全民性。行政监督的主体，包括了一国范围内的所有政治、经济、文化及社会其他方面的法人、团体、组织、单位和公民个人。而这些法人、团体、组织、单位又都代表着一定的社会阶层或某一部分公民。可以说，行政监督的主体是全体公民，行政监督实际上就是全民的监督。在我国，人民是国家权力的主体，行政管理是国家主权者通过自己的权力机关授权政府实施的管理活动，因此，行政监督的实质是授权者对受权者的监督，是国家主权者对行政管理活动的监控，对其所授行政权力的制约。

2. 监督内容的广泛性。行政监督的内容十分广泛，大到涉及面极广的行政决策，小到行政机关日常事务的处理，任何一个公务行为都必须接受监督。不仅要对各级政府、各个职能部门实施监督，而且要对行政管理的各个环节、各个方面实施监督。无论是行政机关的重大举措，还是国家公务员执行公务的细微行为，都在接受监督之列。行政监督内容的广泛性是由行政管理的性质和特点决定的。行政管理的内容十分广泛、庞杂，而哪里有政府行为，哪里就有行政监督；无论行政管理管些什么，其管理的具体行为都必须接受监督。

3. 监督手段的多样性。行政监督主体的众多，监督内容的广泛，决定了监督形式的多样性。监督形式的多样性，又决定了监督手段也必然是多样的。每一个监督主体都有各自的监督形式，而每一种监督形式又包含了多种监督手段。这些手段既有审议、质询、视察、罢免等政治性监督手段，又有提意见、提建议、公众评议等社会性监督手段；既有报告、检查、汇报、指示等组织运用的监督手段，又有检举、揭发、申诉、控告等个人运用的监督手段；既有利用统计、报表、簿记等核算工具的监督手段，又有利用广播、电视、报刊等舆论工具的监督手段。通过各种各样的监督手段，对行政管理活动实施全面、系统的监督。

4. 监督过程的及时性。行政监督在行政管理过程中是无时不在、无处不在的，只要一发生运用行政权力的公务行为，行政监督就立即跟上；行政管理的范围延伸到哪里，行政监督活动就跟到哪里。可以说，行政监督与行政管理几乎同步进行。通过各种监督形式和监督手段，及时地发现行政管理活动中将要发生和已经发生的问题，使之得到防范或妥善解决；及时地发现政府行政机关及国家公务员执行公务行为的偏差，使之得到有效的纠正，从而保证行政管理的合法性、合理性和公正性。

5. 监督性质的法制性。行政监督本质上是一种法制监督，它属于国家法制的一个重要组成部分，更是行政法制的一个主要组成部分，整个监督活动都以国家法律来规范。各监督主体的地位及其监督权力由宪法和法律确定，监督的范围、内容和途径由国家法律予以设定，监督的方式和手段由国家法律加以固定，监督的程序由国家法律规定。各监督主体依法享有监督权，按法定范围和法定程序对行政机关及国家公务员的行政行为实施监督，并受到国家法律的保障。

二、行政监督的意义和作用

（一）行政监督的意义

随着社会的发展和形势的变化，行政监督在国家生活中的地位越来越重要。在新世纪、新时期，行政监督对于我国社会主义现代化建设宏伟目标的实现，意义尤其重大。

1. 加强行政监督，是迎接经济全球化挑战的需要。在经济全球化的大潮面前，各国都要通过市场经济体制的正常运转，将本国的经济融入世界经济。这就要求政府以公开、透明、规范的行政行为，更好地发挥对经济的宏观调控和指导服务职能，建立健全维护市场经济秩序的政策法规体系，以规范市场主体的行为，保证公平合理的竞争，克服市场自发调节带来的负面效应。加强行政监督，一方面能够促使政府按照国际经济竞争的准则和世界贸易组织的规则，自觉地规范自己的行政行为，按照市场经济体制建立和运行的要求，转变、调整行政职能，建立有效的宏观调控体系和机制，自觉地为企业走向市场、参与市场竞争服务，为市场经济的发展提供方向指导和政策引导；另一方面，能够促使政府及时地优化规范市场行为的行政立法，强化维护市场秩序的行政执法，完善包括处理经济纠纷在内的行政司法，以行政法制督促企业对国际经济竞争的准则和世界贸易组织规则的遵守，促进我国的社会主义市场经济迅速融入世界经济，在与世界经济的交融、碰撞中健康地发展。

2. 加强行政监督，是提高行政效率的需要。效率问题是行政管理的核心问题之一，行政管理实现高效率的关键有两个，一是国家公务员的整体素质要高，二是行政机关和国家公务员的行政行为要规范、合理。加强行政监督，首先能够促使行政机关和国家公务员端正工作态度，努力钻研业务，提高自身的业务水平和整体素质；其次、能够增强他们依法办事的自觉性，按照制度化和法制化的要求实施行政管理，实现政府行为的规范化。这两方面都促使行政机关和国家公务员在行政管理活动中不断克服缺点，改正错误，防止和纠正偏差，尽量减少失误，促进和保证行政效率的不断提高。

3. 加强行政监督，是政府勤政廉政建设的需要。政府的勤政廉政建设，关系到国家各方面事业的发展，关系到政府形象和人心向背。在我国，加强行政监督，一方面可以促使行政机关及国家公务员高举中国特色社会主义伟大旗帜，以邓小平理论和“三个代表”重要思想为指导，深入贯彻落实科学发展观，确立和增强“公仆”意识，改进工作作风，忠于职守，兢兢业业，勤勉谨慎地为人民工作，全心全意地为公众服务；另一方面可以促进奖廉惩腐机制的建立，通过表彰和奖励遵纪守法、廉洁奉公的国家公务员，弘扬正气，形成清正廉洁的工作氛围，通过揭露和惩治违法违纪行为，防止和杜绝滥用职权、以权谋私等腐败现象的产生。

4. 加强行政监督，是维护人民根本利益的需要。政府作为掌握公共权力的机构，是为公众服务的，社会主义国家的人民政府是为人民服务的。维护人民的根本利益，保护人民的合法权益，是人民政府的天职。然而，由于政府掌握着极大的权力，政府行为具有单方面的强制性，因此，当政府行政机关的行政行为出现失当或失误时，当国家公务员执法违法时，就会对人民群众的合法权益造成直接的侵犯，给人民利益带来极大的损害。加强行政监督，能够促使行政机关和国家公务员严格依法行政，保证行政权力行使或运用的合理合法，防止和纠正行政行为的失当或失误；对侵犯人民群众合法权益的单位或个人予以追究和惩治，对造成国家、集体或个人损失的机关或个人，责令其做出合理的赔偿，从而维护社会的公平正义，维护人民的根本利益和合法权益。

5. 加强行政监督，是建设中国特色社会主义民主政治的需要。我国社会主义现代化战略目标的实现，必须有高度民主的政治体制作保障。而政治体制功能的发挥，很大程度上取决于行政体制。行政体制的民主化程度高，人民当家作主的权利就能得到实现，社会主义民主政治建设的步伐迈得就大。加强行政监督，一方面能够对行政权力的运用加以有效的制约，有利于克服官僚主义和家长制、一言堂以及凭长官个人意志决策等非正常现象，使行政体制的运转有了坚实的民主化基础；另一方面，通过行政监督制度的健全和监督措施、手段的完善，吸收和组织人民群众参政、议政和督政，拓宽他们参加国家管理的渠道，使我国的政治体制更加合理，运作更加高效，从而促进社会主义民主政治的发展，为社会主义现代化建设提供更有力的政治保障和更坚实的群众基础。

(二)行政监督的作用

行政监督的及时性决定了它在行政管理过程中无时不在、无处不在，是行政管理过程中不可缺少的重要一环。其根本的作用在于保证行政权运用的合理、合法、公正、有效，充分发挥行政管理的功能和作用。这些作用，具体体现在预防、控制、补救、评价四个方面。

1. 预防作用。通过行政监督，能够及时发现行政行为不当或过失的苗头，并且能够通过监督的实施及时提醒行政机关和国家公务员，帮助他们把行政管理中的问题、偏差和失误消灭在发生之前。同时，通过行政监督发现行政管理某些方面、某些环节已经出现的问题、偏差和失误，提请有关部门做出及时的处理，不仅可以将损失降到最小，而且对行政管理其他各方面、各环节，以及对国家公务员都起到一种预警作用，从而防止类似问题、过失的发生和错误的重演。

2. 控制作用。通过行政监督，能够鞭策行政机关和国家公务员在行政管理过程中，认清行政目标，明确组织职能，牢记岗位责任，按照法律规定的权限范围和操作程序实施管理，使政府的行政管理能随时校正方向，不至于偏离行政目标和法制的轨道。尤其是由于行政监督主体的广泛性，使行政管理在任何时候都置身于多角度、多层次的监督制约之下，弥补了仅依靠上级行政机关及行政首长对行政管理活动和国家公务员的公务行为实施监控时可能出现的疏漏，保证行政管理朝着既定目标健康地向前发展。

3. 补救作用。通过行政监督，能够对行政管理中出现的偏差和失误及时纠正，对行政机关和国家公务员的不当行政行为予以制止并责令其改正，促使行政机关就行政监督发现和揭露出来的问题总结教训，制定出相应的整改措施，通过此举尽量挽回不良影响和弥补失误造成的损失。同时，通过对行政机关和国家公务员违法违纪行为及腐败现象的揭露、惩处，使这些错误行为和消极现象得到有效的遏制，避免其今后再次发生而造成更大的损失，起着“亡羊补牢”的作用。

4. 评价作用。通过行政监督，能够对行政机关的工作和国家公务员的德、能、勤、绩、廉，做出恰如其分的评价，包括行政机关是否勤政爱民，行政行为是否合乎规范，国家公务员是否廉洁奉公，遵纪守法等。同时帮助他们根据监督的结果和评价的结论，不断总结经验教训，使他们不断发扬成绩，克服缺点，改进工作，纠正错误，不断提高行政管理的水平，提高行政系统的整体效能。

三、行政监督的指导思想和原则

(一)行政监督的指导思想

《中华人民共和国宪法》明确规定:一切国家机关都必须以宪法为根本的活动准则，并且负有维护宪法尊严、保证宪法实施的职责。同时又规定:一切国家机关和国家工作人员必须接受人民的监督，努力为人民服务;中华人民共和国公民对于任何国家机关和国家工作人员，有提出批评和建议的权利;对于任何国家机关和国家工作人员的违法失职行为，有向有关国家机关提出申诉、控告或者检举的权利。邓小平在论述加强对政府工作的监督时，曾明确指出行政监督应突出三个方面:一是保证政府工作全面正确地贯彻执行党的基本路线、基本方针和各项政策;二是保证在政府工作的干部正确运用权力;三是保证在政府工作的党员干部严格遵守和维护民主集中制的各项制度。宪法给我们规定了行政监督及其主体的法律地位和行动准则，邓小平的论述，则为我国的行政监督指明了方向和重点。据此，可以概括出我国行政监督的指导思想，这就是:以邓小平理论和“三个代表”重要思想为指导，以宪法和法律为依据，在共产党的领导下，充分发动和紧紧依靠人民群众，强化对行政权力的规范和制约，加强勤政廉政建设，防止和惩治腐败，确保党的基本路线和方针政策的贯彻落实，确保国家法律法规的实施执行，确保改革开放顺利进行和社会主义现代化建设目标的实现。

（二）行政监督的原则

根据行政监督的指导思想以及行政监督的特点，我国的行政监督必须遵循下列原则：

1. 民主化原则。我国是在共产党的领导下由人民当家作主的社会主义国家，政府受人民委托管理国家事务和社会事务，政府的权力是人民通过法律授予的。因此，行政管理活动理所当然要置于人民群众的监督之下。行政监督既然是全民的监督，就应该紧紧地依靠人民群众，采取民主的方式进行监督。无论是政党监督、国家监督，还是社会监督和公民个人监督，都要按照人民的统一意志，代表人民的整体利益，站在人民的立场，对行政管理活动实施监督。无论哪种监督形式，都要广泛听取人民群众的意见，发动和组织人民群众参与监督。同时，行政监督内容的广泛性，更决定了行政监督必须采取从群众中来、到群众中去的民主方式。一句话，只有借助于人民群众的智慧和力量，对行政管理活动的监督才能取得成效。

2. 公开化原则。公开化和民主化是紧密联系、不可分割的。要真心实意地依靠人民群众对行政管理活动实行全面广泛的监督，就必须不断提高政府行政机关政务活动的开放度和透明度。因为行政管理的范围十分广泛且内容庞杂，这种管理活动如果没有相当的开放度和透明度，各类监督主体尤其是人民群众就无法对其进行有效的监督。因此，公开化原则要求政府行政机关实行政务公开，方便人民群众实施监督。同时，行政监督活动本身也要具有透明度。首先，监督中发现的问题要公开，把违背公理和客观规律的行政行为以及违法乱纪和腐败行为、现象暴露在光天化日之下，能起到威慑作用，使这些行为和现象得到遏制或制止。其次，监督的过程要公开，这样既可以取得广大人民群众的支持，又能够将行政监督活动本身置于人民群众的监督之下，保证行政监督行为本身的合法性和正确性。最后，监督的结果要公开，这样做一方面可以对行政机关和国家公务员起到警戒、教育作用，另一方面可以提高人民群众对行政监督的关切度，增强他们参与并搞好行政监督的信心。

3. 法制化原则。行政管理是一种法制化的管理，即依照统治阶级的意志，按照法定范围和法定程序实施的管理。行政监督则是对这种法制化管理实施的监督，因此也必须依照法律规定的范围、权限和程序进行。具体地说，就是监督主体的法律地位、监督的权限、监督的任务、监督的范围以及监督的程序等，都必须由宪法和法律做出明确的规定。各类监督主体不管以何种方式、何种手段实施监督，都必须严格按照这些法律规范进行。只有这样，才能体现行政监督的严肃性和有效性，保证行政监督符合统治阶级的意志和利益，在我国则是符合工人阶级和人民大众的意志和利益，不至于因监督的失当而影响行政机关的信心和国家公务员的情绪，影响行政管理的正常进行。

4. 有效性原则。行政监督的目的是促使行政机关和国家公务员依法行政，改进工作，提高效率。这一目的决定了行政监督必须是有效的监督。也就是说，行政监督必须一抓到底，抓出成效，真正达到监督的目的。监督主体必须准确抓住行政管理中存在的问题和不足，从帮助政府行政机关与国家公务员改进工作、防止偏差和提高行政管理质量出发，及时觉察和纠正行政机关与国家公务员的违法违纪、侵权及不当行为，把监督落到实处。对于监督中发现和揭露出来的问题，该改进的一定要督促被监督者提出并落实整改措施；该追究的违法违纪和失职行为，一定要给予政纪处分或法律制裁。这就要求行政监督主体的职权要落实，使其能够真正有效地依法行使监督权；监督的措施要落实，使行政监督真正具有权威性和威慑力。只有使行政监督真正做到有名有实，才能实现监督的目的，收到监督的效果。

第二节　行政监督的类型

一、行政监督的一般分类

行政监督种类较多，按照不同的标准和不同的角度，可以划分为不同的类型。不同的监督类型又有不同的监督手段和监督内容。

1. 按监督主体的不同划分，行政监督分为外部监督和内部监督

外部监督是指来自行政机关以外的监督，包括政党监督、国家监督、社会监督和公民监督。内部监督是指行政体系内部各机关、各部门之间互相监督，包括上级机关与下级机关之间的相互监督，行政机关内部专业监督部门对各工作部门的监督，以及某些职能部门在自己的职能范围内就某一方面事项对其他部门的监督。

2. 按监督作用的不同划分，行政监督分为事前监督、事中监督和事后监督

事前监督是为防患于未然，在行政机关和国家公务员的行政行为实施之前，对其抽象行政行为或具体行政行为的合法性和可行性实施的监督。事中监督是为了及时发现问题，纠正偏差，在行政机关和国家公务员实施行政行为的过程中，对其行为的准确性和规范性实施的监督。事后监督是为了总结经验教训，在行政机关和国家公务员的行政行为实施完毕以后，对其行为的正确性和有效性实施的监督。

3. 按监督内容的不同划分，行政监督分为法律监督和工作监督

法律监督主要是对行政机关和国家公务员实施或执行宪法、法律、法规的情况进行监督，包括对行政机关制定和实施行政法规及行政规章的情况进行监督。工作监督是对行政机关和国家公务员在行政管理活动中各项工作，包括日常工作实施的监督，尤其是对关系国计民生或某一行政区域内经济社会发展中重大事项的处理情况实施的监督。

4. 按监督方式的不同划分，行政监督分为一般监督和专业监督

一般监督是对国家行政机关全部行政管理活动实施的全面综合监督，包括对行政

机关管理国家政务、社会公共事务及其自身内部事务的全过程实施的普遍监督。专业监督是对行政机关某一项专业性工作实施的业务监督，这种监督通常由国家权力机关的某一专门机构（我国的人大常委会内设立的专门委员会）或行政机关中某一专业主管部门（如财政、人事部门）实施，其监督的内容只涉及行政机关某一方面的活动。

二、立法监督

立法监督是指国家立法机关对行政机关和国家公务员实施的行政行为的监督。在我国，主要是指各级人民代表大会及其常务委员会对各级人民政府行政行为和国家公务员公务行为的监督。人民代表大会是我国最具权威的国家权力机关，我国《宪法》明确规定：国家行政机关、审判机关、检察机关都由人民代表大会产生，对它负责，受它监督。因此，在我国，立法监督即国家立法机关的监督是最具权威性和最具法律效力的监督。这种类型的监督主要有以下内容和形式：

1. 听取和审查政府有关工作的报告

各级行政机关是各级立法机关的执行机关，根据我国《宪法》和《地方各级人民代表大会和地方各级人民政府组织法》的规定，各级政府及其职能部门必须定期向本级人民代表大会提交有关工作报告，包括本届政府在执行党和国家的大政方针、法律法令和人民代表大会及其常务委员会的决议、决定，开展各方面行政管理工作等情况的全面、综合性的政府工作报告；政府计划部门提交的本级政府辖区国民经济和社会发展计划以及计划执行情况的报告；政府财政部门提交的本辖区财政预算和预算执行情况的报告。人民代表大会经过认真负责的审议，以表决和决议的形式对这类报告给予法律上的认可、批准或否定。

2. 审查行政机关制定和颁布实施的行政法规、行政规章和规范性文件及措施

我国《宪法》规定，各级人民代表大会及其常务委员会有权审查同级国家行政机关制定和颁布的行政法规、行政规章、行政决定、行政命令、行政措施，如发现有同宪法或法律相抵触的，人民代表大会及其常务委员会有权予以撤销。国务院制定的某些重要的行政法规，须经全国人民代表大会及其常务委员会审查通过。地方行政机关制定的行政规章、行政决定、行政命令、行政措施如有同法律、行政法规相抵触的，同级人民代表大会及其常务委员会也有权予以撤销或处理。

3. 督促行政机关办理人大代表提出的议案

在各级人民代表大会开会期间，由大会设立议案处理的专门机构，负责集中人大代表在会议提出的各种议案，分类后分别交由有关行政机关或职能部门办理，大会闭会期间，由人大常务委员会内设立的专门机构督促办理。各级行政机关及职能部门必须将办理结果向人民代表人会及其常务委员会报告。

4. 罢免或撤销政府组成人员的职务

各级政府的组成人员中，如有失职、渎职和违法乱纪者，政府首脑由同级人民代

表大会罢免;政府组成部门首长由人民代表大会或其常务委员会撤销其职务。

5. 对政府行政机关提出质询

各级人大代表在人民代表大会开会期间，各级人大常委会在人民代表大会闭会期间或人大常委会开会期间，为了解政府某方面工作的有关情况，或根据有关事实对政府某方面工作、处理某些问题存疑，有权依照法定的程序提出对本级政府或政府各职能部门的质询案。受质询的政府机关、部门的行政首长必须代表本机关、部门到会并负责答复。

6. 检查行政机关的工作

人民代表大会的常务委员会在人民代表大会闭会期间对政府工作的经常性检查，主要采取两种方式:一种是定期或不定期地组织人民代表对同级政府及其所属的职能部门的某项或某方面工作进行视察，以此了解政府及职能部门的工作情况，发现存在问题，提出建设性的意见和建议;另一种是针对政府工作中的某些问题，组织专门小组进行调查，根据调查的结果，在人民代表大会开会期间提出质询案或议案，要求政府做出解释或处理。

7. 受理人民群众对政府行政机关和国家公务员的检举与控告

人民代表大会的常务委员会设有专门机构，负责在人民代表大会闭会期间，处理人民群众的来信和接受人民群众的来访，受理人民群众对行政机关和国家公务员失职、渎职、违法乱纪等行为的检举及对公民权益侵犯行为的控告。

三、司法监督

司法监督是指国家司法机关对行政机关和国家公务员实施行政行为的监督。在我国，国家司法机关包括作为审判机关的人民法院和作为检察机关的人民检察院。它们都是由人民代表大会产生并对其负责的国家机关，它们在国家司法活动中对政府行政机关和国家公务员行政行为的监督，都由人民代表大会通过法律授权。

(一)国家审判机关的监督

国家审判机关的监督是指人民法院通过审理案件的方式，对行政机关和国家公务员的行政行为实施的监督。具体说来，人民法院主要通过审理下列案件实施行政监督:

1. 审理行政案件。人民法院依据《行政诉讼法》的有关规定，审理行政诉讼案件。对于法律规定由人民法院直接审理的行政诉讼案件，人民法院在审理过程中依法审查行政机关及国家公务员的具体行政行为的合法性和合理性，对符合宪法和法律的具体行政行为予以肯定并给予法律的支持;对与宪法和法律相抵触的具体行政行为予以否定，宣布其无效;对违法、渎职、侵权的具体行政行为还要追究行为人的法律责任。对于经过行政机关复议后进入诉讼程序的行政案件，人民法院对行政机关的复议结果进行审查，对符合法律、处理得当者予以肯定和支持，对与法律有抵触或处理不当者宣布其无效并重新做出裁决。这是审判机关监督的最主要内容。

2. 审理与国家公务员的行政行为有关的刑事案件。国家公务员在行政管理的过程中触犯刑律，或以行政行为作掩护实施刑事犯罪，亦由人民法院审理并做出刑事审判。通过审理这类刑事案件，人民法院一方面依法追究违法犯罪的国家公务员的刑事责任并给予其法律制裁；另一方面知会政府行政机关加强对国家公务员的教育和管理，以防止类似事件的再次发生。

3. 审理与国家公务员有关的民事案件。国家公务员参与民事活动的行为不属于行政监督，但对于在民事活动中以国家公务员的身份搞特殊化、拒绝履行民事义务或违法侵权的，人民法院追究其民事责任并对其违法行为做出判决，也应视为行政监督。

（二）国家检察机关的监督

国家检察机关的监督是指人民检察院对政府行政机关和国家公务员的行政行为实施的监督。人民检察院行使行政监督权的方式和内容主要有：

1. 实施法纪检察。在法律检察和对有关案件的侦查中，人民检察院对涉案的行政机关和国家公务员在行政管理活动中是否遵纪守法进行检察，对其违法、渎职、侵权等犯罪行为进行侦查取证，对证据确凿的批准逮捕并提起公诉。

2. 提出司法建议。人民检察院在办理与政府行政机关和国家公务员有关的案件中、发现其他应引起行政机关重视的问题或行政机关必须改进的地方，有权以司法建议书或司法建议通知书的方式，向涉案的行政机关提出整改或改进的意见和建议，促使其依法行政，防止类似事件的再次发生。

四、社会监督

社会监督是指包括非官方的各社会团体、群众组织以及公民个人等在内的社会各界对政府行政机关和国家公务员的行政行为实施的监督。

（一）各人民团体、群众组织的监督

在我国，人民团体包括各行业协会、中介组织，各学术团体（学会）；群众组织包括工会、共青团、妇女联合会、学生联合会、青年联合会、工商界联合会等。这些人民团体和群众组织各自代表着一部分人民群众的利益，在共产党的统一领导下行使行政监督权，对政府行政机关和国家公务员的行政行为实施监督。它们的监督与公民个人的监督、舆论监督一起，构成社会主义民主政治的重要组成部分。这些团体和组织行使行政监督权是社会主义民主建设的必然要求，是人民当家作主，参与国家事务管理、社会公共事务管理的途径和具体体现。这方面监督的方式和内容主要有：

1. 通过召开各种会议和开展各种方式的活动，收集人民群众对政府行政机关的要求、意见、建议，以及就某些问题对政府行政机关行为的询问，然后以口头或文字等形式向政府行政机关反映、转达。

2. 组织各自所联系的人民群众对政府行政机关和国家公务员的工作展开评议，协助行政机关和国家公务员及时发现工作中存在的问题，并帮助他们迅速改正。

3. 支持和帮助人民群众检举政府行政机关和国家公务员的违法、渎职行为，对行政机关和国家公务员侵犯公民合法权益的行为提出控告，对其不适当的处理决定或行政措施提出申诉。

（二）公民监督

公民监督主要是指公民以个人名义参与对政府行政机关和国家公务员行政行为的监督。在我国，公民的主体是人民群众，人民群众是国家的主人，包括行政首长在内的国家公务员都是人民的公仆，都是为人民服务的。公民对政府行政机关和国家公务员的监督，主要表现为国家主人对人民公仆的监督。这是我国行政监督所有的监督形式中最广泛、最直接的监督。公民监督的方式和内容主要有：

1. 通过书信、上访、监督电话、直接对话等多种途径或方式对政府行政机关和国家公务员的工作提出要求、意见和建议，参加各种形式的评议活动，对行政机关和国家公务员的行政行为与工作做出客观的评价。

2. 通过法定程序向国家立法机关、国家检察机关或行政机关的特别专业部门（主要是审计、监察部门）检举国家公务员的违法、渎职行为，控告行政机关和国家公务员的侵权行为；对行政机关和国家公务员的不合理或失当的处理决定，向其上级机关提出申诉至向人民法院提起行政诉讼。

（三）舆论监督

舆论监督是指各社会团体、群众组织、公民个人利用报刊、广播、电视、网络等新闻媒体以及这些新闻媒体本身对政府行政机关和国家公务员行政行为实施的监督。新闻媒体具有涉及面广、信息量大和传播迅速、公开等优点，其监督所形成的影响力和冲击力，是其他各种监督形式无法比拟的。舆论监督主要就是利用新闻媒体的这些优点，通过各种载体表达社会各阶层、各团体、各组织乃至人民群众个人对政府行政机关工作的意见、建议和要求，揭露和抨击行政机关和国家公务员违法违纪、失职渎职、侵权腐化等行为，用舆论形成强大的震慑力量，促使行政机关和国家公务员正确行使和运用行政权力，约束自己的行为，改进各项工作。

五、自我监督

自我监督是指政府行政机关系统内部各机构、部门之间的互相监督。自我监督是行政监督中最经常运用的一种监督形式，外部监督的某些形式有时也要通过行政机关内部监督来实现。行政机关的自我监督包括一般监督、职能监督、监察监督和审计监督四种形式。

（一）一般监督

一般监督是指行政机关上下级之间按照行政隶属关系开展的双向监督，包括自上而下的监督和自下而上的监督。

1. 自上而下的监督。自上而下的监督是上级行政机关对下级行政机关实施的监督。在我国，包括国务院对全国所有地方各层级行政机关的监督；国务院对下属各职能部门（部、委、办等）的监督；国务院各职能部门对下级政府所属各对口职能部门的监督；地方各级人民政府对下级政府及本身下属各职能部门的监督；地方政府所属各职能部门对下级政府所属各对口职能部门的监督。这种监督，主要是通过对下级发布指示、命令，领导到基层调查、考察以及听取下级的汇报等方式或途径，检查下级的工作，督促下级按照党的路线、方针、政策和国家法律法规实施行政管理，规范和约束下级机关、部门的行政为，对错误、失当的行政行为提出批评并予以纠正，对违反政纪的行为给予行政处分。

2. 自下而上的监督。自下而上的监督是下级行政机关对二级行政机关的监督，包括下级政府对上级政府的监督，政府职能部门对自己所属政府的监督和对上级对口职能部门的监督。这种监督属于参与式的民主管理方式。其主要内容包括：以报告、请示、申请等方式向上级提出意见、建议和要求；以民主评议的方式对行政领导班子或行政领导者的工作表示肯定或否定；以越级报告的方式检举、控告行政领导者的违法行为；以申诉的方式表达对上级行政机关、行政部门和行政领导者处理某些问题不当或失当的不满等。

（二）职能监督

职能监督是指政府行政机关某些具有特殊职能的部门，就自己所主管的工作，在职权范围内对本级政府所属的其他部门和下级政府所属的对口职能部门实施的专业性监督。这种监督主要包括以下方式和内容：

1. 财政部门对本级政府其他职能部门和下级政府的对口职能部门的财政收支和管理、国家划拨经费使用和管理的情况实施监督。

2. 计划部门对本级政府其他职能部门和下级政府的对口职能部门执行国民经济与社会发展计划的情况实施监督。

3. 人事部门对本级政府其他职能部门和下级政府的对口职能部门的人事安排、使用和调配是否合理实施监督。

（三）监察监督

监察监督是由政府行政机关内部专门设立的监察部门对本级行政机关所属的一切职能部门和下级行政机关的行政管理活动实施的全面监督。监察监督的对象除行政机关和国家公务员的行政行为外，还包括行政机关所属的企业和事业单位及其公职人员的公务行为、经营行为和业务行为。这种监督的方式和内容包括：

1. 检查本级政府所属职能部门、下级政府、本级政府所辖国_有企事业单位及其公职人员对党的路线、方针、政策、国家法律法规和上级行政机关的决定、命令的执行情况；检查上述单位和人员对国家与本级政府财政预算、经济发展计划的执行情况。发现问题后，即组织专案组进行调查，弄清事实真相，做出妥善处理。

2. 受理任何团体或个人对监察对象违法、违纪、侵权、腐化行为的检举揭发和控告，经过调查核实，对事实清楚、证据确凿的给予处分或提请上级机关给予处分，对触犯刑律者则移交国家司法机关，追究其法律责任并给予法律制裁。

3. 在监察活动、查处案件、惩治腐败的过程中，就行政管理活动中存在的隐患以及从案件中总结出的经验教训，向本级和下级行政机关及其职能部门提出整改的意见或建议，促使行政机关及其职能部门建立健全勤政廉政机制。

（四）审计监督

审计监督是由政府行政机关内部专门设立的审计部门依法对同级行政机关所属的职能部门和下级行政机关的财经活动实施的监督。这种监督还包括对行政机关所属的企业和事业单位财经活动的监督。审计监督是保证我国社会主义经济建设、优化经济行政管理的重要手段，它对于加强和改善政府行政机关的公共经济管理，维护国家的经济秩序和社会主义市场经济体制，促进社会生产力的发展，都有着不可忽视的作用。审计监督的方式和内容主要有：

1. 审核和稽查审计对象对国家财政预算、信贷计划和财政收支计划的执行情况。

2. 审查和核实由国家投资的建设项目、由国家资助企事业单位的资金使用情况及其经济效益，审查和核实本级政府所属的职能部门和下级政府的经费使用情况及使用效益。

3. 审查审计对象对国家财经法纪、国家财务制度的执行情况，对违规者给予行政处分；对构成犯罪者，报请上级批准移交国家司法机关依法惩处。

4. 通报审计结果，公布违反财经法纪的重大案件，表扬在财经活动中遵纪守法的单位和个人。

第三节 行政监督制度的完善

一、我国行政监督的历史和现状

（一）我国行政监督制度的历史沿革

中国的行政监督制度草创于先秦，形成于秦汉。但可以说，直至中华人民共和国成立以前，中国没有完整意义上的行政监督，有的只是行政监察。西周时期开始设置小宰、宰夫和御史，作为专职的监察官员。秦朝建立了作为“三公”之一的监察机构——御史大夫，但还未能独立于行政之外。东汉时期设置了御史台，强化了中央监察官御史中丞的权力，监察与行政日趋分离，行政监察制度进入一个新的阶段。唐朝创立“一台三院”制，即御史台下分设台院、殿院和察院，开始形成严密的行政监察体系，行政监察制度日益完善。明代变“一台三院”制为一院制，形成以都察院为主导，科道、厂卫相互配合的监察网络，使行政监察体制提高到一个新水平，而且一院制的行政监察体制一直延续至封建社会结束。中华民国在孙中山的监察思想指导下，形成了以立法院、行政院、司法院、监察院、考试院五院分立为基础的中西合璧式的行政监察制度，但由于当时历史条件所限。这种行政监督制度最终流于形式。

（二）新中国行政监督制度发展的历程

早在大革命时期、土地革命战争时期和抗日战争时期，中国共产党就在苏区和根据地先后建立了工农检察部（委员会）、控告局、检举委员会、突击队、同志审判会和群众审判会等监督组织以及相应的监督制度，有效地打击了苏维埃机关及其工作人员中的官僚主义、贪污浪费、消极怠工等现象和行为，对提高行政机关的工作效率，端正政风和严明政纪，起到了积极的作用。解放战争时期，成立于1948年8月的华北解放区人民政府建立了第一个人民监察院。所有这些监督机构和监督制度的建立，都为新中国行政监督制度的建立奠定了坚实的基础。

随着中华人民共和国的成立，新中国的行政监督制度也建立起来，并逐步形成了内外结合的人民监督体制。然而，由于党的指导思想一度出现失误，民主政治建设出现曲折和滞后，人民监督体制也遭到破坏，甚至连作为行政机关内部监督主要方式的行政监察体系也被瓦解，自1959年起撤销行政监察部门达27年之久，直到1986年才重新恢复和确立国家行政监察体制，行政监督制度也随之恢复和重建。

（三）我国行政监督的现状

行政监督是国家行政权力合理合法运用的保障。在改革开放的条件下，加强行政监督，促使行政机关和国家公务员依法行政，正确运用行政权力，充分发挥政府职能，为确保社会主义市场经济体制的正常运行服务、为我国经济尽快融入世界经济体系、提升我国经济的竞争力、加速发展社会主义社会的生产力服务，已经成为我国行政管理面临的重大课题之一。然而，由于长期以来我国的行政监督被忽视，行政监察体制几经波折，恢复重建的时间还不长，因此还存在许多需要解决的问题。

1. 行政监督体系还不健全。改革开放以来，随着行政监督制度的重建，行政监督体系也在逐步恢复，但这个体系仍然很不健全。主要表现在两个方面：

（1）监督主体各自为政。外部监督主体多元化，这本来有利于对行政管理活动、对国家行政机关和国家公务员行政行为的全面监督，但各个监督主体之间缺乏统一的协调和相互配合。未能形成合力。尤其是社会监督，由于缺乏有组织的指导和扶持，经常游离于整个行政监督体系之外，公民个人的监督更是处于无组织的涣散状态。

(2)行政机关的内部监督中，上行监督与下行监督之间、一般监督与专业监督之间还不协调，尤其是上行监督软弱。下级机关对上级机关的监督在许多地方呈萎缩状态。

2. 监督法规不完善。到目前为止，我国还未形成完整的行政监督法规体系，全国统一的“行政监督法”还未制定颁行，用以规范行政监督的法律依据只是散见于部分法律法规的某些条文中。对行政监督主体的法律地位、行政监督的权限和范围、行政监督的方式和程序，以及对于抗拒、阻碍行政监督的行政机构和国家公务员的处置等，都缺乏明确而全面的法律规定。

法律是行政监督的依据和准绳，是行政监督的武器。缺少了这个武器，至少会导致两方面的消极后果：

(1)监督渠道不畅通，作为监督主体的人民群众不知道依据什么法律、如何行使监督权，以及通过什么渠道反映自己的意见和建议。由于监督渠道的不畅通，各方面的监督也无法直接作用于被监督者，从而大大影响了监督的力度。

(2)监督保障机制的严重缺陷，让少数被监督者有机可乘，利用手中的权力抗拒监督，监督主体尤其是人民群众因害怕打击报复而不敢大胆地监督，监督的热情和积极性受到极大的压抑，这也严重影响了监督的力度。

3. 专业监督的力量薄弱且人员素质不高。人民代表大会及其常务委员会中还未有专司行政监督和协调各监督主体的机构；党组织中的纪律检查委员会、政府的监察部门、审计部门的力量与行政监督任务的要求还很不相适应，某些地方机构改革还首先裁减专业监督机构的编制；政府的监察部门、审计部门受本级政府领导并与其他部门处于同一层级，难以对本级政府及其他部门实施监督，监督权受到很大的限制；专业监督队伍通常从其他部门抽调人员组成。专业培训不够，无论业务素质还是思想素质都有待提高，立场的坚定性和业务的技术性也都大打折扣。致使他们不善于主动自觉地接受监督，有些人采取各种不正当的手段逃避监督，少数人甚至利用手中的权力干扰或抗拒监督。

上述种种现象，反映了我国行政监督的状况与改革开放的形势，与社会主义现代化建设的要求很不相适应，完善行政监督制度方面还任重道远。

二、建立科学合理的行政监督机制

按照社会主义现代化建设的要求完善行政监督制度，首先要从机制入手。应该从以下几个方面建立行政监督制度：

(一)建立和健全行政监督的领导体制

我国行政监督的领导体制，应该是以党的领导为核心，以人民代表大会及其常务委员会为主体。行政监督包括外部和内部各监督主体都应在党的领导下，接受人大及其常委会的指导、业务领导和协调。各级人大常委会中应设立专门委员会，专司对各监督主体协调、指导的职能。各级人大常委会应定期召开各监督主体的代表联席会议，交流行政监督中出现的新情况，研究解决行政监督中出现的新问题。通过此举加强对行政监督的统一领导，形成健全的行政监督体系。

（二）保证专业监督部门独立行使职权

监察、审计等专业监督部门应从政府行政机关中独立出来，直接向本级人大常委会负责并报告工作，直接接受人大常委会中专门委员会的业务指导和协调，同时也受上级专业监督部门的业务指导。专业监督机构不仅有权对本级政府所属职能部门进行监督，而且有权对本级政府实施监督。这样，有利于树立行政监督的权威，有利于加强对行政权力的制约。如果维持以往专业监督部门受本级政府领导和控制，只能监督下级政府的职能部门的状况，则会削弱行政监督的权威，淡化专业监督的职能，使行政监督留下盲区和真空地带。

（三）充实专业监督人员队伍

必须抓好专业监督机构的组织建设，充实力量。在机构改革中，专业监督机构只能加强，不能削弱。要在公务员队伍中挑选素质好、能力强、有强烈的事业心和高度的责任感、为人公道正派的人，补充和充实到专业监督队伍中。对专业监督人员的选拔任用、培训考核、工资福利等。应有相应独立的管理制度。同时，加强对专业监督人员的岗位培训和定期培训。使他们不断坚定信心，站稳立场，熟练地掌握监督的技巧，以承担起专门监督的重任。

（四）拓展人民监督的方式和途径

政府实行政务公开，加大行政管理工作的开放度和透明度，是强化行政监督的基本条件之一。政府行政机关在实施行政管理的过程中，对于事关本辖区经济社会发展、国计民生和人民群众关心的重大问题，要做到决策、执行和实施结果“三公开”；对日常事务的处理，也要做到办事原则和办事程序“两公开”。只有这样，才能方便各监督主体实施监督真正把行政监督落到实处。同时，还要考虑社会主义初级阶段人民群众政治素质的状况和行政管理涉及面广、内容庞杂的特点，在原有监督方式的基础上进一步拓展更多的监督方式方便人民群众实施监督，加强对人民群众的引导和指导，帮助他们正确行使监督权。

（五）强化国家公务员的公仆意识

首先，要加强对国家公务员特别是行政首长的民主法制教育，帮助他们认清行政监督在社会主义民主政治建设、社会主义法制建设和社会主义现代化建设中的地位和作用。其次，要加强对国家公务员特别是行政首长有关行政权力的来源、性质、运用规则和运用效果的教育。帮助他们认识受权者必须对授权者负责，公仆必须对人民负责。不受制约的权力必然产生腐败，强化他们主动接受监督的意识，提高他们接受监督的自觉性。

三、健全行政监督法制

建立行政监督机制能为行政监督提供组织保障，健全行政监督法制则是为行政监督提供法律保障。这方面需要做好以下几项工作：

（一）加快行政监督方面的立法

这也是政府法制建设的一项重要任务。应尽快形成以“行政监督法”为核心，以规范行政监督主体的权利义务和法律地位的实体性法规与规范监督范围、方式和程序的程序性法规为主的行政监督法律体系，尤其要重视制定规范和保护舆论监督的法律法规。用法律来落实监督主体的权力，指导监督主体正确行使监督权，保障监督人员的人身安全，保证行政监督沿着法制轨道健康发展。

（二）健全监督保障制度和行政诉讼制度

完善的法律体系需要有一系列制度来保障其执行和实施。无论是专业监督机构，还是社会团体和群众组织，抑或是公民个人，都要遵循有关制度，依法进行监督。如监督机构的工作制度、管理制度，监督人员的选拔、培训、考核、奖惩制度，公民个人的申诉制度等。同时，围绕《行政诉讼法》的实施，健全行政诉讼制度，如行政机关的应诉制度、行政法庭的审判制度，以及对被侵权者的损害赔偿制度等。通过这一系列制度，使行政监督的法律法规得到有效的执行，使行政监督落到实处。

（三）保障监督主体的合法权益

建立完善的监督举报制度。鼓励人民群众大胆检举揭发政府行政机关和国家公务员的违法、失当、侵权、腐败等行为，这在社会主义初级阶段显得尤为重要。要依靠举报制度奖励检举揭发有功者，依法打击和惩治利用职权对举报者打击报复的人；通过完善受理举报制度和保障制度，保护检举揭发者，使其免受打击报复。

第十一章
行政立法

第一节 行政立法含义

对行政立法的理解，目前在法学界尚不一致。一种观点认为，行政立法是泛指行政性质的立法，凡是国家机关，包括国家权力机关和行政机关制定并发布行政法律规范的活动，或制定行政法的活动称为行政立法，是关于行政管理方面的内容，以区别于刑事和民事立法。另一种观点是，行政立法指国家行政机关依法定权限和程序制定、颁布具有法律效力的规范性文件得活动，简言之为行政机关立法，其定义的着眼点在于立法者，即行政机关的立法行为。基于这种认识，可以认为，行政立法即行政机关依法在职权范围内制定、修改、废止有关国家行政管理的法律规范文件的行为。这一定义包括三层含义:一是从立法主体上看，行政立法是指各级行政机关，在我国即国务院，国务院各部委，省、自治区、直辖市人民政府，省、自治区人民政府所在地的市的人民政府，经国务院批准的较大的市的人民政府。这些立法机关的关系不是并列的，而是依照立法权限构成的层级体系。二是从立法权限和程序上看，各行政立法主体必须严格按照法定权限和立法程序进行立法。三是从立法内容上看，行政立法只涉及国家的行政管理，这是行政机关与立法机关立法的主要区别。

第二节 行政立法特征

一、行政立法与立法机关的立法行为的区别

1. 立法权力性质不同。国家权力机关制定、发布行政法律规范的活动，其本质是

代表国家行使立法权的行为；而行政立法行为则是国家行政机关代表国家行使行政权的行政行为。但并非所有行政机关都有权进行行政立法，只有享有行政立法权的行政机关才能进行行政立法。

2. 立法规范的内容不同。国家权力机关的立法与行政立法有其各自的调整范围。根据我国的法律规定和立法实践，应由国家权力机关立法调整的，通常是有关国家生活重要领域中的重大问题。如涉及公民的基本权利和义务方面的，有关国家政治、经济、文化生活的基本制度的，国家行政组织制度，行使国家行政权的基本程序，以及其他应由国家权力机关立法规定的事项等。国家行政机关立法调整的，一般是上述范围外的有关行政管理的事项。但若经特别授权，上述范围内的事项也可由行政机关立法。行政立法重点是对国家社会经济生活、文化事务实施管理的问题。

3. 立法的效力不同。国家权力机关制定的行政法律，其效力仅次于宪法，而高于行政法规、规章，它是行政机关制定行政规范或从事行政行为的依据；而行政机关制定的行政法规和规章，其效力低于法律，且不能与法律相抵触，地方政府的规章同时不得与地方法规相抵触，否则无效。

4. 立法的程序不同。国家权力机关制定行政法律规范必须遵循宪法规定的严格立法程序，比行政立法程序正规、严格，更注重民主；行政机关的行政立法行为必须遵循特别的制定行政规范的程序，一般较简便、灵活，更注重效率。

二、行政立法与其他行政行为的区别

1. 行政立法的立法者是特定的国家行政机关和经授权的受权性组织。行政立法职权和权限须由法律特别规定，不是所有的国家行政机关都享有行政立法权。除上述指出的根据宪法、《地方组织法》和《中华人民共和国立法法》规定的国家行政机关和经法律特别授权的某些组织可以制定行政法规和规章外，其他行政机关和企事业单位、社会组织均无权从事行政立法行为。至于县(市)、乡(镇)两级人民政府制定和发布的决定、命令的行为，根据宪法和法律的规定，不应视为行政立法行为。其他行政行为，一般指具体行政行为，所有法定行政机关或经行政机关委托的组织都有权在其职责权限内实施，无须法律特别规定。

2. 行政立法行为必须在法定权限内进行。行政机关立法是代表国家从事的一种具有普遍约束力和强制力的特殊行政行为，不仅必须具备法定的职权，而且必须在其法定的权限范围内进行。例如，根据法律或法规的要求制定实施细则，根据法律或法规的授权制定规章等。超越法律、法规的要求或授权的事项立法无效，应予撤销。这是较之其他具体行政行为更为严格的特别限制。

3. 行政立法行为的对象具有普遍性，而具体行政行为则具有特定性。前者不是针对特定的人和事，后者的对象是特定的、个别的；前者做出的规定一经发布即对法定范围内的人和事具有普遍约束力，仅为后者提供依据，并非对特定的人和事的具体处理；后者是依据前者的规定对具体人和事做出的处理。

4. 行政立法行为较之具体行政行为具有更长的时间效力。行政立法行为具有延续性和无溯及力，它对同一类型的人和事可以多次反复适用，且只有向后的效力；具体行政行为的效力通常是一次性的，一经履行或实现即告消灭，某些具体行政行为还可追究既往，如行政处罚行为就是对已经发生的违法行为的制裁。

5. 行政立法行为须遵循更为正规和严格的程序规则；而具体行政行为的程序相对较简单灵活，而且两种行为的形式要件不同。具体行政行为的形式要件，可以是公开发布的书面形式或是一般的书面形式，也可以是口头形式。

6. 行政立法行为与具体行政行为的不同还表现在其不可诉性，根据我国《行政诉讼法》和《行政复议法》规定，行政立法行为不能成为诉讼或诉愿的对象，即对行政法规、规章不能提起诉讼或申请复议；而对于涉及人身权、财产权方面的具体行政行为引起的行政争议，可以提起诉讼或申请复议。

第三节 行政立法类型

一、主动立法

行政机关主动立法，是指行政机关根据行政需要在自己职权范围内制定行政法规和规章。在我国，大量的行政法律文件是由国家行政机关通过主动立法的形式制定出来的。主动立法是行政机关职权的一部分，不是立法机关将自己的立法权力委托给行政机关。我国宪法规定，国务院有权根据宪法和法律，规定行政措施，制定行政法规，发布决议和命令；省、自治区、直辖市、省会市的人民政府和经国务院批准的较大城市的人民政府，可以根据法律和国务院的行政法规制定行政规章。

二、受托立法

受托立法又称委托立法或授权立法，是指行政立法主体依据特定法律的授权，或者有立法权的国家权力机关和上级行政机关的专门委托，在授权和委托的权限范围内，依据法定程序，代为制定规范性法律文件的行为，对行政立法主体而言，这是一种被动的立法活动，受托立法权源自法定的授权或专门的委托。授权或委托行为可以发生在权力机关与行政机关之间，也可以发生在行政机关的不同层级之间，但授权或委托的权力线总是单向下行的，即只能由权力机关向其同级或者下级的行政机关，或者上级行政机关向下级行政机关进行授权和委托，授权委托的双方当事主体都必须具有法定的立法主体资格。

三、补充立法

补充立法也称延伸立法，是对法律的一种补充规定，也是行政机关因执行法律而订立的施行条例或细则。各国宪法均规定，政府有执行法律的职责，所以当立法机关制定的法律未将实施细则加以规定或说明时，行政机关须订立一种执行细则以达到执行法律的目的。补充立法是行政立法的一种经常出现的形式，由于补充立法是对立法机关制定的法律的一种补充规定，补充的内容自然以被补充的法律为依据，不得违反该法律，不得超越法律的范围。一旦该法律被废止，补充立法的内容也随之失去效力。

第四节　行政立法原则

根据我国宪法和《立法法》的规定，行政立法应当遵循的主要原则是：

1. 立法应当遵循宪法的基本原则，以经济建设为中心，坚持社会主义道路，坚持人民民主专政，坚持中国共产党的领导，坚持马克思列宁主义、毛泽东思想、邓小平理论和“三个代表”的重要思想，坚持改革开放。

2. 立法应当依照法定的权限和程序，从国家整体利益出发，维护社会主义法制的统一和尊严。行政机关只有在其权限内以宪法和法律为依据制定的行政法律规范，在不与宪法、法律及上级法规相抵触的限度内，才是合法的和有约束力的。也只有严格遵循法定的程序立法才能保证立法的科学性、民主性和公正性。

3. 立法应当体现人民的意志，发扬社会主义民主，保障人民通过多种途径参与立法活动。必须坚持民主立法，通过多种形式，充分听取和考虑利害相关人的意见，建立公开听证、合议制度和专家论证制度，使行政立法具有群众基础和保证立法质量。

4. 立法应当从实际出发，科学合理地规定公民、法人和其他组织的权利与义务、国家机关的权力与责任。制定行政法规、规章必须尊重客观实际，把马克思主义同中国具体情况密切结合起来，根据社会主义国家政权建设和法制建设的要求，既要积极，又要慎重；既要考虑可能性，又要考虑可行性；恰如其分地掌握立法时机，条件成熟的，应及时制定；未成熟的不能急于求成，片面追求“完善”。

5. 坚持原则性和灵活性相结合。制定社会主义法律，有两个基本原则，即民主原则和社会主义原则，行政立法也必须遵循，以免迷失社会主义方向。灵活性是指在原则性允许的限度内，根据具体情况，对某些问题作灵活规定，要考虑到实现的时间上的步骤性和方式方法上的多样性，要考虑到社会主义法制的统一性和各地方、部门的实际情况，既要保证中央的集中统一领导，又要充分发挥各地方、部门的积极性和主动性。

第五节 我国行政立法系统

行政立法体制指国家行政立法的体制及其立法权限的划分，它是整个国家立法体制的一部分。一个国家的立法体制，通常是由该国的宪法及有关组织法规定的。因此，行政立法必须严格在各自的职权范围内进行，充分注意权限合法和程序符合规定，以维护法制的统一性。根据宪法和组织法的有关规定，我国依法确认的行政立法系统包括：

一、国务院立法

国务院是我国最高的行政立法机关。其行政立法权的内容主要是，根据法定职权和委任职权制定行政法规、向全国人大及其常委会提出拟定的法律草案和其他议案、批准或撤销其所属部门或机构及地方政府制定的规章。国务院制定的行政法规，其形式为“条例”、“规定”、“办法”等。通常分为三类：

1. 国务院制定、发布的行政法规。这类法规在行政法规中所占比例最大，数量最多。如国务院发布的《行政复议条例》、《城市市容和环境卫生管理条例》等。但有些法规虽是由国务院发布，但因其批准或通过的机关不是国务院，而是全国人大常委会，体现了立法机关的意志，且履行了制定的法律手续，应属法律的范围，不能称为行政法规。如全国人大常委会批准、由国务院公布的《国务院关于劳动教养的补充规定》、《中华人民共和国消防条例》等。

2. 国务院批准发布的行政法规。这类法规由国务院职能部门依法定职权或委任职权制定，经国务院批准或批转发布。

3. 国务院办公厅发布的行政法规。国务院办公厅是国务院的综合性办公机构，在一定程度上代表国务院进行活动。据此，由国务院办公厅拟定的关于外部行政管理（即不包括机关行政在内）的各种规范性文件或行政法规性文件（指规范性不强的文件），经国务院批准、发布后，取得行政法规效力。

二、国务院各部委立法

这是指国务院所属各职能部门根据法律和行政法规在其业务主管的职权范围内制定规范性文件的活动。这类规范性文件称为中央行政规章，多采取“决定”、“命令”、“指示”等形式。国务院职能部门立法受国务院制约，并附有立法权限和条件限制。宪法和《国务院组织法》的有关规定没有赋予国务院直属机构和国务院各部委管理的国家局行政立法权，但在行政立法实践中，依委任职权，即根据法律或行政法规授权，或经国务院批准后，也可以制定和发布行政规范性文件，对某专项业务进行普遍性调整。

三、地方行政机关立法

根据我国现行的法律规定，有权制定地方行政规章的地方行政机关仅限于省、自治区、直辖市人民政府，省、自治区人民政府所在地的市政府和经国务院批准的较大的市人民政府。地方行政规章是根据法律和行政法规制定的，因此不得与之相抵触。在形式上，地方行政规章有两类：一类是以政府名义发布的规范性文件；另一类是政府转发其所属职能部门的规范性文件。经政府批转的地方行政规章旨在贯彻中央行政立法或者管理本地方的各类行政工作。

第六节　行政立法程序

行政立法程序，是指国家行政机关依照法律的规定，制定、修改和废止行政法规或规章的活动程序，是行政立法行为合法成立的必要程序条件。它是行政行为程序的一种类型，与国家最高权力机关的立法程序比较，其特点是简便、灵活、讲求效率。这是因为行政机关与权力机关的组织形式和议事规则有别，是行政活动自身特性的要求。但在行政行为程序中，行政立法程序则更具规范性和严格性，体现立法活动所应当遵循的一般法律规则。

我国还没有对行政立法程序做出统一的规定，宪法和有关组织法也没有关于行政立法程序的原则规定。行政立法程序就其立法的表现形式来划分，一种是制定行政法规的程序，另一种是制定行政规章的程序，大体上要经历如下程序：

1. 规划。行政法规的规划分为五年规划和年度计划两类，由国务院法制办公室根据国民经济和社会发展五年计划所规定的各项基本任务编制。国务院有关部门认为需要制定行政法规的应向国务院报请立案。一般先由国务院各主管部门分别提出立法建议，经国务院法制办公室通盘研究综合协调，拟定草案，上报国务院审定，并由法制办负责组织实施和监督执行。在执行过程中，法制办可以根据形势发展的需要，对规划和计划作适当的调整。

2. 起草。行政法规由国务院组织起草。行政法规的制定，按其所规范的业务范围，或是仅限于某一主管部门的专门业务，或是内容重要、涉及多个主管部门的业务，而分别由各主管部门起草，或由国务院法制办公室或者主要的部门负责，组成有各有关部门参加的起草小组进行工作。

3. 审定。根据《条例》规定，审定按报审、审查、审议或审批三个程序进行。报审，由起草部门将行政法规草案及其说明、各方面对草案主要问题的不同意见和他有关资料报送国务院法制机构进行审查。审查,由国务院法制办公室负责审查报送的法规草案,并向国务院提出审查报告和草案修改稿,审查报告应当与对草案主要问题做出说明。审议或审批,即行政法规的决定程序,行政法规草案由国务院常务会议或者全体会议,或总理办公会议、国务院有关领导传批等进行审批。无论采取哪种形式都必须遵循民主集中制原则。

4. 发布。经国务院常务会议审议通过或经国务院总理审定的行政法规随即进入发布程序。其发布方式有两种情形:一种由国务院发布;另一种由国务院批准、国务院主管部门发布。

5. 备案。根据社会主义法制统一原则,下位法的规定不能违反上位法的规定,与上位法相抵触。为维护这一原则,保障上位法制定机关的审查监督,《立法法》设置了备案程序。备案是指将法规、规章文本报送相应的有权机关备查的程序,包括报送、登记、统计、存档等环节。备案不影响法规、规章的生效。但如果报送备案的法规、规章有违法统一原则,备案机关则有权做出改变或者撤销的决定。备案程序是一种很重要的监督形式。

《立法法》第89条规定,行政法规、地方性法规、自治条例和单行条例、规章应当在公布后的30日内报有关机关备案。

第七节 行政立法效力

一、行政立法的效力等级

行政法规、规章的法律效力,同它在我国法律体系的地位是相应的,我国的法律体系是由各类规范性文件组成的。它们在法律体系中分别处于不同的地位:

1. 宪法,作为国家的根本大法,处于最高的法律地位。

2. 基本法律(如刑法、民法、香港特别行政区基本法),由全国人民代表大会通过。

3. 一般法律,由全国人大常委会制定通过。基本法律和一般法律都是根据宪法制定的。二者的区别在于制定机关不同,其法律效力等级,前者应当高于后者。

4. 行政法规,由国务院制定发布或经国务院批准发布,其法律地位低于宪法和法律,高于行政规章。

5. 地方性法规、民族自治地区的自治条例和单行条例。

6. 行政规章(中央行政规章、地方行政规章)。

根据行政法规、规章在我国法律体系中的地位不难看出,它们的法律效力是基于宪法、法律的效力而派生的,并划分为不同的效力等级。不同层次的行政机关,其行政立法的法律效力并不处于同一层级。国务院是最高国家权力机关的执行机关,又是国家最高行政机关,所制定的行政法规的效力等级高于地方性法规、行政规章,低于宪法和法律;部门规章之间、部门规章与地方政府规章之间具有同等效力，在各自的权限范围内施行;地方性法规的效力高于本级和下级地方政府规章;省级人民政府制定的规章，其法律效力又高于省、自治区人民政府所在地的市政府和经国务院批准的较大的市的人民政府制定的规章。

二、行政立法的适用范围

1. 行政立法的生效时间。通常有两种情形:一是自发布之日起生效;二是发布后另定生效时间。行政法规、规章先行发布，日后生效，以便于全民学习、理解，执行机关做实施准备。

2. 行政立法的失效时间。我国对行政法规、规章的效力终止时间的规定，有三种方式:有的专条规定，新法施行之日就是旧法失效之时;有的没有做出明文规定，一般适用新法废止旧法原则，但新、旧之法必须是同一机关对同类事项或行为做出的调整;有的通过法规清理，以专门行政文件撤销或废止旧法。

3. 行政立法效力的空间范围。行政法规、规章在哪些地域范围发生效力，与其行政立法机关的层级性有关。总的来说，国务院制定的行政法规和国务院各部委制定的行政规章的地域效力遍及全国所有领域，包括我国领土、领海、领空，以及根据国际法和国际惯例规定的其他应视为我国领域的一切领域。地方行政规章的地域效力一般只限于其行政立法机关所管辖的行政区域范围。但行政法规、规章对其效力的地域范围有明确特指规定的，应依其规定具体适用。

4. 行政立法对人的效力，包括对国家机关、事业单位和社会团体的拘束力、适用力。在我国，一般来说，中央行政立法对所有中国公民、法人和其他组织(不论其在国内还是在国外)以及在我国境内的外国公民、法人和无国籍人及外国组织，都发生效力，但有特别规定的除外。地方政府规章一般只对其辖区内所指向的人有效，而对其他行政区域内的人不发生效力。

行政法规、规章依法定程序一经制定、发布，不仅对行政相对人有拘束力，而且对行政机关本身，即使是上级行政机关或下级行政机关都要遵照执行;对其他国家机关，无论是权力机关，还是人民法院或人民检察院都有遵守的义务。根据《行政诉讼法》规定，人民法院审理行政案件，以法律和行政法规、地方性法规为依据，可以参照中央行政规章和地方政府规章。就是说，行政立法只有行政法规对人民法院的审判活动具有适用力。参照行政规章时首先要考虑其合法性，即是否符合法律、行政法规的精神，予以适用或不予适用。

◆第十二章 行政执法

第一节 行政执法及其特点

行政执法是行政机关实施法律、法规的行为。行政机关为保证宪法、法律、行政法规、行政规章等规范性文件得以实施，针对行政管理对象采取的具体行政行为，即为行政执法。

行政执法的特点主要体现在三个方面：

第一，行政执法的主体是各级国家行政机关及其工作人员，国家行政机关工作人员的执法行为是非本人的行为，他是依法行使行政管理职能的行为。

第二，行政执法行为的结果直接影响公民、法人和其他组织的权利和义务。

第三，行政执法行为的做出是在不争取公民、法人和其他组织的同意的前提下进行的，具有主动性。

第二节 行政执法原则

行政执法活动在遵循有法可依、执法必严、违法必究的基本原则下，根据国家行政管理活动的特殊性，还需遵循如下原则：

（一）行政法制原则

行政法制原则即依法办事原则，它包括两个具体内容：一是行政行为合法，二是行政行为合理。行政行为合法是指行政主体的一切行政行为都必须以法律为依据，严格遵守法律的有关规定；一切行政执法行为都必须遵循法律的程序；任何违反法律规定导致的相应后果，违法主体都应依法承担相应的法律责任。行政合理是指行政主体在行使行政权力时要客观、适度、合乎法理，即国家行政管理主体在法律赋予的自由裁量权限内行使权力也要客观公正。

（二）接受监督原则

为了避免国家行政机关在运用行政权力，行使行政行为时出现越权、侵权和滥用权力的现象，国家法律不仅赋予国家行政机关的行政执法权，同时也赋予社会公民、法人、其他社会组织的监督权，以保证各级国家行政机关依法行政的顺利进行。

（三）及时性原则

各级国家行政机关的执法行为还应遵循及时性原则，迅速有效地处理公务、执行法律，以保证国家行政管理活动的合法、高效。

第三节　行政执法行为

行政主体在行政执法活动中的具体行为方式多种多样，如行政许可、行政确认、行政处罚、行政强制执行等。本书着重介绍行政强制执行、行政处罚。

一、行政强制执行

行政强制执行是指行政管理对象（公民、法人、其他社会组织）不履行行政义务时，有关国家行政机关依法强迫其履行义务的行政行为。行政强制执行的方法主要有两种：间接强制和直接强制。

间接强制又分代执行和执行罚两种。代执行，即在当事人不履行法定的义务时，国家政府机关将此项义务交给他人代为履行以达到统一目的。他人代为履行所需费用由当事人负担。执行罚，即当事人不及时履行他人不能代为履行的法定义务时，行政机关可以采取以财产上新的给付义务的办法，促使其履行义务。例如，对不按时纳税的义务人，除交税款外加收千分之五的滞纳金，直至纳税人完税为止。

直接强制执行是指义务人不履行法定的义务，行政机关在采用代执行、执行罚等。

间接强制执行办法不能达到目的时，或在紧迫情况下，来不及运用间接强制的执行的办法时，可以对法定的义务人的人身或财产加以强制，促使其履行义务。

行政强制行为的产生是以行政管理相对人不履行法定的义务为前提的，强制的目的在于促使义务人履行义务，以维持社会稳定，所以只要义务人不履行义务，行政强制手段就可以多次反复使用。这一点与行政处罚不同。

二、行政处罚

所谓行政处罚，是由特定的国家行政机关，依法对违反行政法规，尚不够刑事处分的人所作的制裁。可见，行政处罚不同于行政处分，前者由特定的国家行政机关科处，主要形式有警告、罚款、拘留、没收财产、劳动教养等；后者由与被处分者在职务上有从属关系的机关、企业、组织科处，主要形式有警告、记过、降级、撤职、留用察看、开除等。行政处罚也不同于刑事处罚，刑事处罚只能由人民法院科处，主要形式依我国刑法规定有八种，即主刑五种：管制、拘役、有期徒刑、无期徒刑、死刑；附加刑三种：罚金、剥夺政治权利、没收财产。更为关键的区别是，行政处罚适用于违法者，而刑事处罚只适用于犯罪者。

行政处罚的罚则，即由各个具体法规规定的有关行政处罚的具体形式。归纳一下，我国各类行政法规中规定较多、应用较广的行政处罚的罚则有：

1. 警告。由国家行政机关对违反行政法规、不履行行政义务的当事人的谴责和警戒。这是一种较轻、较常见的行政处罚。

2. 罚款。由国家行政机关对违反行政法规、不履行行政义务的当事人的一种经济上的处罚。罚款不同于罚金，后者属于刑事处罚。罚款是目前应用最广泛的一种行政处罚。

3. 拘留。行政拘留，是公安机关对违反行政法规、不履行行政义务的当事人在短期剥夺其人身自由的一种行政处罚。这种拘留不同于刑事拘留，两者在适用对象、适用目的、适用场合、适用程序上均有区别。由于拘留是一种严重的行政处罚，因此，其程序要求非常严格。

4. 没收财产。由有关国家行政机关依法对实施营利性违法行为的当事人的一种经济上的处罚。没收的对象通常是违法者生产、保管、加工、运输、销售的违禁物品和因违法获得的财物。这种没收也不同于作为刑罚的没收。

5. 劳动教养。简称劳教，是对轻微违法犯罪行为、但尚不够刑事处罚的当事人所采取的一种强制性教育改造措施，是行政处罚最严重的一种。劳教不同于劳改，后者即劳动改造，由刑罚执行。

6. 停止营业。由工商行政管理部门对违反工商行政法规的工商企业或个体经营户所作的限期停业或勒令停业的处罚。

7. 吊销执照或许可证。由有关国家行政机关对违反行政法规不履行行政义务的当事人，吊销其从事某项活动的法律凭证，使其无法再从事这类活动的一种处罚。

◆第十三章 行政司法

第一节 行政司法含义与特征

行政司法是指行政机关根据法律的授权，按照准司法程序审理和裁处有关争议或纠纷，以影响当事人之间的权利、义务关系，从而具有相应法律效力的特殊具体行政行为。行政司法与行政立法、行政执法一起构成行政机关的主要活动，它的出现有其历史的必然性。

一般来说，行政司法具有以下特征：

1. 享有行政司法权的主体只能是经法律、法规授权的行政机关或其他组织。

2. 行政司法是法定行政机关或其他组织对已经发生的行政争议或特定的民事纠纷做出裁决的行为。

3. 行政司法行为调整的对象是一定范围的行政争议和与行政管理职权相关的特定民事纠纷。

4. 行政司法应当遵循特定的程序，不能照搬人民法院的司法程序，应兼顾行政效率与司法公正两方面的要求。

5. 表面上来看行政司法具有司法性，但究其实质而言，它是一种具体行政行为。行政司法权由行政机关行使，不能反复使用，其对公民、法人或者其他组织的权利义务，能够产生直接的影响。

第二节 行政司法主要内容

行政司法是行政机关运用准司法程序解决一定纠纷的活动，它与行政立法、行政执法一起构成行政机关的主要活动。一般来说，行政司法涵盖以下内容：

（一）行政复议制度

行政复议制度是指行政相对人认为行政主体的具体行政行为侵犯其合法权益，依法向行政复议机关提出复查该具体行政行为的申请，行政复议机关依照法定程序对被申请的具体行政行为进行合法性、适当性审查，并做出行政复议决定的一种法律制度。行政复议是一种行政机关的内部监督，是针对行政机关行为实施的监督，而不是针对行政机关工作人员。

（二）行政听证制度

行政听证制度是指行政机关在行使行政权做出影响行政相对人的权利义务的决定前，通过准司法程序（提出要求、受理、回避、辩论、质证、最后决定做出）来听取利害关系人意见的程序性法律制度。从行政程序的角度看，听证制度旨在通过公开、合理的程序形式将行政决定建立在合法适当的基础上，避免行政决定给相对人带来不利或不公正的影响，从而实现行政管理公平、公正的价值目标。

（三）行政裁决制度

行政裁决制度是指行政机关根据法律的明确授权，以消极第三者的身份充当纠纷裁决人，对平等主体之间与行政管理相关的民事纠纷进行裁断的法律制度。目前，我国的行政裁决主要包括土地、矿产、森林等资源所有权或使用权的确认、损害赔偿裁决、侵权争议裁决和一些强制性补偿裁决。

第三节 行政司法原则

行政司法原则是指行政机关在坚持依法行政，实施行政司法行为过程中，必须遵循符合国家法治要求的基本准则。行政司法兼有行政和司法两重性的特点，因此行政机关在行政司法行为过程中，既要遵守行政行为的基本原则，又要兼顾司法行为的名分要求。概括来说，行政司法行为应当遵循以下几项原则：

1. 合法性原则。合法性原则是依法行政对一切行政行为的共同要求，行政司法亦不例外。它要求行政司法的主体、权限、程序和形式必须符合法律的规范和要求，而且于社会发展有益。

2. 公平、公正原则。作为一种裁决纠纷的法律制度，客观上要求行政司法要以公平、公正为基本的价值目标和行为准则。

3. 效率原则。行政司法与纯司法行为的比较优势之一在于能够高效、快速地解决纠纷，这也是行政行为的基本要求。

4. 程序适度原则。行政司法尽管不需要像法院司法程序那样烦琐，但行政司法毕竟是解决纠纷的程序，为体现公正，也应当设定比普通行政程序更为严格、合理的程序。

5. 司法终局原则。行政司法仅仅是给公民、法人或者其他组织增加了一条救济的途径，而非代替人民法院裁决纠纷。当事人对行政司法裁决结果仍不服的，有权依法向人民法院提起行政诉讼，以寻求司法为最终裁判。

◆第十四章 行政诉讼

第一节　行政诉讼的含义

行政诉讼是公民、法人和其他组织认为行政机关和行政机关工作人员的具体行政行为侵犯其合法权益，在法定期限内向人民法院起诉，由人民法院按司法程序审理裁决行政纠纷的活动。行政诉讼具有这样的特点：行政诉讼中的被告只能是行使行政管理职能的行政主体，原告则是公民、法人或其他社会组织；行政诉讼的标的只能是国家行政机关的具体行政行为；原告提起行政诉讼必须是由于认为国家行政机关的具体行政行为侵犯其合法权益、而不是是否适当；行政诉讼的原告又必须在法律、法规规定的期限内向有管辖权的人民法院起诉。

行政诉讼和行政复议都是解决行政纠纷、维护行政管理相对人合法权益的一种救济措施，两者既有差别又有相同点，在程序上相互衔接。

一、行政诉讼与行政复议的区别

1. 性质不同。行政复议是行政系统内部解决行政争议的制度。行政诉讼是独立于行政系统以外的人民法院的行为，是人民法院对行政机关所做具体行政行为实施的司法监督，属于司法行为。

2. 受理机关不同。行政复议的受理机关一般是做出具体行政行为的行政机关所属的人民政府或上一级主管部门，而受理行政诉讼的机关则是具有管辖权的一定层级的人民法院。

3. 受案范围不同。人民法院受理的行政案件，针对的是行政管理相对人认为行政机关的具体行政行为侵害其合法权益的案件，而行政复议机关所受理的既有行政违法案件，也有行为不当案件。

4. 审理程序不同。人民法院审理行政案件完全按照司法程序进行，实行的是两审终审，公开开庭审理制度；而行政复议则是行政系统内部的一种自我监督方式，基本上是实行复议制度，以书面审理为原则。较之行政诉讼程序，行政复议程序比较灵活、简便。

二、行政诉讼和行政复议的共性

1. 行为产生的原因基本相同。行政诉讼和行政复议都是因具体行政行为引起的。一般情况下抽象行政行为及不产生法律效力的事实行为等不能引起行政复议和行政诉讼。

2. 目的相同。行政复议和行政诉讼的目的在于裁决行政纠纷，明确是非，防止和纠正违法行政行为，保护公民、法人和其他组织的合法权益。

3. 审查的中心相同。行政诉讼和行政复议都以具体行政行为的合法性为审查中心，虽然行政复议也审查具体行政行为的适当性问题，但合法性审查在行政复议和行政诉讼中均具有重要的地位。

4. 适用的规则基本相同。行政诉讼与行政复议都是以具体行政行为为审查对象，因此，具体行政行为所决定的许多特殊规则都适用于行政复议和行政诉讼，如复议和诉讼都不停止具体行政行为的执行，行政复议和行政诉讼都不适用调解等。

三、行政诉讼和行政复议的承接性

行政复议和行政诉讼在程序上的承接有以下几种情况：

1. 选择型，即由公民、法人或其他社会组织在行政复议和行政诉讼之间自由选择，在选择了行政复议后，如对行政复议的决定结果不服仍可提起行政诉讼。我国绝大多数的法律、法规都有这样的规定。

2. 选择兼终局型，即行政管理相对人自由选择行政复议或行政诉讼，但只能选择其中之一。如选择了行政复议就不可再提起行政诉讼。《中华人民共和国出境入境管理法》就做了这样的规定。

3. 必经型，即行政复议是行政诉讼的必经程序。一旦发生行政纠纷，行政管理相对人必须先向行政机关申请行政复议，如不服复议决定，方可提起行政诉讼，未经复议不得诉讼。如《中华人民共和国治安管理处罚条例》的规定。

4. 复议终局型，即行政复议决定为终局决定。行政管理相对人对发生的行政纠纷只能申请复议，不能提起行政诉讼，且行政复议决定产生最终的法律效力，如原《中华人民共和国专利法》的有关规定。

四、行政诉讼是加强我国行政法制建设的重要环节

在行政诉讼活动中，人民法院通过审理裁决行政案件，不仅可以辨别行政行为是否合法，维护行政管理相对人的合法权益，而且通过审判活动，可以发现和指出行政法律规范中的疏漏和不完善之处，促进行政立法工作的改进和提高。还可以完善行政执法程序、增强行政执法力度，保证行政司法的公正、有效。这一切都将推进我国的行政法制建设。

第二节 行政诉讼受案范围

根据我国《行政诉讼法》第十一条的规定，我国人民法院受理行政案件的范围是：对拘留、罚款、吊销许可证和执照、责令停产停业、没收财物等行政处罚不服的；对限制人身自由或者对财产的查封、扣押、冻结等行政强制措施不服的；认为行政机关侵犯法律规定的经营自主权的（如乱摊派、滥集资、无偿平调以及侵犯厂长的法定人事管理权等）；认为符合法定条件申请行政机关颁发许可证和执照，行政机关拒绝颁发或者不予答复的；申请行政机关履行保护人身权、财产权的法定职责，行政机关拒绝履行或者不予答复的；认为行政机关没有依法发放抚恤金的；认为行政机关没有履行法定义务的；认为行政机关侵犯其他人身权、财产权的。

此外，《行政诉讼法》第十二条还从另一方面规定了人民法院不受理公民、法人或其他社会组织对下列事项提起的诉讼：国防、外交等国家行为；行政法规、规章或者行政机关制定发布的具有普遍约束力的决定、命令的行为；行政机关对行政机关工作人员的奖惩、任免等决定；法律规定由行政机关最终裁决的具体行政行为。

人民法院经过审理，可以根据不同的情况分别做出如下判决：

1. 若行政机关的具体行政行为证据确凿，适用法律、法规正确，符合法定程序，判决维持原具体行政行为。

2. 若行政机关的具体行政行为有下列情形之一，人民法院应判决撤销或部分撤销原具体行政行为，并可以判决被告重新做出具体行政行为；做出具体行政行为的主要证据不足；适用法律、法规错误；违反法定程序；超越职权；滥用职权。

3. 若被告不履行或者拖延履行法定职责，人民法院可判决其在一定期限内履行。

4. 行政处罚显失公正的，人民法院可以判决行政机关变更其具体行政行为。

第三节　行政诉讼基本原则

人民法院审理行政案件，遵循以下基本原则：

（一）人民法院独立行使审判权的原则

人民法院作为一个整体在行使审判权时是独立的，它不受行政机关、团体和个人的干涉。行政机关、团体和个人都应尊重和维护人民法院的审判。贯彻这一原则的关键是要防止行政机关对行政审判的干涉。但人民法院独立进行审判，必须依照法律规定进行，并且接受中国共产党的领导和国家权力机关的监督。

（二）以事实为依据，以法律为准绳的原则

以事实为依据是指任何诉讼活动都必须在查清事实的基础上，以法律为尺度评判是非，忠于事实真相，全面客观掌握情况，做出公正判决。以法律为准绳的法律，则包括国家最高权力机关制定的法律，国务院制定的行政法规，地方权力机关制定的地方性法规，民族自治地方制定的自治条例和单行条例。人民法院在审理行政案件时，还应参照执行国务院各部委制定的规章，省、自治区、直辖市人民政府和省、自治区人民政府所在地的市以及国务院特批的较大的市的人民政府制定的规章。

（三）人民法院对具体行政行为是否合法进行审查的原则

这个原则包含两层含义：一是人民法院审理行政案件，指对具体行政行为进行审查，而不审查抽象行政行为。二是人民法院审理行政案件，是对具体行政行为是否合法进行审查。对某些不适当的具体行政行为，可以通过行政司法活动，即通过行政复议来解决。

（四）诉讼当事人在法律上平等原则

行政诉讼中的当事人，一方是行政管理的相对人，即公民、法人或其他社会组织，另一方是行使行政管理职权的国家行政机关。在行政管理活动中，国家行政机关处于主动、优越的地位。而在行政诉讼活动中，根据这一原则，双方当事人的诉讼地位完全平等，不存在谁高谁低，谁主导谁服从的关系；双方当事人诉讼权利平等，不允许任何一方享有特权；双方当事人在适用法律上一律平等，不能因人而异。

（五）辩论原则

辩论原则是指在人民法院主持下，当事人有权就案件的事实和争议的问题，各自陈述自己的主张和根据，相互进行反驳和答辩，以维护自己的合法权益。实施这一原则便于人民法院了解事实真相，从而做出正确判决。

（六）人民检察院对行政诉讼实行法律监督原则

人民检察院是国家的法律监督机关，对人民法院行使审判活动实行监督，是法律赋予它的一项职权。人民检察院对人民法院的行政审判活动实施监督有两种方式：一是对人民法院已经发生法律效力的判决、裁定，如发现有违反法律、法规规定的，可提起抗诉。二是对人民法院审理行政案件的活动实行一般的法律监督。如监督审判人员是否严于执法；是否有违反法律规定的程序；是否有贪赃枉法、徇私舞弊等违法行为。

（七）民族语言文字原则

根据《行政诉讼法》第八条第二、三款的规定："在少数民族居住或者多民族共同居住的地区，人民检察院应当用当地民族通用的语言、文字进行审理和发布法律文书。人民法院应当对不通晓当地民族通用的语言、文字的诉讼参与人提供翻译。"这一原则对于保障民族平等，保护少数民族人民的合法权益具有积极的意义。

（八）人民法院审理行政案件实行合议、回避、公开审判和两审终审制度原则

所谓合议制，是指人民法院审理行政案件组成合议庭，进行集体审理的制度，它有利于集思广益，发挥集体的智慧，防止个人偏见，使行政案件得到正确审理。所谓回避制度，是指在符合法律规定的情况下，承办本案的审判人员和其他人员自己必须主动退出对本案的审理，当事人也有权申请更换本案的审判人员及其他人员的制度。办案人员自行回避，或者当事人申请他们回避的情形主要有：办案人员是本案的当事人，或者是当事人的近亲属，或者与本案有利害关系，或者与本案当事人有其他关系，可能影响到对本案的公正审理。实行这一制度，是为了更好地保护当事人的诉讼权利，保证案件的公正审判。公开审判制度是指人民法院审理行政案件、宣告判决一律公开进行。允许群众旁听，允许记者和新闻单位采访报道。实行公开审判制度，可以增强审判工作的透明度，接受人民监督，提高办案质量；同时可以产生一定的社会教育后果，使群众受到教育，提高他们的法制观念，维护社会的稳定。根据我国，《行政诉讼法》第四十五条的规定：对涉及国家秘密的案件；涉及个人隐私的案件；法律另有规定的案件等可以不公开审理，但应公开宣判。所谓两审终审制度，是指一个行政案件经过两级人民法院审理就可宣告终结的制度。但最高人民法院为一审的行政案件除外。后者是一审终审。实行两审终审制，并不是每个行政案件都必须经过两级人民法院的审理，而是给当事人以选择权，如果经一审人民法院审理后，原告、被告对判决或裁定均无异议，在法定期限内向上级人民法院提起上诉，则该判决或裁定即发生法律效力，此案件只需一级人民法院审理即告结束。实行两审终审制，可以保护当事人的合法权益，防止冤、假、错案的产生，并且可以提高行政诉讼的效率，节省人力、物力和时间。

第十五章 行政改革与发展

行政改革是各国普遍关注的问题和行政学研究的重大课题。研究行政改革和探讨行政发展的基本趋势，对建立“权责一致、分工合理、决策科学、执行顺畅、监督有力的行政管理体制”，促进我国行政管理科学化和现代化有重要意义。

第一节 行政改革概述

一、行政改革的基本含义

行政改革是指国家行政机关为适应内外环境的变化，对行政管理的诸方面因素进行的调整和变革。它包括行政责权的划分、行政职能、行政组织、人事制度、领导制度、行政方式和行政运行机制等方面的改革。

行政改革是行政主体适应社会政治、经济、文化环境的变迁而进行的自我调整、变革过程。由于国情不同，同一国家在不同发展阶段的具体情况也往往有别。因而行政改革的内容、方式各有不同。

就改革的基本类型看，行政改革有“调适型”、“转轨型”和“发展型”改革三种。“调适型”改革指发达国家在原有政治、经济框架范围内的适应性改革。“转轨型”改革指实行计划经济体制国家向市场经济体制转变中的行政变革。“发展型”改革则是指欠发达的第三世界国家的改革。

就改革的基本方式看，有“突变式”和“渐进式”两种。“突变式”改革指在较短期内，对行政体制进行大幅度调整和变革，能迅速改革、改变旧体制，但阻力和风险较大。“渐进式”改革则指用较长时间对行政体制各方面进行逐步阶段性的调整和变革，较为稳妥，进程相对缓慢。两种方式各有利弊和各自的适用性，在改革中应按实际情况权衡利弊，做出抉择。

二、行政改革的必然性

(一)行政改革是适应时代发展和应对全球化挑战的必然要求

和平与发展是当今世界的两大主题。世界要和平，国家要稳定，人类要进步，已成为当代世界的主旋律。随着和平力量的增长，促进世界向着和平方向发展成为许多国家政府的重要职能。为此，政府必须对传统行政职能和行政管理方式进行调整和变革，以适应国际形势发展的需要。同时，经济全球化的发展对各国政府管理提出更高要求，引起各国政府对本国竞争力的高度重视。为应对全球化挑战，行政改革成为当代各国政府的必然选择。

(二)行政改革是促进社会经济发展和加强政府自身管理的需要

20 世纪 70 年代石油危机后的经济衰退，导致西方各国政府面临高额财政赤字。如美国在 20 世纪 70 年代末 80 年代初陷入经济“滞胀”泥潭。1982 ~ 1992 年，联邦政府财政赤字从 1257 亿美元增至 2904 亿美元。英国等西欧国家也普遍面临高通胀、高福利、公共开支重不堪负的困境。财政压力使西方各国政府纷纷选择用较少开支来实现公共使命，即“少花钱，多办事”的改革道路。原来实行计划经济体制的国家也面临向市场经济体制转轨、发展经济的系列挑战。

传统公共行政模式以德国社会学家马克斯·韦伯倡导的科层制为经典，主张建立严密的、层级节制的科层组织，公共部门人员照章办事、循规蹈矩，在行政过程中完全非人格化，严格按等级层次自上而下地执行行政命令。传统公共行政模式在长期运作过程中形成官僚制弊端，如机构膨胀、人浮于事、效率低下等问题，使公共部门无法应对新形势和公众的新需求，极大地损害政府公信力，导致政府的“信任赤字”、“合法性危机”。

因此，改革传统管理模式，重塑政府的改革成为 20 世纪 80 年代以来的热潮。无论是发达国家还是发展中国家，都面临发展经济、加强政府管理改革的中心任务。各国政府纷纷通过管理制度、政策、机制和方式的调整，以促进经济发展。同时，建立适应经济发展的行政法规、监督、廉政、民主制度等，增强政府管理活动的公开性和民主性，扩大人民群众参政议政的渠道，促进政府与社会公众间的相互沟通和理解，从而较好地调节上层建筑和经济基础、生产关系和生产力间的矛盾。

(三)行政改革是适应当代科技发展、实现行政管理科学化和现代化的需要

当代科技发展是各国政府行政改革的强大动力。信息技术的快速发展为建立灵活、高效、公开和透明政府提供技术保障。信息时代的来临以及“数字化生存”方式要求政府对迅速变化的社会做出反应，它打破长期以来政府对公共信息的垄断，使公民

和社会团体更容易参与政府管理活动。这要求对政府组织及其运作过程做出变革与调整，实现公共政务的公开化、信息化和数字化，形成信息时代政府治理模式。

行政管理科学化和现代化，是当代行政管理研究的出发点和落脚点，也是各国政府行政管理活动的基本目标。为实现行政管理科学化和现代化，需要行政职权合理划分，政府职能的科学配置，组织机构的精干高效，人事制度、领导制度的不断完善，行政法规、行政制度的建立健全，行政管理方式方法等诸方面的不断改进和完善。而这一切都需要通过行政改革才得以实现。不进行行政改革，旧的行政弊端无法克服和消除，新的行政体制不能形成和运作。因此，行政改革是促进和实现行政管理科学化及现代化的基本途径与重要手段。

第二节　当代西方国家的行政改革

一、当代西方国家行政改革的基本趋势

(一)优化政府职能

当代西方国家行政改革的一个基本趋势，是缩小政府行政管理的范围，分散、转移政府专业管理职能和部分公共服务职能，同时，强化政府宏观调控和综合协调功能。优化政府职能，普遍采取如下改革措施：

1. 国有企业私营化，将部分国有企业或资产卖给私人经营

美、英、法、德和日本等国家都在一定程度上实行民营化。英国自1979年撒切尔夫人上台后便积极推行私营化运动。1996年，日本桥本内阁通过重新划分政府与社会的职能分工的行政改革方案，内容之一是对原由政府直接经营管理的公用事业，如公共建设、邮政、交通运输、林业等领域的国有企业实行简政放权，引进现代企业机制，政府不再直接插手管理，由其自主经营。

2. 公共服务市场化

具体途径有：合同出租、以私补公、授权社区。美国在重塑政府期间，高举公共服务改革大旗，实行“掌舵”与“划桨”分离，利用民间部门高效率、低成本的优势，大力将部分公共服务市场化，让私人企业和非营利性机构参与公共服务提供和生产。

日本政府早已将清洁卫生、维修公用设施、修建学校等公共事务委托给地方自治体、民间团体或个人管理，除社会福利设施外，其他公共事务的委托管理面高达80%左右。小泉内阁进一步把邮政民营化列为日本政府最为重要的行政改革任务，以此，推动以中央省厅为主导、大企业为先导的经济社会体制转化为以激发民间活力为主。

3. 政府业务合同化

在克林顿重塑政府期间，美国联邦政府已与私人公司、研究机构和个体顾问签订

大约2000万个合同，每年涉及的经费占联邦总开支的14%，国防部通过合同支出大约2/3的资金，能源部和国家航空航天总局，则是联邦政府最大的合同签约者。在美国地方政府，政府业务的合同承包也极为普遍，从道路修建到监狱管理，从图书馆运营到治安消防，地方政府的许多职能都可能成为签约外包的标的。如拉米兰达市只有60名政府雇员，而60个承包商则提供从消防、警备到公共工程等几乎所有业务。各国政府普遍重视计划手段与经济手段、法律手段的综合运用。

一方面通过制定指导性的经济计划，对国民经济发展前景做出预测，向经济和社会组织提供政府经济政策和市场发展前景的综合信息，制定保持市场正常运行的规则。

另一方面，通过预算调控、货币金融调控、物价调控等经济手段以及法律手段对市场进行调控，以保证市场的正常运行和竞争的公正性、合法性。

此外，各国政府普遍加强宏观调控和综合协调部门，建立和完善综合协调的机制。如美国总统府，英国内阁委员会、财政部，法国总统府、经济计划厅，德国联邦总理府计划司、联邦经济部，日本总理府、总务厅等，都是承担宏观调控和综合协调的重要部门。

（二）重组政府机构

随着社会发展和国家干预的加强，传统科层组织制度产生机构庞大、效率低下和行为形式化等弊端。因此，改革传统科层组织制度，建立精干、合理、高效的政府机构成了当今各国政府改革的重要目标。

美国克林顿执政时期积极推行压缩政府规模的改革，将政府部门一些机构成建制转移出政府，他发布总统命令并敦促国会撤销政府部门各类顾问委员会约700个。其他各国政府也在不同程度上进行机构合并和调整，在组织结构上压平层级制，减少中间管理层次，简化内部规章制度，实行参与管理、参与决策，对解决非经常性问题则多用临时机构如特别委员会、项目小组等。

英国执行局是重组政府机构的典型，目前近2/3文职人员已转到执行机构。英国方案是把原政府内的中下层组织转变为执行机构，实现决策权与执行权的分离，执行机构与政府签订责任书，明确其责任范围、工作目标及考核标准。执行机构首长在其职责范围内享有充分的人事、财政自主权，使执行机构在财力、人力等资源配置上有更大的自主权和灵活性，同时对后果也承担更大的责任。1996年，英国成立126个执行局，75%的公共服务由执行局完成、澳大利亚、丹麦、新西兰、我国香港地区也有类似的做法。

上述改革措施对缩小政府管理范围，减少政府雇员人数并缓解由此产生的管理困难和政府财政赤字，无疑开辟了一条新途径。西方各国政府在缩小其管理范围的同时也十分注意加强政府的宏观调控和综合协调功能。

（三）改革公务员制度

1. 精简人员，加强公务员定员管理

1993年9月，美国总统克林顿提出一项名为“裁员、节支、高效”的政府改革计划，大幅度精简联邦人事总署的公务员，裁减幅度达47%，涉及人数达324580名，占联邦雇员总数的16%。1994年，国会通过《联邦雇员重新调整法案》，要求联邦政府1999年前裁减272500人，并授权联邦机构“买出”雇员以鼓励雇员离开联邦政府，自愿提前退休和自愿辞职的雇员一次性发给2.5万美元“现金奖励”。到1998年，实际裁员35.1万人，14个联邦部门中有13个裁员，惟司法部增加了雇员，削减财政开支1370亿美元，使美国在连续30年的财政赤字后，第一次出现节余。

加拿大和日本政府也在人事管理方面推行“渐减”计划及采取“多退少补”原则，使公务员队伍逐步得到精简，实现世界各国中少见的行政编制“负增长”。

2. 放松规制，实行柔性化管理

当代西方各国政府在人事录用、报酬、职位分类、培训等制度改革方面的基本趋势是放松规制，增强灵活性。美国联邦人事管理总署在1994年按总统命令废除16000页烦琐的联邦人事工作守则。同时，采取更加灵活的薪酬奖励制度，并在公务员体系外增加临时性、兼职或季节性雇员的数量。小布什上台后，继续推进联邦公务员制度的改革，于2001年向国会提交《管理弹性法案》(Managerial Flexibility Act)，计划改革各种人力资源、预算管理和财产管理规则，并赋予联邦政府各机构及管理人员在吸引、管理和留用高级人才方面更大自主权和灵活性。

（四）改革社会福利制度，完善社会政策

1996年《联邦福利改革法》（全称《美国个人责任与工作机会协调法》）是美国福利制度建立以来一次根本性改革，核心是以“工作福利”取代“社会福利”，把社会福利转为工作福利，强调工作伦理，以接受工作作为给予救助的条件，并对低收入就业者给予帮助；强调家庭作用，离开妻子儿女的父亲也要承担责任；增加社会投资，重新定义社会公正，把社会发展作为社会政策的基础，在教育、职业教育、职业培训以及开办企业等方面政府提供适当支持。福利改革后，享受政府福利补助的人数和金额都明显减少。1997年《财政预算平衡法》把1998~2002年度联邦政府的老年医疗保险和穷人医疗补助支出分别削减1150亿美元和130亿美元。

英国布莱尔首相时期，主张社会政策应在创造更具有竞争性的经济和更积极的社会方面发挥支持性作用，使人们最大限度地参与到有报酬的工作中去，总的战略是重构福利国家，推动人们“从福利转向工作”；采取一系列鼓励就业的政策措施，主张通过教育和培训来提高人们的就业能力等。1998年3月出版的政府绿皮书《福利的新契约》中体现新工党的基本指导思想，提出“重构福利国家”，要让大多数处于劳动年龄的人尽快通过工作脱离贫困。截至2006年1月，英国的失业率仅为2.9%。

（五）促进第三部门发展，培育社会治理的多元主体

积极培育和推动第三部门的发展壮大是当代西方各国政府改革的重要内容之一。以美国为例，在1975~1995年间，非营利组织在数量上大幅跃升，达120万个，总资产高达1.9万亿美元，收入近8990亿美元。在此期间，非营利组织312%的资产增长

率和380%的收入增长率，远高于同期美国全国GDP74%的增长率。1995年后，美国非营利组织仍以同样惊人的速度增长。在21世纪初几年里，美国人向非营利组织的捐款每年都在2400亿美元左右，非营利组织数量已达到180万个。同时，非营利组织在结构和功能上也发生明显的变化，对公共管理的影响日益增加。

（六）重视公共危机管理，建立有预见性的政府

1. 构建首长负责制的应急中枢指挥系统

“9.11”后，美国布什总统宣布成立国土安全办公室(2002年6月升格为国土安全部)，将独立性和灵活性较强的联邦紧急事务管理署(FEMA)并入以反恐为首要任务的国土安全部。

2. 制定完备的法律法规和应急预案及计划安排

美国一贯重视通过立法来界定政府机构在紧急情况下的职责和权限，先后制定上百部专门针对自然灾害和其他紧急事件的法律法规，建立以《国家安全法》、《全国紧急状态法》和《灾难和紧急事件援助法案》为核心的危机应对法律体系。

3. 重视新闻媒体的积极介入

各国政府着力构建危机管理者与媒体两者间的良性互动关系。2001年9月11日，美国在遭受恐怖袭击45分钟后，布什总统即发表电视讲话，以稳定民心。法国有一套比较健全的新闻发布制度，从国防到外交、从自然灾害到恶性事故，在事件发生后，基本都能在第一时间由国家有关部门发布信息，以杜绝社会上的猜测和不良传闻。

4. 开展公共危机教育，培育理性的国民危机意识

在日本的政府出版物中，涉及防灾减灾内容的就有《建筑白皮书》、《环境白皮书》、《消防白皮书》、《防灾白皮书》、《防灾广报》等10多种刊物。澳大利亚的防灾教育也深入人心，政府专门设立全国灾害管理学院，培养危机管理专业人才等。

（七）精简程序，改进管理方式

当代各国特别是西方各国政府纷纷注重通过精简程序、缩小审批事项、下放审批权限、废除失效过时的条例、合并重复审批程序和审批制。

美国政府在20世纪80年代解除对航空、能源、交通、金融、电信业的管制。同时，积极推行改革行政程序和行政方法的试验。纽约市政府开始司法系统重塑工作，利用信息技术建立自动化案卷，运用地方性网络系统追踪缓刑犯等，每年节省330万美元监督费用。其他州也采取重塑改革措施，改革选民登记、选举和计票程序等。

澳大利亚政府于1985年采取措施废除所有过时无用条例，规定新条例时效，并明确各不同行政层级的条例审批权限。1987年1月又做出新规定，要求所有有关企业管理的条例在提交部长会议前，必须经政府企业管理条例检查小组对其可行性和实效性进行全面审议，使之简单易行。

同时，当代西方各国政府管理方式方法改革的另一个基本趋势，是注意将私人企业成功管理办法引进政府管理。在这方面，英、美的做法尤为突出。

英国每一届政府研讨行政改革的班子，都聘请私人企业管理专家参加改革的领导班子，并在改革过程中引入现代企业管理经验。1968年《富尔顿报告》提出行政改革思想，直接吸取大型企业管理的经验；1979年的"效率评审计划"，几乎是现代化大企业普遍采用的效率评审技术在政府中的翻版；1987年推行的"下一步行动"和1992年梅杰政府的"以竞争求质量"运动、1999针对地方政府改革的"灯塔计划"，都借鉴了企业管理的先进经验。

（八）调整中央与地方关系

调整中央与地方关系，扩大地方政府权力，是当代行政改革的趋势之一。20世纪70年代以来，这方面的改革呈分权和集权两种趋势，但以地方分权为主流。

从20世纪70年代以来，美国对中央与地方的关系进行了调整。特别是自里根上台后，提出"还政于州"的口号，制定一个庞大的10年计划，要求将联邦政府和州政府共同执行的职能分开，一部分完全由州和地方政府负责，给州政府更多自主权。1988年，就有40个联邦计划完全由州政府接管。

法国更是把权力下放和分散作为行政改革的突破口，1992年又实施简化申报程序和审批手续、发展电子政务等做法来改进公共管理方式，关于地方议员行使职权的条件和地方行政运作方式的法律文件——《关于行使地方议员职务条件法》和《共和国地方行政法》、《共和国地方行政指导法》。以2003年颁布关于法国国家结构改革的宪法修正案在议会的通过为标志，改革触及法国传统的中央集权行政体制，其重点在于建立分权机制，发展地方民主，给地方政府更多决策权和财政自主权。

需要特别指出的是，在当代西方各国的分权与放权的改革中，各国政府都坚持财权集中、事权分散的原则，既保证国家整体利益得以维护，又充分调动地方政府的积极性。同时，都不同程度上强化中央政府对地方政府的严格有效的监督，加强中央宏观调控。

二、当代西方国家行政改革的主要特点

（一）坚持有计划、渐进式的行政改革，使行政改革稳步发展

日本政府从1968年至今，已实施多次削减定员计划，每次都由总务厅经过详细调查研究并与各省厅充分协商，制定出削减定员计划，大藏省据此进行调整预算后，提交内阁会议审定，最后发布"定员令"，由各省厅组织实施。由于日本每次削减定员计划都有统一规划和逐年计划，采取持之以恒、细水长流的渐减方式，可以较好地避免由于一次性的、大幅度的减少机构及编制而引起的震动，防止因减而复增带来的种种弊端，又能做到人员编制的"负增长"，达到压缩人员编制、调整人员结构的目的。

英国政府为不断适应国际、国内政治和经济形势变化的需要，解决国内经济发展面临的困难，也一直把行政改革作为主要战略目标。英国无论是哪一届新政府上台，都不约而同地对政府行政改革给予高度重视，长期不懈地进行改革。

法国自1982年实施权力下放以来已有20多年历史，目前仍在继续推进。他们认为，这一改革还需要相当长的时间才能完成。

(二)坚持依法改革，重视配套立法

在西方国家，行政改革的每个步骤、措施，都要有议会通过的相应的法律作依据才能实施。

美国宪法规定，总统和政府行政机构的权力是宪法和法律授予的，一切改革活动必须以法律为依据，未经授权不得擅自采取任何行动。如克林顿总统上台后，为推进以“绩效”为中心的行政改革，于1993年颁布实施《政府绩效与结果法》。该法案实施以来，大大减少来自政府内的抵触，使美国政府在绩效方面的改革举措相对于其他改革举措开展得更为顺利。其后又颁布《联邦劳动力重构法》(FWRA)、《政府管理改革法》(GMRA)、《信息技术管理改革法》(ITMAR)、《联邦采购改革法》(FARA)等，为改革深入提供法律保障。

联邦政府各行政机构的设立及其经费预算、职责任务、管辖范围、人员定额等，也都必须经国会审议批准，有明确的法律依据。如有些事情在国会未审议批准前会影响某些政府行政机构的正常运转，也只能采取临时措施应急。

此外，美国宪法规定联邦政府与州政府的事权划分，联邦政府主要行使国家立法、外交、军事和财政等方面的权力，凡应由州政府行使的权力，联邦政府不得干预。当联邦政府与州政府发生纠纷时，由最高法院依宪法和法律裁决，联邦政府无权以行政命令的方式强制州政府做什么或不做什么。

英国政府在行政改革中也强调要有法律依据，实行“先立法后改革”。地方政府因工作需要，考虑增加机构和扩大人员编制，必须由中央主管部门审核后，报议会决定。议会不管最后是否通过，都要有一个相应的法律文件予以确认，澳大利亚、德国等也制定类似改革法规。

(三)注重政府管理内涵的改革，追求政府管理的效益

西方各国政府在改革中注重提高政府管理效能和服务质量，每次行政改革都特别强调用尽可能少的投入来换取尽可能多的产出，少花钱多办事。

美国调整改革联邦与州关系的方式也比较温和，如英国1968年的《富尔顿报告》虽涉及政府职能的调整和公务员制度的改革，但其宗旨是便于采用企业管理经济核算办法，引入“输出预算法”和应用新式管理会计学。所以，虽然机构增加，服务质量提高了，但政府财政压力却减轻了。1979年的“效率评审计划”直接为政府节省20亿英镑的支出。

1991年“市民宪章”运动并未对政府体制做实质性的改变，但它力图克服公共服务行业中服务态度不好和服务质量不高等群众意见比较大的问题，对提高公共服务质量作了种种规定，得到群众的拥护。

1992 年的“市场检验”运动则是将政府部分公共服务项目推向市场，进行公开招标，引入竞争机制，打破原来由政府垄断格局，目的也是提高政府公共服务部门服务质量，并充分利用社会财力、物力来办公共服务项目。

日本政府从 1980 年开始，以“亲切、廉洁、效能”为宗旨，以窗口服务为中心，开展完善行政服务活动。1988 年又推行“高质量的行政服务运动”，要求与国民有接触的公共服务要做到明白易懂、方便群众、办事迅速、服务周到、保证安全，为人们提供所需的各种行政服务。为此，各省厅及特殊法人都设置服务窗口。从 1990 年开始，日本又把每年 5 月定为“高质量行政服务推进月”，集中实施改善行政服务的总检查。

美、法等国政府也奉行“顾客至上”的原则，采取各种措施提高服务质量。

（四）组建精干、高效的改革工作班子，重视发挥参谋咨询机构的作用

英国政府的主要行政改革措施都由内阁办公厅属下的“效率小组”、“下一步行动小组”或“市民宪章小组”等来组织实施。这些机构各有 25 名工作人员，机构不大但很精干，工作人员的素质很高，效率也较高。这些小组直接对首相顾问负责，有关报告可直送最高层。这些精干机构在推动英国行政改革中发挥重要作用。

日本行政改革也有健全的组织保证体系。总务厅既是日本政府行政改革的规划、推进部门，又是对各省厅的行政改革进行综合协调的机构，有统一推进行政，综合协调各省厅机构设置、人事管理，开展行政监察等功能。总务厅的行政管理局主管行政改革和定员管理，并负责与各省厅官房的联系与协商，各省厅的官房主管省厅内的综合协调、行政改革和定员管理。这样从总务厅到各省厅官房，形成推进、实施行政改革计划和统一管理机构编制的组织保证体系，从而有力地保证行政改革顺利实施。

此外，各国政府在行政改革过程中普遍重视参谋咨询机构作用，注意倾听参谋咨询机构提出的改革建议和改革方案。这些参谋咨询机构有的隶属于行政首脑或行政部门；有的是民间组织，有相对独立性。它们承担政府交给的咨询任务，为政府行政改革出谋献策，对促进政府行政管理科学化发挥重要作用。

（五）强化监督，形成立体的政府绩效评估机制

20 世纪 80 年代以来，西方国家政府把“绩效评估”作为消除改革阻力、提高政府管理效能的重要手段。“绩效评估”经过数十年的实践和发展，已成为政府行为标准的约束体系。

1993 年美国国会通过的《政府绩效与结果法》和同年的《戈尔报告》，使国会改变对政府的监督体制，从监督行政程序的合法性转为注重行政结果；要求联邦政府改革各部门和文官的业绩考核办法，注重工作的质量、效益和公众满意程度，力求建立“以结果和绩效为本”的新的公务员体制模式，使其建立在分权、灵活性、绩效基线上，而不是程序（过程）和顺从上。该模式既保留现行体制的核心价值，又体现灵活性、回应性、效率性，即“以最聪明、最好、最快、最经济的方式做事情”。

2001年小布什接任总统后，仍以关注政府绩效为重点。布什认为需要雇用优秀的人才来从事公共服务，应通过改革公务员制度，建立有意义的绩效评估体系，奖励有卓越表现的人员，建立与结果之间的紧密联系。《总统管理议题》要求联邦政府的管理和预算办公室“为五项总统管理议题的每一项分别制定‘成功标准’和‘管理记分卡’，并依据《管理记分卡》每季度定期对25～26个重点实施总统管理议题的机构的现状采取以‘红绿灯’(Traffic Light)为标志的追踪评估，结果直观地反映出联邦政府实施人力资本战略管理取得的明显进步”。

另外，在一些国家，社会公众也可读到大量由立法部门、利益集团、社会团体及专业人士发布的针对公务人员和专职办事机构的绩效评估报告，并通过各种媒体和渠道发表对公共部门绩效改革的意见和看法，以促进公共部门的改革。因为，在这种内外部评估相结合、多元评估主体并存的立体评估体系的监控下，绩效评估“不仅要评估政策、计划和项目自身存在的必要性和合理性，并用数据来加以表示，而且强调事前评估的结果必须向公众公布，如果事后评估显示政府的政策、计划或项目未能产生预期的效果，则有关部门和人员将不可避免地被追究责任”。这使公务人员迫于绩效评估的压力和个人福利损失的可能，而不敢懈怠行政改革的目标，取得化解改革阻力的效果。

当然，西方各国的行政改革始终是在维护资本主义政治体制的前提下进行的，而且有不少改革方案在实施过程中也遇到重重阻力。这在一定程度上反映了资本主义国家行政改革的现实。

第三节 当代中国的行政改革

一、当代中国行政改革的进程

解放以来，为适应政治、经济形势的发展变化，我国先后进行了7次大的以机构改革为主要内容的行政改革。

(一)1954年的改革

解放初期，我国成立称为政务院的中央人民政府，下设政治法律、财政经济、文化教育、人民监察4个综合性委员会及其所属部、委、院、署、行、厅共35个。在中央政府以下，省、直辖市以上设立华北、东北、西北、华东、中南、西南6大区地方人民政府。至1953年底，政务院工作部门增加到42个。

1954年，首届全国人民代表大会召开，制定我国第一部社会主义宪法，并在此基础上对政务院进行较大改革。将政务院改称为国务院，撤销4个综合性委员会；设立分别协助总理处理政务的8个办公室；对部委进行较大调整，设立24个主管部门。调整后的国务院一共设置64个工作机关。同时，各级地方政府比照中央政府对口设置厅、局，形成自上而下以中央为主、与计划经济一致的部门管理体制。这是中央政府第一次较大的行政改革，奠定了高度集中统一的行政管理体制的基本模式。

（二）1958～1959 年的改革

随着 1955～1956 年城乡经济建设事业的发展，中央政府为加强对整个经济建没工作的指导，推动国民经济建设各部门有计划、按比例地均衡发展，对国务院所属财经部门的机构进行了调整。结果是按行业、产品设置的经济管理部门分工越来越细，机构越来越多。至 1956 年底，国务院有部委机构 48 个、直属机构 24 个、办公机构 8 个和 1 个秘书厅，总数达到 81 个，形成建国以来中央政府机构设置的第一个高峰。

国务院行政部门大量增加，不仅使国务院本身机构臃肿，妨碍行政效能的发挥和提高，而且，强化了部门管理体制，加重了中央集权，影响了地方的积极性。对此，1958 年，中央开始对管理体制进行改革，把一部分计划、基建项目审批、财政、税务、劳动管理、商业、金融和教育管理等权力下放给地方政府管辖，将中央直属的大部分即 8100 多个企业、事业单位下放给地方管理，同时对国务院行政部门进行了精简调整。至 1959 年底，国务院所属部门设部委 39 个、直属机构 14 个、办公室 6 个和 1 个秘书厅，机构总数减少到 60 个，形成了第二次较大的国家行政改革。这是建国后关于国家行政管理体制分权的第一次尝试。

（三）1965 年的改革

从 1961 年开始，中央开始对国民经济实行“调整、巩固、充实、提高”八字方针，认为对有限的资源实行统一领导和集中管理是恢复国民经济的惟一出路。因而，在总体指导方针上中央重新强调集中管理，将 1958 年以来下放的单位陆续收回中央管理，中央政府恢复和增设了机构。至 1965 年底，中央各部门直属企业、事业单位由 1959 年的 2400 多个增加到 10500 多个。国务院部委机构 49 个，直属机构 22 个，办公室 7 个和 1 个秘书厅，机构总数达到 97 个，形成了中央政府机构设置的第二次高峰。

“文化大革命”十年动乱期间，国务院受到严重破坏，至 1970 年，国务院工作部门只剩下 32 个，行政管理工作几乎瘫痪。这是极不正常的。

这次改革是在党和国家工作重心全面转移到社会主义现代化建设上来之后首次进行的行政改革。这一阶段，改革首先在农村全面展开，逐步转向城市。在城市，进行以增强企业活力为中心，以打破条块分割为目的，扩大中心城市经济管理权限的改革。行政体制也进行改革，改变农村政社合一的“人民公社”体制，实行行政权与生产经营权分离。

同时，政府机构进行改革和精简，较大幅度地撤并了经济管理部门，加强了综合、调节、监督、法制部门，进行后勤社会化的试点，并结合机构改革推行干部年轻化，废除实际存在的领导职务终身制，建立干部离退休制度。

据统计，经过改革，国务院各部委、直属机构从 100 个减为 61 个；省、自治区、直辖市政府工作部门从 50～60 个减为 30～40 个，县政府部门从 40 多个减为 25 个左右。在人员编制方面，国务院各部门从原来的 5 万多人减为 3 万多人；省、自治区、直辖市党政机关人员从 18 万人减为 12

万多人;市县机关工作人员比原来约减20%。领导班子平均年龄由58岁降到54岁。

这一阶段的改革为经济体制的全面改革铺平道路，为此后的行政改革积累了经验，奠定了基础。但由于这次改革是在经济体制改革尚未全面展开的情况下进行的，因而未能从根本上解决机构林立、职能重叠、人浮于事、效率低下的弊端。

(四)1988年的改革

1988年的改革提出以转变政府职能为关键，要求按政企分开的原则，把直接管理企业的职能转移出去，把直接管钱、管物的职能放下去，把决策、咨询、调节、监督和信息等职能加强起来，使政府对企业由直接管理为主转向间接管理为主。同时，对国务院机构进行了改革，强化综合部门、经济调节部门、监督部门和社会保障部门，适当弱化专业管理部门。

经过这一阶段改革，国务院部委由原有的45个减为41个，人员编制比原来减少9700多人。此外，进一步改革人事制度，在各级政府机关建立国家公务员制度，实行依法管理和公开监督;人才市场作为新生事物开始自下而上地涌现;地方政府机构的改革也取得一定进展。

这一阶段的改革为社会主义市场经济体制的确立创造了条件。当然，改革毕竟是按计划经济模式要求进行的，因而难免带有一定的局限性，政府职能转变未达到预期结果。

(五)1993年的改革

这是探索建立与市场经济体制相配套的行政体制的新阶段。1992年党的十四大提出，经济体制改革的目标是建立社会主义市场经济体制，要下决心进行行政管理体制和机构改革。按党的十四大的要求，这一阶段的行政改革以适应社会主义市场经济发展的要求为宗旨，改革重点在转变职能、理顺关系、精兵简政，改革的根本途径是实现政企分开。

同时以推行国家公务员制度为重点，全面推进机关、事业、企业人事制度改革，并适应建立现代企业制度的需要，探索国有资产管理体制。

这一阶段的改革由侧重下放权力转向制度创新，由改革旧体制转向建立新体制。由于历史条件制约和宏观环境限制，政府行政体制存在诸多问题仍未得到根本性的解决，机构设置与社会主义市场经济发展的矛盾仍十分突出，因此，改革必须继续向广度和深度全面推进。

(六)1998年的改革

这是历次改革中力度最大、机构变化和人员调整最大的一次。据党的十五大精神，改革的目标是:建立办事高效、运转协调、行为规范的行政管理体制，完善国家公务员制度，建设高素质专业化行政管理干部队伍，逐步建立适应社会主义市场经济体制的中国特色行政管理体制。改革的基本原则是:

1. 按发展社会主义市场经济要求，转变政府职能，实现政企分开。把政府职能转变到宏观调控、社会管理和公共服务方面，把生产经营权力交给企业。

2. 按精简、统一、效能的原则，调整政府组织机构，实行精兵简政。加强宏观经济调控部门，调整和减少专业经济部门，适当调整社会服务部门，加强执法监管部门，发展社会中介组织。

3. 按权责一致的原则，调整政府部门的职责权限，划分部门间的职能分工，克服多头管理、政出多门的弊端。

4. 按依法治国、依法行政的要求，加强行政体系的法律建设。

(七)2003 年以来的改革

2003 年 3 月十届全国人大一次会议审议通过新一轮国务院机构改革方案，启动改革开放以来的第五次行政改革。本次改革目的在于解决行政管理体制中的突出矛盾和问题，为促进改革开放和现代化建设提供组织保障。

改革重点是:深化国有资产管理体制改革，完善宏观调控体系，健全金融监管体制，继续推进流通管理体制改革，加强食品安全和安全生产监管体制建设。

根据国务院机构改革方案，除办公厅外，国务院组成部门共设28 个。国务院机构改革后，地方各级政府机构改革在中央统一部署下，也结合实际，积极探索符合各地特点的改革路子。

2006 年 10 月党的十六届六中全会通过的《中共中央关于构建和谐社会若干重大问题的决定》指出:要按照转变职能、权责一致、强化服务、改进管理、提高效能的要求，深化行政管理体制改革，优化机构设置，更加注重履行社会管理和公共服务职能。以发展社会事业和解决民生问题为重点，优化公共资源配置，注重向农村、基层、欠发达地区倾斜，逐步形成惠及全民的基本公共服务体系。创新公共服务体制，改进公共服务方式，加强公共设施建设。深化行政审批制度改革，进一步减少和规范行政审批事项，简化办事程序，创新管理制度，为群众和基层提供方便快捷优质服务。推行政务公开，加快电子政务建设，推进公共服务信息化，及时发布公共信息，为群众生活和参与经济社会活动创造便利条件。完善公共服务政策体系，提高公共服务质量，增强政府公信力。

党的十七大报告进一步强调加快行政管理体制改革，建设服务型政府。要加快推进政企分开、政资分开、政事分开、政府与市场中介组织分开，规范行政行为，加强行政执法部门建设，减少和规范行政审批，减少政府对微观经济运行的干预。

2012 年党的十八大报告进一步强调要按照建立中国特色行政体制目标，深入推进政企分开、政资分开、政事分开、政社分开，建设职能科学、结构优化、廉洁高效、人民满意的服务型政府。

二、中国行政改革的经验及展望

(一)中国行政改革的经验

行政改革是复杂巨大的系统工程，涉及社会生活的方方面面。为保证行政改革顺利进行，我国在推进行政改革中的基本做法和经验是：

1. 立足中国国情，坚持因地制宜、区别对待

一个国家的行政体制由本国政治、经济、文化、历史等因素决定。只有从国情出发，才能保证改革成功。中国人口众多、幅员辽阔，内地人口 13 亿多，占世界人口 22% 左右；中国是发展中国家，人均国民收入比较低，仍处于社会主义初级阶段；中国实行的是以公有制为主体的社会主义经济制度，政府承担对公有制财产的保值增值责任等，这决定了我国政府职能比西方国家要广泛、要复杂得多，决定了我国行政改革必须从国情出发。否则，再好的改革设想，也是空中楼阁。

此外，还要看到，中国经济发展有很大不平衡性，发展水平由沿海到内陆到西部呈梯次状态，每个地区、每个县市间的发展水平有很大差异。这种客观上的差异要求在把握行政改革总目标和实行改革时，必须注意照顾各地的特殊情况，使改革有一定的灵活性。因此，中国在推进行政改革进程中，十分注重从各地实际出发，不搞"一刀切"，允许各地在遵循改革总原则和总方针的前提下，在改革的具体步骤和方法方面因地制宜。中央政府根据各地的情况实行分类指导，使改革更符合各地实际。

2. 坚持以发展经济为中心，与经济体制改革相配套

行政体制作为社会上层建筑，既反作用于经济体制，又受社会经济发展水平和经济体制的制约，它一定要服从和服务于社会经济的发展和经济体制改革的需要。因此，中国行政改革始终坚持以经济建没为中心，围绕经济建设事业进行，无论是机构精简，还是人员调整，都服从发展经济运行的需要。

同时，把转变政府职能、促进政企分开，使企业拥有真正的自主权摆在突出位置，并随着经济体制改革的进程不断深化。实践证明，这是我国行政改革取得成功的重要经验。

3. 树立和落实科学发展观，正确处理改革、发展和稳定的辩证关系

科学发展观揭示了发展的本质和内涵。中国正处于向市场经济转型的关键时期，没有社会稳定不可能发展经济和促进改革。而经济持续和快速发展是社会稳定的基础，改革又是经济发展的基本动力。因此，发展是目的，改革是动力，稳定则是推进改革和发展的基本前提。

我国政府在推进行政改革过程中，十分注意从整体上统筹这三者间的辩证关系，把改革力度、发展速度和社会可承受程度统一起来，把不断改善人民生活作为处理改革发展稳定关系的重要结合点，使之相互协调、相互促进。

4. 广泛吸收和借鉴国外发达国家的行政改革经验及我国传统的行政精华

对外开放是中国的既定国策，是促进改革、加快改革的成功之路。世界各国在长期行政管理实践中积累了许多经验，是人类的共同财富，尤其是发达国家政府在发展市场经济中积累的某些经验，值得参考借鉴。

同时，中国是有悠久历史的文明古国，几千年行政历史为当今行政改革提供了丰富养料。因此，在行政改革中既坚持对外开放，注意吸收和借鉴当今世界各国行政改革的成功经验和做法，学习发达国家科学管理的方式方法，以丰富我国行政改革内容，也十分注意

弘扬中国传统文化精华，古为今用，促进中国特色行政体制的完善。

5. 坚持分步实施、逐步到位的渐进改革方式

改革是对各种利益和权力的重大调整，必然会引起权益格局和社会关系的重大变化，也必然会遇到许多矛盾和问题。这就决定了中国行政改革有相当的复杂性、艰巨性和长期性，不可能一步到位，而必须采取渐进方式。因此，我国在行政改革过程中，采取从点到面、从局部到整体、从表层到深层分步实施的做法，自上而下、上下结合地逐步推行，使改革取得明显的效果。

（二）中国行政改革的展望

习近平在党的十八大报告中指出：要深入推进政企分开、政资分开、政事分开、政社分开，建设职能科学、结构优化、廉洁高效、人民满意的服务型政府。十八大报告把行政体制改革的方向和重点概括为六个部分，即：深化行政审批制度改革、稳步推进大部制改革、优化行政层级和行政区划设置、提高政府公信力和执行力、严格控制机构编制并减少领导职数、推进事业单位分类改革。党的十八大闭幕以后，2013 年，我国新一轮行政体制改革拉开了新的帷幕。

1. 深化行政审批制度改革

深入贯彻行政许可法，减少和规范行政审批事项。对现有行政许可项目和非行政许可审批项目继续清理，该取消的坚决取消，能下放的尽快下放。对已取消项目，要切实加强后续监管工作，杜绝各种变相审批行为。要完善行政审批方式，简化和规范程序，制定操作规程，向社会公开。要创新管理制度和方式，建立健全有效的全社会投资引导调控体系，特别要规范政府和国有企业的投资行为。

2. 稳步推进大部制改革

行政机关及事业单位是具有服务功能的两大行政体系。过去的五次政府改革一般侧重于行政机关改革，事业单位的改革则起步较晚。相比较来看，行政机关存在着职能交叉、职能越位、职能错位等问题，而事业单位则存在职能混乱、职能弱化等问题。新一轮行政体制改革有望着重从两大体系存在的问题入手，在以往进行的行政体制改革基础上，稳步推进大部制改革，推进事业单位分类改革。

2013 年行政体制改革在 2008 年改革的基础上进行调整，结合实施情况进一步细化和完善大部制改革方案。针对大部制改革四年多以来的实践和探讨，各地将出现一批大部制改革试点及典型城市，尤其是市、县（区）两级的改革探索。基于乡镇一级政府的特殊性，大部制改革并未在乡镇开展，但十八大报告提出要深化乡镇机构改革。因此，2013 年的乡镇机构改革，将在以往改革的基础上进一步深化和完善。

3. 优化行政层级和行政区划设置

党的十八大报告提出要优化行政层级和行政区划设置，有条件的地方可以探索省直管县（市）改革。我国现有中央、省、市、县（区）、乡（镇）五级行政层级，这样的设置在建国初的一段时期，在为发展经济建设保驾护航、促进我国经济腾飞上做出了巨大贡献。但是，

随着市场经济的完善及社会的发展，过多的行政层级已对发展地区经济，提升行政效率，促进行政、人力、财力等各类资源的合理分布形成了阻碍。从世界经验来看，依据国家规模、人口规模的不同，行政区划在二到四级比较科学合理。因此，减小行政层级，完善行政区划改革势在必行。

省直管县改革分为财政省直管县和行政省直管县两种。前者的目的在于给予基层以更多的财权，缓解基层的财政压力。后者的目的则在于把县级的行政权力从市的管辖中脱离出来，使市县平级，从而形成中央、省、市(县)、区(乡镇)的四级行政区划体系。我国目前的省直管县改革多数仍然停留在财政省直管县上。惟一实行行政省直管县的地区是浙江省及湖北省的天门、潜江、仙桃三市。这些地区在过去几年中的改革实践证明，省直管县对于提升基层行政能力，促进地区发展，具有十分积极的意义。因此，未来的省直管改革将从财政省直管县入手，进一步选取试点城市，逐步在全国推广。

4. 提高政府公信力和执行力

提升政府公信力，前提是让权力在阳光下运行，因而，一方面必须加强反腐建设，另一方面就是必须加强政务公开。政务公开制度将进一步完善，官员财产公开和政府财政公开将尽快推进。监督职能将得到强化，从而使党内监督、民主监督、法律监督、舆论监督机制更加完善，监督渠道更加畅通，社会监督意识得到释放。

提升政府行政能力，促进政府职能转变，是此次行政体制改革的重中之重。种种迹象表明，在经济调节、市场监督、公共服务和社会管理这四大政府职能中，中央已经要求政府逐渐从经济职能中淡出，尽可能将经济交由市场进行自主管理，而把更多的精力投入到公共服务和社会管理当中。党的十八大报告所提出的行政体制改革的六个部分中，有三个部分的改革，其目的都是为了提升政府的行政能力。

5. 严格控制机构编制并减少领导职数

严格控制机构编制、减少领导职数、降低行政成本，是十八大报告中关于行政体制改革的一大亮点，一经提出，立即引起社会的高度关注。控制机构编制，减少领导职数，是干部人事制度改革的重要组成部分，其目的在于加强领导干部队伍建设，提升干部队伍素质，强化干部队伍能力，最终目的则在于通过减少领导职数，降低行政成本，以行政成本的降低，提升政府行政能力，使政府将更多的精力投入到公共服务和社会管理职能当中。

6. 推进事业单位分类改革

在事业单位分类改革问题上，依据事业单位社会功能定位，划分为承担行政职能、从事生产经营活动和从事公益服务三个事业单位类别。未来的改革将以基本分类为依据，逐步明确事业单位的职能：承担行政职能的事业单位转为行政机构，或将行政职能划归行政机构；从事生产经营活动的事业单位逐步转为企业，走向市场，自主盈亏；从事公益服务的划归为正式的事业单位，强化公益属性，加大扶持力度，强化事业单位服务能力。

参考文献

[1]陈志平、郎佩娟. 中国行政管理学. 北京：中国政法大学出版社，1995.

[2]郭小聪. 行政管理学. 北京：中国人民大学出版社，2011.

[3]黄贤宏. 论完美行政首长负责制. 中国法学，1999.

[4]金太军. 公共行政的民主和责任取向论析. 天津社会科学，2000 年.

[5]离道晖. 政治责任与责任政治. 1995.

[6]李景鹏. 权力政治学. 哈尔滨：黑龙教育江出版社，1995.

[7]任晓. 中国行政改革. 杭州：浙江人民出版社，1998.

[8]申长永、刘红新、董天菊. 政治经济学. 杭州：浙江大学出版社，2007.

[9]孙彩虹. 全球化背景下我国行政责任问题的探讨. 云南行政学院学报. 2001.

[10]托马斯·戴伊. 谁掌管美国. 美国：世界知识出版社，1985.

[11]王运生. 公共行政的责任与民生. 中洲学报. 2000.

[12]夏书章、王乐夫、陈瑞莲. 行政管理学. 广州：中山大学出版社，2012.

[13]向清美. 现代中国行政管理学教程. 北京：法律出版社，1990.

[14]谢志平. 行政管理学. 北京：经济科学出版社，2008.

[15]应松年. 行政法学教程. 北京：中国人事出版社，2000.

[16]张成福. 责任政府论. 中国人民大学学报，2000.

[17]张军、陈昌龙. 现代管理学. 北京：清华大学出版社，2009.

[18]张润书. 行政学. 台北：三民书局，1983.

[19]张贤明. 政治责任与法律责任的比较分析. 政治学研究. 2000.

[20]张永桃. 行政管理学. 南京：南京大学出版社，1989.

[21]邹钧. 日本行政管理概论. 长春：吉林人民出版社，1986.

读者反馈意见

亲爱的读者：

感谢您对《行政管理学》的学习和热爱！为了今后能给您提供更优质的服务，请您抽出宝贵时间填写下面意见反馈表，以便我们更好地对本教材做进一步的改进。同时如果您在使用本教材的过程中遇到了什么问题，或者有什么好的建议，也请您来信、来电告诉我们。

地址：北京市丰台区科学城南极星大厦108室

电话：010－83794590／83794403

电子邮箱：caikai6223@263.net　QQ：649319527　1694299827

网址：WWW.KFHWH.CN

教材名称：《行行政管理学》

个人资料：

姓名：________ 年龄：________ 所在院校/专业________

文化程度：________ 通讯地址：________

联系电话：________ 电子信箱：________

您使用本书是作为：□指定教材、□选用教材、□辅导教材

您对封面设计的满意度：

□很满意、□满意、□一般、□不满意　改进建议________

您对本书印刷质量的满意度：

□很满意、□满意、□一般、□不满意　改进建议________

您对本书的总体满意度：

从语言质量角度看：□很满意、□满意、□一般、□不满意

从科技含量角度看：□很满意、□满意、□一般、□不满意

本书最令您满意的是：

□指导明确 □内容充实 □讲解详尽 □实例丰富

您认为本书在哪些地方应进行修改？（可附页）

____

____

您希望本书在哪些方面需进行改进？（可附页）

____

____